四版増訂 市制町村制註釈
附 市制町村制理由
【明治21年 第4版】

名村泰蔵 題辞
江木衷

坪谷善四郎 著
伊藤悌治 校閲

地方自治法研究
復刊大系〔第二二六巻〕

増訂四版

市制町村制註釈

〔明治二十一年 第四版〕

附 市制町村制理由

日本立法資料全集 別巻 1026

信山社

大審院檢事長從四位名村泰藏君題辭

司法省參事官法學士江木衷君
控訴院評定官法學士伊藤悌治君　校閲

坪谷善四郎著

四版增訂

市制町村制註釋

附　市制町村制理由

東京　博文館藏版

大審院檢事長從四位名村泰藏君題辭

司法省參事官法學士江木衷君
控訴院評定官法學士伊藤悌治君 校閲

坪谷善四郎 著

四版增訂

市制町村制註釋

附 市制町村制理由

東京 博文館藏版

軌

戊子榴花月
春帆名村東崖題

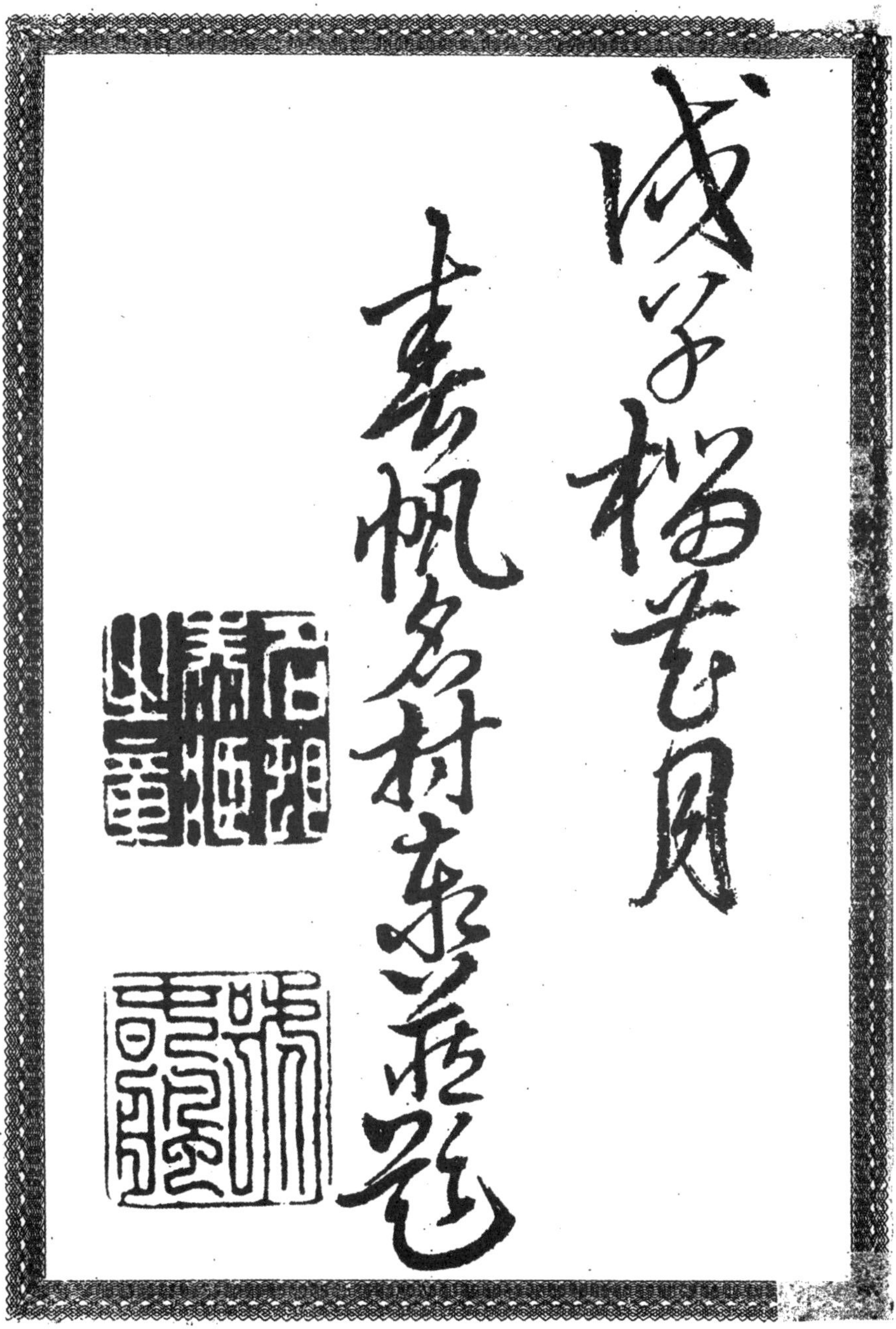

市制町村制註釋第四版自叙

凡ソ主治者ノ政ヲ施コスニ三方アリ其一ハ社會ノ形勢既ニ迫リ來ルト雖モ尚ホ之レヲ抑制セント欲スルモノニシテ實ニ施政ノ最モ拙劣ナルモノニ屬ス其二ハ社會ノ形勢ニ迫ラレテ而後初メテ是ニ從フモノニシテ先見ノ明ヲ欠クノ誹リアリト雖モ尚ホ前者ニ比スレバ其勝サルヿ遠シ其三ハ民心ノ向フ所ヲ誘導シ社會民衆ト其治ヲ與モニセント欲スル所ノ者ニシテ是レ實ニ施政ノ最上策ナルモノ也然リ而シテ之レニ對スル被治者ニモ又三種アリ其施治者ノ爲メニ導カルヽト雖トモ尚ホ自カラ悟ラズ常ニ時勢ニ伴隨スルヿ能ハザル者ハ是レ最下等ニシテ野蠻ヲ距ルヿ遠カラザルモノトス若シ夫レ施治者ノ誘導提撕スル所ニ從カヒ發奮興起シテ進取ヲ求ル者ハ是レ其中位ニ居ルモノ也迅トニ國家大勢ノ赴ク所ヲ察

シ施治者若シ察セズンバ能ク輿論ヲ以テ之ヲ誘導スルノ勢力ヲ有スル者ハ被治者ノ最上ナルモノトス然リ而シテ吾人今之ヲ我國ニ徴シテ我施治者ト被治者トハ果シテ各階級中ノ何レノ邊ニ在ルカヲ察スルニ蓋シ之ヲ他ノ關係ヨリ觀察セバ異議ナキニ非ラズト雖ドモ特ニ今回發布ノ地方制度ノ上ニ於テハ二者トモ最上位ヲ占ムルノ名譽ヲ博取スルニ足ルモノヽ如シ何ントナレバ施治者能ク民心ノ向フ所ヲ導キ天下ト共ニ政治ノ方針ヲ決定スルノ主義ヲ實行シテ遺憾ナキノミナラズ被治者モ亦迅トニ其必要ヲ感得シ一トタビ其發布セラルヽヤ能ク之ヲ實行シ今日以後地方固有ノ事業ヲ經營スルニハ盡トク自ラ之ニ任ジ敢テ施治者ノ希望ヲ空シカラシメズ尚ホ此實踐躬行ヨリ推シテ以テ他日全國ノ大政ニ參與セシムルモ亦猶ホ此クノ如キリミト云フノ伎倆ヲ示

サント欲スルモノ、如ク此新制度實施ノ準備ノ爲メニハ獨以テ晷ニ繼ギ汲々乎トシテ倦マザルモノニ似タリ惟フニ地方制度ノ發布ハ我國近來ノ最良制ニシテ施治者能ク其最上位ノ本分ヲ盡サレシノミナラズ被治者モ亦地方制度ノ自治ヨリシテ漸ヤク全國政治上ニモ參與スルノ地歩ヲ養ハント欲スルヨリ之ヲ見レバ豈被治者ノ最モ上進セルモノナラズヤ然レ圧吾人ハ惟ダ此事ハ今回ノ地方制度發布ニ附テ云フノミ若シ夫レ其他ノ事業ニ關シテハ施被兩治者ニ對シ望ムベキ所ノモノ未ダ敢テ少シトセザルナリ惟ダ上下能ク今回ノ心ヲ以テ心トシ相共ニ力ヲ戮シテ上進スルトキハ其造詣スル所以テ想見スベシ會タマ本書ノ第四刊成ルヲ聞キ益マス世人ガ之ヲ實行スルノ準備ニ熱心ナルヲ悟リ又所感ヲ卷首ニ記スルヿトナシヌ

明治廿一年九月二十日

編者識

第三版自叙

余ガ初メテ本書ノ爲ニ筆ヲ執リシ時心窃カニ期スラク市町村制ノ法律ハ我國前古未ダ曾テ有ラザルノ新制ニシテ藉ニ日本帝國ニ列ナリ員ニ市町村ノ公民ニ班スル者ハ凡テ直接ノ影響ヲ被ムラザルモノ無シ然ラバ則チ其新制度ヲ研究スルガ爲ニ此等註釋ノ需要モ亦甚ハダ大ナルベシ然レ圧需要多キモノハ供給亦之ニ伴フガ故ニ同主義ノ新著述モ必ラス多カルベシ果シテ然ラバ能ク其數多ノ供給中ニ加ハツテ聲價ヲ競フヿ余ノ業ニ於テハ蓋シ頗ブル難キモノアラント果セル哉余ニ先ツテ發賣セル新著甚ダ多カリシト雖ドモ世人ハ幸ニ此蕪雜ノ書ヲ棄テス幾バクナラズシテ再刊ノ運ニ接セリ余ハ爾來二旬餘日ノ間地方ニ漫遊シテ親シク新制實施ノ準備ニ關スル實況ヲ採究シ京ニ歸レバ既ニ三版ニ附スル

ト云フ眞ニ豫想ノ外ニアリ然レモ又熟ツラ地方ノ實況ニ徵スルニ此新制ヲ實施スルガ爲ニ各市町村ハ必ラズ獨立シテ其固有ノ事業ヲ處理セサルベカラズ之ヲ爲スニ其事業ニ堪ユル能力ト其經費ヲ負擔スル資力ト無カルベカラズ蓋シ此能力ト資力トハ舊來ノ一區劃ニシテ能ク兼子有スル者甚ダ稀ナルガ故ニ勢ホヒ他ノ市町村ト分離若クハ合併セサルヲ得ズ此區劃分合ノ業ハ實ニ數百年來ノ慣習ヲ破ブリ後來百千年ノ大計ヲ定ムル者ニシテ之ヲ爲スヤ至難ノ業ナラサルヲ得ズ何トナレバ各市町村ハ舊時封建ノ世ニ於テ或ハ其領主ヲ異ニシ然ラサルモ名主莊屋町年寄等ノ主宰者ヲ異ニシ時トシテハ一町村ヲ擧ゲ一集一團体ノ資格ヲ以テ爭訟ヲ起セシコトアリ或ハ又其風俗人情ヲ異ニシ或ハ土地ノ形勢ヲ異ニスルガ爲メ一方ニハ山澤ニ偏シテ樵牧ヲ事トスレバ

一方ニハ河海ニ濱シテ漁利ヲ事トシ甲ハ商賈多キ市街地ニシテ乙ハ農夫ヲ以テ成ルノ村落タルガ如キ彼レハ隄防費多ク此レハ道路費大ナルガ如キ一方ニ衛生費多ケレバ他方ニ教育費大部ヲ占ムル等互ニ其經費ヲ異ニシ其經費ヲ負擔スベキ品目モ亦隨ツテ異ナルノ部落ヲシテ强テ合併セシムルトキハ徒ラニ後來紛議ノ禍根ヲ遺スニ過ギザルベシ今日其區劃ヲ定ムルニ當テハ豈最モ深ク意ヲ致サヽルベケンヤ地方到ル所之ガ爲ニ心ヲ苦シメ官民トモニ之ガ爲ニ腦漿ヲ痛ムル者ハ亦其故ナキニ非サル也如此ク人皆新制度實施ノ爲ニ其準備ニ汲々トシテ獨以テ皆ニ繼グノ勢ホヒアルヲ以テ之ヲ視レバ此ノ書ノ如キモ亦其參考トシテ世ニ需要アルヿ敢テ怪ムニ足ラサルベキ歟會マ印刷既ニ成ルヲ告グ卽チ所見ヲ記シテ卷首ニ冠ス

明治二十一年八月廿六日

著者識

第三版序

優渥なる　聖旨と共に市制町村制は發布せられたり郡制府縣制國制も亦將に相踵で發布せられんとす吾々日本の良民は自治の民となる當に近きにあるべし吾人豈覺悟する所なくして可ならんや、蓋自治の名を得るは易くして其實を擧ぐるは難し苟も　聖旨を奉戴し地方共同の利益を發達し人民の幸福を增進せんとせば日本の臣民たるもの奮つて勉むる所なかるべからず、特に市と町村とは自治体の最下級に位し郡と云ひ府縣と云ひ一國と云ふも皆是れ市町村を基礎として組み上けたるものに過ぎざるを以て市町村にして確立せざれば他日此等上班の自治体を組成するに當りて其基礎の固きを欲するも得べからず彼の疊々たる三菱塔が埃及の曠原に屹立し千古を通して其形体を變ぜざる所以のものは何ぞや實に其基礎の堅固なるに頼るのみ、之を以て市町村の制度にして其宜きを得ずんば郡府縣の基礎を固ふするを得べからず隨て一國の基礎をも固ふするを得ざるべし、市町村制度の重きこと此の如し故に一度其實施を誤たんか小は以て各個人の幸福を損し地方共同の利益を破り大は以て一國の盛衰に關せんとす日本人民たるもの豈深く市制町村制に注意せずして可ならんや、我鋭敏なる人士は既に此に見る所あり今や之が講究に之れ遑なきものゝ如し、宜なる哉市制町村制に註釋を加へたる書其類少なきに非ざるも世の需用は日に月に增加し來りて我市制町村制註釋の如きも意外に江湖の好評を博し僅々三閲月にして三たび其版を新にし前後壹萬八千部の多きを刷行するに至れり、始め坪谷君の此註釋を爲すや余等亦與かる所あり今第三版を刷行するを見て世人

の此制度ﾆ注目せるの深きを知り且余等の微衷寸勞の空しからざるを思ふ豈一言の喜びを陳べざるを得んや、

明治二十一年八月

於博文館

宮川鐵次郎識

第二版自叙

古ヘノ明德ヲ天下ニ明カニセント欲スル者ハ先ツ其國ヲ治メント欲スル者ハ先ツ其家ヲ齊ヘント欲スル者ハ先ツ其身ヲ脩メント欲スル者ハ先ツ其心ヲ正フシ其心ヲ正セント欲スル者ハ先ツ其意ヲ誠ニシ其意ヲ誠ニセント欲スル者ハ先ツ其知ヲ致ス知ヲ致スハ物ヲ格スニ在リト余惟フニ今ノ國威ヲ宇內ニ輝カサント欲スル者ハ先ツ其國力ヲ養ヒ其國力ヲ養ハント欲スル者ハ先ツ其制度ヲ明カニシ其制度ヲ明カニセント欲スル者ハ先ツ行政區劃ヲ正フシ行政區劃ヲ正フセント欲スル者ハ先ツ地方ニ自治ヲ許ルシ地方ニ自治ヲ許サント欲スル者ハ先ヅ市町村ノ自治ヲ許ス市町村ノ自治ヲ許スハ人ヲシテ自主ノ元氣ヲ振作セシムルニアリ故ニ致知格物正心誠意ハ脩身齊家ノ

基礎ニシテ治國平天下ノ大本タルト等シク各人ノ自主市町村ノ自治ハ實ニ行政區劃ヲ明定スルノ基礎ニシテ國力養成ノ大本ナリ我國當局ノ主治者ハ迅トニ此ニ見ル所アリテ曩日　聖天子ノ勅詔ヲ奉戴シ漸ヤク立憲代議ノ政体ヲ建設シ國力養成國權振張ノ大策ヲ決行セントスルニ當リ先ツ此市制町村制ヲ發布シ市町村ニ自治權ヲ與ヘテ以テ漸ヤク其地歩ヲ爲サントス是レ實ニ急進ニ奔ラズ守舊ニ陷ラズ能ク治國ノ要道ヲ得タル者ト謂ハザルベカラズ然レ𪜈人若シ立法者深意ノアル所ヲ悟ラズ漫然此新法ヲ看過シ去ラバ民權ヲ暢達シ國力ヲ進長スル所以ノ目的何ヲ以テカ達スルヲ得ンヤ是レ余ガ自ラ揣ラズ叨リニ筆ヲ執テ其註釋ヲ試ロミタル所以ナリ然リ而シテ此杜撰ノ著ニシテ猶ホ能ク江湖ノ愛ヲ博シ發賣後僅カニ四旬餘日ニシテ今ヤ第二版ヲ印刷ニ附ス

ルニ至ル眞ニ望外ノ榮ナリ於是舊稿ニ加フルニ多少ノ訂正增補ヲ以テシ且ツ我國維新以來市町村行政ノ沿革ヲ畧叙シテ以テ冠辞ニ代ヘント欲ス謚シ市町村ハ元ト海陸山河自然ノ形勢ニ随テ人民適意ニ集團セルモノナルガ故ニ世ノ封建制タリ郡縣制タルニ論ナク市町村ノ區劃ハ依然トシテ變更スル所ナシ是レ各國皆然リトス而シテ我國ノ如キモ古來莊ト呼ビ郷ト名ケ町ト云ヒ村ト稱スルモ皆人民自然ニ集團セル部落ヲ指ス所ノ名稱ニシテ近クハ德川幕府ノ下ニ三百ノ諸侯互ニ封ヲ分ケ大小ノ各藩皆治ヲ異ニシタルノ日モ王政維新海内ヲ擧ゲテ一主治者ノ下ニ統御セラルヽノ今日モ其政体ノ上ニ於テハ彼レノ如キ激變アリシニ拘ラズ市町村ハ依然タル市町村ノ形ヲ失フ所ナキ也故ニ此市町村固有ノ事務ハ之ヲ各市町村ノ自治ニ放任スルヿ實ニ我當局者ノ目的ニシ

テ嘗テ明治十一年七月第十八號布告即チ當時ノ法律ヲ以テ始メテ府縣會ヲ設ルト同時ニ太政官第三號達第四項ヲ以テ各地方ノ便宜ニ隨ヒ町村會議又ハ區會議ヲ開設スルヿヲ準許シ其會議ノ章程規則ハ內務卿ノ認可ヲ經ベシト定メタリ爾後明治十三年四月第十八号布告ヲ以テ區町村會法即チ今日ノ市町村會ニ恰當スル所ノ法律ヲ制定シ同十七年五月第十四號布告ヲ以テ更ニ改正區町村會法ヲ發布シ是レ實ニ今日マデ施行スル所ノ制ニシテ而シテ今發布セラレタル新制度ハ將サニ明治二十二年四月ヨリ適宜各地ニ實施セントスル所ノモノナリ以テ我當局者ガ當初ノ志ヲ渝ヘズ着々其步ヲ進メ來レルヲ見ルベキ也然リ而メ此新制度編纂ノ重任ニ當ヲレシ所ノ人々ヲ記臆メ永ク其勞ヲ謝スルモ亦無用ナラザルベシ即チ其地方制度取調委員長ハ內務大臣伯爵山縣有

朋君同取調委員ハ外務次官青木周藏遞信次官野村靖內務次官芳川顯正ノ諸君及ビ御傭獨乙人モッセー氏ナリトス此內芳川次官ヲ除クノ他ハ皆最モ獨乙學ニ長セヲルヽ人々ナルガ故ニ本制ハ全ク獨乙制ニ摸倣シタルモノナリト稱スル者アルモ其實敢テ然ラズシテ普ネク英佛獨諸國ノ制度ヲ參照シ且ツ最モ深ク我國ノ舊慣古習ニ斟酌シテ編纂セラレタルモノナリト云フ宜ベナル哉市町村ノ自治ニ於ケル詳悉明晰漏ラス所ナク之ヲ一部ノ法律トシテ觀察スルトキハ則チ殆ド非難ノ下スベキ所無シ然レ圧若シ夫レ法律ノ明文如此ク整精完備スルニモ拘ラズ之ヲ運用スル所ノ人ニシテ其用ヲ誤ラバ或ハ稚兒ニ仮スニ利劔ヲ以テスルガ如キヿナシトセズ故ニ能ク此利劔ヲ活用シ立法者ノ尽力ト苦辛トヲシテ徒爾ナラシメザルノ任ハ實ニ係ッテ吾人市町村公民ノ身上ニア

リ吾人豈夫レ之ガ講究ヲ忽諸ニ附スルヲ得ンヤ嗚呼吾人豈夫レ之ガ講窮ヲ忽諸ニ附スルヲ得ンヤ

明治二十一年七月下浣

水哉　坪谷　善四郎識

朕地方共同ノ利益ヲ發達セシメ衆庶臣民ノ幸福ヲ增進スルコトヲ欲シ隣保團結ノ舊慣ヲ存重シテ益之ヲ擴張シ更ニ法律ヲ以テ都市及町村ノ權義ヲ保護スルノ必要ヲ認メ玆ニ市制及町村制ヲ裁可シテ之ヲ公布セシム

御名　御璽

明治二十一年四月十七日

内閣總理大臣伯爵　伊藤博文

内務大臣伯爵　山縣有朋

市制町村制註釋目次

市制

市制町村制註釋

法學士 江木衷 校閲
法學士 伊藤悌治
坪谷善四郎 註釋

人類集テ家族ヲ爲シ家族集テ市町村ヲ爲シ町村集テ郡ヲ爲シ郡市集テ府縣ヲ爲シ府縣集テ國家ヲ爲ス此中市ナルモノハ元ト町村ト同等ナリト雖ドモ人員戸數トモニ饒多ニシテ郡ノ下ニ置クニ堪ヘサルヲ以テ全ク郡ト離レテ獨立シ直チニ府縣ニ屬スルモノトス我國從來ノ制ハ家長ナル者家族ヲ代表シテ家族ノ集マレル者ハ恰モ一己ノ人ト異ルコトナシト雖ドモ數家族ノ集リタル市町村以上ノ部落ニ至テハ之ヲ一己人ト見認メテ其部內ノ事業ヲ自由ニ執行セシムルコト無カリシ也然リト雖ドモ既ニ數多ノ家族集テ一部落ヲ爲ストキハ他ノ部落ニ對スルニ當テ恰モ一國カ他國ニ對シ一己人カ他人ニ對スルト同一ノ資格無ルヘカラス況ヤ其部落內

ノ事業ノ如キハ當サニ必ス其自ラ欲スル所ニ放任セサルヘカラサルモノトス畢竟社會ヲ組ミ立ル所ノ分子ハ人ニシテ其一階級ヲ進メテ集團スル所ノ者ハ市町村ナリ而〆此市町村ハ實ニ一國ノ基礎ニ〆假令郡府縣ノ組織ヲ變シ甚シキハ一國亡ヒテ他國ニ屬スルコアリト雖圧市町村ナル原素ハ依然ト〆存在スルコ猶ホ貨幣ヲ鎔解シテ器物ヲ造ルト雖圧金銀ナル原素ノ依然變ラサルカ如キモノトス何トナレハ市町村ハ天然山河ノ位置交通運輸ノ利便ニ由テ自然ニ成リ立チタルモノニ〆單ニ行政上ノ便宜ノ爲ニ設ケタル區劃ニ非サレハ也故ニ市町村自ラ其部内ノ事業ヲ執行スルハ猶ホ人類カ自己生活ノ爲ニ飲食衣服行住坐臥スルカ如キモノニ〆苟モ全國一般ノ安寧幸福ヲ害セサル限リハ自由ニ放任シ町村自ラ自己ノ爲ニ謀ルコ恰モ一己人カ自己ノ爲ニ謀ルト同一ナラシメサルヘカラサルモノトス故ニ中央政府ヨリ市町村ノ區域内ニ限レル凡百ノ事務ニ干渉シ其市町村ヲシテ獨立セシメサルハ是レ一國ノ發達ニ夥多シキ障礙ヲ與フルモノナリト雖

𪜈積年沿襲ノ慣習ヲ破リ中央干渉ノ政畧ヲ止メテ地方自治ノ基礎ヲ立ルヿ固トヨリ容易ノ業ニアラズ加之未タ幼稚ノ人民ニ許ルスニ過大ノ權力ヲ以テスルトキハ却テ妄リニ自ラ傷ツクルカ如キヿナシトセス然レ𪜈今ヤ機運漸ヤク熟シ我カ　叡聖文武ナル天皇陛下ハ社會ノ形勢ト人民智識ノ程度トヲ酌量シ給ヒ將サニ明治廿三年ヨリ後ハ國會ヲ開設シテ人民ニ許ルスニ一國全般ノ政事ニ參與スルノ大權ヲ以テセラレ國民ノ代議士一堂ニ集テ全國ノ法律ヲ議定シ財務ヲ審議セントスルニ當テハ其階級トシテ先ツ市町村ノ制度ヨリ初メテ漸ヤク郡制府縣制ヲ制定シ國民ヲシテ高キニ登ルハ先ツ卑キヨリスルノ順序ヲ履マシメ慣熟スル所アラシメサルヘカラス故ニ地方自治ハ眞ニ代議制度ノ基礎ニ〆立憲政權ノ下ニ入ルノ門ナリ而〆今度發布セラレタル新制ハ其摸型ヲ獨逸ニ採リタルモノニ〆我國人ノ眼ニハ新タナルカ如シト雖𪜈聖勅明カニ之ヲ示サセ給フカ如ク隣保團結乃チ所謂舊時ノ庄屋名主組合等ノ舊慣ニ鑑ミ取捨折衷シテ益々之ヲ擴張セ

ラレタルモノニシテ要スルニ地方共同ノ利益ヲ發達セシメ全國人民ノ幸福ヲ增進スルニアリ苟クモ藉ニ一國內ニ連ナル者ハ宜シク平生之ヲ服膺シ自己ノ權利ヲ尊重シ國家ノ開明富强ナランコトヲ期セサルヘカラサル也吾人人民ハ從來自己ノ縱マヽニ爲シ得ヘキ所ノモノモ一々中央政府ノ干渉ヲ受ケタリト雖𪜈今ヤ大ニ此覊軛ヲ脫シ一地方限リノ事務ハ一地方隨意ノ行爲ニ放任セラルヽニ至レリ實ニ帝國日本人權利ノ發達ノ上ニ於テ夥多シキ進步ト謂フヘキ也而シテ市ト町村トハ前ニ謂フカ如ク惟タ都會ト田舍トノ差違アルノミニシテ國家組織ノ上ニ於テハ同一ナル最下級ノ自治體ナルニ今市制ト町村制ヲ區別シタルハ畢竟實際ノ狀態ニ於テ差違アルモノハ勢ヒ之ヲ治ムルニ同一ノ方法ヲ以テスルヲ得ヘカラサルカ爲ナリ惟フニ凡テノ都市ナルモノハ或ハ海港ニ接シ或ハ河流ニ沿ヒ若クハ陸路運輸ノ衝ニ當リ瀛響帆影ノ間ニ家屋ノ櫛比スルニ非サレハ曾テ封建諸侯ノ城下タルヲ以テ今猶ホ人烟繁榮ナル所ニシテ既ニ人口稠密ナレハ勞働ノ分業生産ノ

増殖若クハ交際ノ頻煩等皆能ク智識ノ進歩ヲ促カスニ足リ之ニ反シ町村ハ多ク農耕漁樵ヲ事トスル人民ノ團結體ナルヲ以テ生活ノ状、營業ノ態、交際及智見ノ程度モ亦固トヨリ都市ト其情況ヲ同フセサルカ爲ナリ

市制

第一章　總則

總則トハ此市制總体ニ通用スル規則ヲ集メタルモノナリ

第一欵　市及其區域

市制ノ施行地

第一條　此法律ハ市街地ニシテ郡ノ區域ニ屬セス別ニ市ト爲スノ地ニ施行スルモノトス

(註)本條ハ先ツ市ノ性質ヲ定メ郡トハ關係セスシテ獨立シタル一區域ナルヿヲ示セルモノナリ畢竟此市ト云ヘルハ町村ト其性質ヲ同フスルモノニシテ只都會ノ地ト然ラサルトニ因テ區別ヲ立テ其名ヲ異ニシタルモノニシテ町ノ格段ニ大ナルモノニ過キス理由書ノ説明ニ因レハ此市制ヲ施行セントスルモノハ三府其他人

市ノ無形人

口凡二万五千以上ノ市街地ニ在リトス之ニ因テ見レハ今日市タルヘキモノハ三府五港及ヒ從來區ト稱シ來リタル所ハ恰カモ此市ニ當ルヘキモノトス而シテ之ヲ區ト云ハスシテ市ト稱シタルハ唯三府ノ如キ一府内ノ區ト紛ハシキヲ以テ區ノ名稱ヲ改メテ市ト稱シタルモノナリト雖モ從來ノ區ト異ナル所ハ從來ノ區ハ郡ノ疆域ヲ離レス行政上別ニ役人ヲ置テ事務ヲ取扱ハシメタルニ過キサリシカ今改メテ郡ヨリ獨立分離セシメタルニ在リ是ヲ以テ市ハ其性質ハ町ト同シト雖モ其体裁ハ郡ト對立スルモノトス○如此ク市ト町村トヲ區別シ又市ヲ郡ヨリ獨立セシメタルハ都會ノ地ハ町村トハ大ニ人情風俗ヲ異ニシ市ノ住民ハ概ネ工商ニシテ動産業ニ從事シ郡ニ在リテハ過半皆ナ農耕ノ不動産業ヲ爲スヲ以テ經濟上自カラ差別アルカ故ナリ

第二條　市ハ法律上一個人ト均ク權利ヲ有シ義務ヲ負担シ凡市ノ公共事務ハ官ノ監督ヲ受ケテ自カラ之ヲ處理スルモノトス

市ノ區域

（註）市トハ數多ノ市住民ノ集合シタル全体ヲ稱スルモノニシテ市ト云フ一形体ヲ有スルモノアルニ非ス然レ𪜈此形ナキモノヲ新制ノ所謂法人即チ法律上ニテ一個ノ人ト見做シ市ト云フ無形人ガ權利ヲ有シ義務ヲ負擔スルコトヽナシ此市ナル集合体ハ恰カモ一個ノ人間ト異ナルコトナキモノト法律上ニ於テ認定シタルナリ故ニ市ハ一個人若クハ他ノ市町村ヲ相手取リ訴訟ヲ爲スノ權利モアレハ又他人若クハ他ノ市町村ヨリ訴ヘラルヽコトモアルヘシ又貸借ヲ爲スヿノ如キハ固ヨリ法律上一個人ト異ナルコトナシ此ノ如ク市ハ自カラ市總体ニ關スル公共ノ事務ヲ取計フコトヲ得レ𪜈政府ノ監督ヲ受ケサルヘカラス蓋シ其監督ヲ受クルト雖𪜈其自治ヲ害スルモノニ非ス唯政府ノ監督ヲ受クル以上ハ其市ノ公共事務ヲ處理スルニ當テ不都合ノ事アレハ政府即チ監督者ヨリ之ヲ禁シ或ハ改メシムルコトアルナリ

第三條　凡市ハ從來ノ區域ヲ存シテ之ヲ變更セス但其將來ニ變更ヲ要スルコトアルトキハ此法律ニ準據

スヘシ

（註）之ヨリ第五條マテハ疆土ニ關スル條件ヲ定メタルモノニシテ本條ニ市ハ從來ノ區域ヲ存シテ之ヲ變更セスト明示シタルハ畢竟市ノ區域ハ山河ノ位置運輸交通ノ便利等自然ノ形勢之ヲシテ成立タシメ人爲ニ成リタルニ非ルヲ以テ其從來ノ區域ヲ存ソシテ之ヲ變更セサルヲ原則トスルコトヲ示シタルモノニシテ若シ市ノ區域ヲ變更セントスルトキハ必ラス各地ノ地形人情及古來ノ沿革ヲ酌ミ量リテ定ムルヲ必要トスルヲ以テ從來ノ區域ノ儘ニ存シ置ク方却テ利便ナリトス然レトモ從來ノ區域ニシテ實際不都合アルニ因リ止ムヲ得ス變更ヲ要スルトキハ此市制ノ定ムル所ニ據ルヘキモノトス

第四條　市ノ境界ヲ變更シ又ハ町村ヲ市ニ合併シ及市ノ區域ヲ分割スルコトアルトキハ町村制第四條ヲ適用ス

（參照）町村制第四條　町村ノ廢置分合ヲ要スルトキハ關係アル市

町村會及郡參事會ノ意見ヲ聞キ府縣參事會之ヲ議決シ內務大臣ノ許可ヲ受クヘシ町村境界ノ變更ヲ要スルトキハ關係アル町村會及地主ノ意見ヲ聞キ郡參事會之ヲ議決ス其數郡ニ涉リ若クハ市ノ境界ニ涉ルモノハ府縣參事會之ヲ議決ス町村ノ資力法律上ノ義務ヲ負擔スルニ堪ヘス又ハ公益上ノ必要アルトキハ關係者ノ異議ニ拘ハラス町村ヲ合併シ又ハ其境界ヲ變更スルコトアルヘシ本條ノ處分ニ付其町村ノ財産處分ヲ要スルトキハ併セテ之ヲ議決スヘシ

（註）市町村ノ區域ハ成ヘク從來ノ儘ニ存シテ變更セサルヲ要スルモノナレハ町村ノ力貧弱ニシテ能ク獨立シテ其町村ノ權利ヲ行ヒ義務ヲ盡ス能ハサル片ハ其町村自身ノ不利益ノミナラス一國ノ爲ニモ甚タ不利ナルヲ以テ二三ノ町村ヲ合併シ或ハ市ニ合併セシメ其自治ノ本分ヲ盡サシムルノ必要アリ又市町村ノ區域大ニ過キテ人情風俗ヲ異ニシ共有物ノ區域ヲ混シ其便用ノ便ヲ害スルカ如キ場合ニハ之ヲ分ツノ必要アリカヽル必要アルカ爲

ニハ市町村ノ廢置分合若クハ區域ノ變更等ニツキ國ノ干渉ヲ要スルコト明ナリトス然レ圧成ルヘクハ自治ノ權利ヲ害セサランカ爲ニ其變更ニ關係アル土地ノ所有主及自治ノ市町村ヲシテ利害ノ關スル所ニ就テ各其意見ヲ達スルノ都合ヲ得セシメサルヘカラス而シテ其意見ニシテ一般ノ公益ヲ害セサル限リハ之ヲ採用シテ市町村ノ便利ヲ謀ルヘキモノナレ圧兎角關係者タルモノハ自己ノ利害ニノミ傾ムキテ爲ニ他ノ公益ヲ顧ミサルコトノ恐レアルヲ以テ公益上ノ必要アルトキハ關係者ノ意見ヲ採用セスシテ斷行スルノ權力ヲハ郡參事會府縣參事會ニ與ヘタルナリ郡參事會ト府縣參事會ハ高等自治區參事會ニシテ地方ノ情況ニ通曉スルヲ以テ市町村區域變更ヲ議決スルノ權ヲ托セリ町村ニ取テハ郡ハ高等自治區ナリ郡及市ニ取テハ府縣ハ其高等自治區ナリトス○市町村制中ニハ町村ノ分合ニ就キ詳細ナル規則ヲ設ケサルハ全ク各地ノ情況ヲ酌ミ量リテ行政廳ヨリ適宜ノ方法ヲ施コスヲ得ヘキモノトナセルナリ

第五條　市ノ境界ニ關スル爭論ハ府縣參事會之ヲ裁決ス其府縣參事會ノ裁決ニ不服アル者ハ行政裁判所ニ出訴スルコトヲ得

（註）凡ソ裁判ニハ二種アリ行政裁判ト司法裁判ナリ行政裁判トハ行政上ノ所爲ニ基ツクモノニシテ公法上ノ權利ニ關スルモノヲ裁判スルモノナリ司法裁判トハ一個人ト一個人トノ間ノ爭ヒニシテ私法上ノ所爲ニ基ツクモノヲ裁判ス今市ノ經界ノ爭論ハ行政上ノ事件ニシテ公法上ノ權利ニ關スルモノナルヲ以テ行政裁判所ノ所轄ニシテ司法裁判ヲ求ムルヲ許サス然レトモ其始ヨリ直チニ行政裁判ヲ求ムルコトヲ得ス先ツ高等自治區參事會即チ府縣參事會ノ裁決ヲ請ヒ猶ホ不服アルトキハ行政裁判ヲ請フモノトス之ヲ以テ府縣參事會ハ始審ノ如ク終審ニ於テハ行政裁判所ノ判決ニ任スルモノトス此府縣參事會ヲシテ先ツ判決セシムルノ理由ハ地方ノ情況ニ明カナル者ニ非サレハ正當ノ裁決ヲ爲スヿ能ハサルヲ以テナリ

第二欵　市住民及其權利義務

（註）第一欵ハ疆土ニ關スルヿヲ定メ第二欵ニ於テハ人民ニ關スル條件ヲ規定ス凡ソ自治區タルモノハ必ス疆土ト人民トノ二元素ヲ有セサルヘカラサルモノニシテ即チ本欵ニ於テハ住民權公民權ノ得ルヿ及ヒ喪フヿ幷ヒニ住民權公民權ヨリ生スル權利義務ヲ規定スルモノナリ

第六條　凡市內ニ住居ヲ占ムル者ハ總テ其市住民トス凡市住民タル者ハ此法律ニ從カヒ公共ノ營造物並ニ市有財產ヲ共用スルノ權利ヲ有シ及市ノ負擔ヲ分任スルノ義務ヲ有スルモノトス但シ特ニ民法上ノ權利及義務ヲ有スルモノアルトキハ此限ニ在ラス

（註）市住民トハ市內ニ住居ヲ占ムル者トアレハ本籍ト寄留トヲ論セス其市中ニ住居スルモノヲ云フ但シ市內ニ住居ヲ定メスメ一時滯在スル者モ其滯在ノ久シキニ至テハ市ノ負擔ニ任セシム

ルヲ當然トスルコトハ第九十二條ニ明示セリ○市住民ノ權利ハ公共ノ營造物例ヘハ市費ヲ以テ設ケタル建物及道路水道ノ如キ市全体ノ爲ニ營造シタル者ヲ共有シ又市有財産例ヘハ其不動産積立金穀等ノ類ヲ共用シ其財産所得ノ使用ニ參與スルコトヲ得ルナリ但法律及ヒ市制ノ定ムル所ニ遵フヘキハ論ヲ待タス此ノ如ク一方ニ權利ヲ有スルト共ニ亦他ノ一方ニ義務之ニ伴フ乃チ市ノ負擔例ヘハ事務ヲ執行スルカ爲ニ要スル費用ノ如キハ各自分擔スルノ義務アルモノトス但シ特ニ民法上ノ權利義務ヲ有スルモノアルトキハ此限ニアラス是レ市有財産ハ其所有スル市ニ於テ之ヲ管理シ及共用スルモノナレトモ若シ此財産ニ對シテ既ニ民法上ノ所有權若クハ使用權ヲ有スルモノアルトキハ其人コソ其財産ヲ使用シ若クハ所有スルヲ得ヘキモ市住民ハ之ヲ使用スル能ハサルナリ是レ所謂民法上ノ權利義務ニシテ其使用權ヲ有スルモノハ民法上ノ權利者トス而シテ其市住民ハ其財産ヲ權利者ノ使用ニ任スルノ義務アリ

市ノ公民タル資格

第七條　凡帝國臣民ニシテ公權ヲ有スル獨立ノ男子二年以來(一)市ノ住民トナリ(二)其市ノ負擔ヲ分任シ及(三)其市內ニ於テ地租ヲ納メ若クハ直接國稅年額二圓以上ヲ納ムル者ハ其市公民トス其公費ヲ以テ救助ヲ受ケタル後二年ヲ經サル者ハ此限ニ在ラス但場合ニ依リ市會ノ議決ヲ以テ本條ニ定ムル二ケ年ノ制限ヲ特免スルコトヲ得此法律ニ依テ獨立ト稱スルハ滿二十五歲以上ニシテ一戶ヲ搆ヘ且治產ノ禁ヲ受サル者ヲ云フ

(註)市住民ト云ヘハ他地方ヘ旅行中ノ者ト一時ノ滯在者トヲ除クノ外凡ソ市內ニ住居ヲ定ムル者ハ皆市住民トス此市住民中公務ニ參與スルノ權利ヲ有シ又義務ヲ負擔スル者ハ別ニ其資格アリテ其資格ニ適フ者ニ限リ之ヲ市公民ト云フ此市公民タルヘキモノハ公權(公權トハ一國民タル資格ヲ以テ當ニ有スヘキ所ノ權利ニシテ一例ヲ擧クレハ參政ノ權官吏ト爲ルノ權兵籍ニ入ルノ

權ノ如キヲ云フ)ヲ有スル男子ニシテ左ニ記スル資格ヲ二年以來引續キテ有スルモノニ限ル乃チ(第一)年齡滿二十五歲以上(第二)一戶ヲ有シ治產ノ禁ヲ受ケサル者(治產ノ禁ヲ受クルモノトハ法律上無能力者ト見認ラレ自カラ產業ヲ治ムル能ハサルモノ)(第三)其市ノ住民トナリタル者(第四)其市ノ負擔ヲ分任シ及ヒ其市內ニ於テ地租ヲ納メ若クハ直接國稅(直接國稅トハ船舶稅車輛稅所得稅營業稅ノ如キヲ云ヒ正當ニ云ヘハ地租ハ其內ノ最タルモノナリ而〆其類別ハ追テ告示スル旨市制第百三十一條ニ明示ス)ヲ二圓以上納ムル者トス然レ𪜈嘗テ公費ヲ以テ救助ヲ受タル事アル者ハ其後未タ二年ヲ經サル內ハ假令右ノ資格ニ相當スルモ公民ト爲ルヲ得サルモノトス然シ上ニ陳ヘタル二ケ年ノ制限則チ二ケ年以來資格ヲ有セサルヘカラストノ制限ハ場合ニ因リ市會ニ於テ特免スルコトヲ得ヘシ而〆右ニ枚擧シタル法律上ノ要件ニ適スルトキハ直ニ公民タルヲ得ルモノトス〇之ヲ以テ外國人及公權ヲ有セサル者ハ公民權ヲ與フヘカラサルコト勿論ナリトス但シ

第八項納立セサル者ニハ被選權ヲ與ヘスト雖モ之ニ選擧權ヲ與フルノ特例アリ(第十二條第二十四條)其他多額ノ納稅者モ此特例ヲ得此ノ如ク公民ニ制限ヲ設ケタルハ無資產ニシテ餘リ市ニ利害ノ關係ヲ有セサル無智ノ小民カ濫リニ公務ニ干與スルノ弊ヲ防カンカ爲ナリ而シテ其納稅額ヲ定ムルニ直接國稅ヲ標準ト爲シ市稅ヲ標準トセサルハ現今町村區費ノ賦課法タル各地方異同アリテ其標準ヲ立ツルコト難キヲ以テナリ

第八條　凡市公民ハ市ノ選擧ニ參與シ市ノ名譽職ニ撰擧セラルヽノ權利アリ又其名譽職ヲ擔任スルハ市公民ノ義務ナリトス左ノ理由アルニ非サレハ名譽職ヲ拒辭シ又ハ任期中退職スルコトヲ得ス(一)疾病ニ罹リ公務ニ堪ヘサル者(二)營業ノ爲ニ常ニ其市內ニ居ルコトヲ得サル者(三)年齡滿六十歲以上ノ者(四)官職ノ爲メニ市ノ公務ヲ執ルコトヲ得サル者(五)四年間無給ニシテ市吏員ノ職ニ任シ爾後四年ヲ經過

セサル者及六年間市會議員ノ職ニ居リ爾後六年ヲ經過セサル者(六)其他市會ノ議決ニ於テ正當ノ理由アリト認ムル者前項ノ理由ナクシテ名譽職ヲ拒辭シ又ハ任期中退職シ若クハ無任期ノ職務ヲ少クモ三年間擔當セス又ハ其職務ヲ實際ニ執行セサル者ハ市會ノ議決ヲ以テ三年以上六年以下其市公民タルノ權ヲ停止シ且同年期間其負擔スヘキ市費ノ八分ノ一乃至四分一ヲ增課スルコトヲ得前項市會ノ議決ニ不服アル者ハ府縣參事會ニ訴願シ其府縣參事會ノ裁決ニ不服アル者ハ行政裁判所ニ出訴スルコトヲ得

(註)本條ハ公民權ヲ示セル者ニシテ市公民タル者ハ一方ニ於テハ選擧ヲ爲シ又選擧セラルヽノ權利ヲ有シ一方ニテハ市ノ議政及行政上ノ名譽職ヲ擔任スヘキ義務ヲ負フモノトス名譽職トハ無給ヲ以テ職務ヲ取扱フ者ニシテ第四十九條ノ名譽職參事員之

レナリ此參事員ハ固ヨリ無給ナリト雖モ職務取扱ノ爲ニ要スル實費ノ辨償ヲ受クルハ勿論市會ノ決議ニ因ッテ相當ノ報酬ヲ受クルコトアリ(第七十五條)此名譽職ヲ擔任スル義務ハ固ヨリ公法上ノ義務ナレドモ法律上ノ義務ノ如ク强テ行ハシムルモノニシテ本條ニ揭ケタル六條件中ノ一アラサル以上ハ其職ヲ辭退スルヲ得ストセリ此ノ如ク單ニ故ナクシテ職ヲ辭退スルヲ禁シタルノミナラス其職務ハ任期ナキモノナレハ何時ニテモ退クヲ得ヘキカ如クナレトモ少ナクモ三年間ハ其名譽職ヲ擔當セサルヘカラス又假令其職ニ在ルモ唯名ノミニシテ實際職務ヲ執ラサル時ハ市公民タルノ權ヲ停止ス即チ公務ニ參與スルノ權ヲ停止シ並ヒニ市税負擔ヲ增加シテ之ヲ懲罰ス此ノ如ク强テ名譽職ヲ務メシムル所以ノモノハ畢竟名譽職ナルモノハ直接ノ利益ナキモノナレハ或ハ之ヲ嫌ヒテ妄リニ辭退スルアラハ市政ノ妨害トナルヲ以テ此ノ如クナシタルモノナリ然レトモ是レ法律上ノ義務ニ非サレハ罰金刑罰ノ如キ直接ノ制裁ヲ加フルヿ能ハサルヲ以テ

市公民權利ノ喪失

間接ニ權利ノ停止又ハ市費增課ノ制裁ヲ存スルナリ○名譽職ヲ辭退スル理由ト爲スヘキモノハ第一病氣ノ爲ニ公務ヲ執ル能ハザル者第二ハ出稼商人海外貿易商ノ如キ其市內ニ居ルコト稀ニシテ常ニ其商業先ニ出張セザルヲ得ザル者第三老衰職ニ堪ヘザル者第四ハ官吏第五ハ名譽職ヲ四年間務メタル者又ハ六年間市會議員ヲ務メタル者ハ曾テ其職ヲ奉ジタルト均シキ年限丈ハ其職ヲ拒辭スルコトヲ得第六市會ノ議決ニ因テ其辭退ノ理由アリト認メタル者此六條件ノ一ニ居ルモノハ名譽職ヲ辭退スルモ懲罰ヲ受クルコトナシ○此制裁ヲ加フルノ權ハ之ヲ市會ニ付與シ之ニ關スル訴願ハ參事會ノ議決ニ附シテ行政裁判ニ出訴スルヲ許ス

第九條　市公民タル者第七條ニ掲載スル要件ノ一ヲ失フトキハ其公民タルノ權ヲ失フモノトス「市公民タル者身代限處分中又ハ公權ノ剝奪若クハ停止ヲ附加スヘキ重輕罪ノ爲メ裁判上ノ訊問若クハ拘留中又ハ租稅滯納處分中ハ其公民タルノ權ヲ停止ス陸

海軍ノ現役ニ服スル者ハ市ノ公務ニ參與セサルモノトス市公民タル者ニ限リテ任スヘキ職務ニ在ル者本條ノ場合ニ當ルトキハ其職務ヲ解クヘキモノトス

(註)第七條ニ於テ公民權ヲ得ルノ要件ヲ示サレシカ本條ニテハ其要件中一ヲ失フトキハ公民權ヲ失フコトヲ明示セル者ニシテ即チ公民權ハ左ノ事實アレハ消滅スルモノトス(一)國民籍ヲ失フ事(二)公權ヲ失フ事(三)市町村内ニ住居セザル事即チ住民權ヲ失フ事(四)公費ヲ以テ救助ヲ受クル事(五)獨立ヲ失フ事即チ一戸ヲ搆フルコトヲ止メ又ハ治產ノ禁ヲ受クル事(六)市町村負擔ノ分任ヲ止ムル事(七)市町村内ノ所有地ヲ他人ニ讓リ又ハ直接國稅二圓以上ヲ納メサル事以上ノ七條件ノ一ニ觸ルヽモノハ其公民權ヲ失フモノトス此公民權ヲ失フ外ニ公民權停止ノ事アリ停止ト失フトノ區別ハ失フトキハ公民權ハ全ク消ヘ去リテ條件ノ再ヒ滿足セザル以上ハ再ヒ公民權ヲ生スル能ハサルモノニシテ停止ノ場合ハ

其權ノ全ク消滅スルニ非ス其權利ハ存スレﾄﾓ只法律上ニ定メタル事由ノ存スル間其權利ノ執行ヲ止ムルニ在リ此停止ノ塲合ハ(一)身代限處分中即チ身代限ノ言渡ヲ受ケタルﾄｷヨリ辨償ノ責ヲ終ラサル時日間(二)公權ノ剝奪若クハ停止ヲ附加スヘキ重輕罪ノ爲メ裁判上ノ訊問中若クハ拘留中ノ者トス公權剝奪トハ國民タルヘキ權利ヲ剝奪セラルヽモノニシテ重罪ノ刑ニ處セラレタル者ハ終身公權ヲ剝奪セラルヽモノトス然ルニ公權ヲ停止スルトハ唯刑期間公權ノ執行ヲ停止スルモノナリ(三)租税滯納處分中即チ公賣處分ヲ受ケテ未タ其義務ヲ全フセサルモノハ之レ亦公權ヲ停止ス以上ハ停止ノ塲合ナリ而メ又陸海軍ノ兵役服務中ニシテ兵營ニ在ル者ハ市ノ公務ニ參與スル能ハサルハ固ヨリナリ又市公民タルノ權利アルモノニ限リ任セラルヘキ職ヲ奉スルモノニシテ公民權ヲ失ヒ若クハ停止セラレタル者ハ其職ヲ止メサルヲ得ス

第三款　市條例

（註）地方自治ノ實ヲ擧ケ其自治体ノ區域内ニ在テ内部ノ事務ヲ整理スルカ爲ニ市町村ハ其一區域限リノ法律ヲ定ムルノ權ナカルヘカラス各地方皆其狀態ヲ異ニシ各特別ノ事情アルヘキカ故ニ一定ノ法規ヲ以テ整理スル⼀能ハス此レカ爲ニ本欵ハ市ニ自主權ヲ與ヘタル者ニシテ即チ市自カラ其内部ノ事務ヲ整理スルカ爲ニ條例ヲ發スルノ權利ヲ與ヘタルモノトス而ソ自主權ト自治權ト相異ナルノ點ヲ謂ヘハ自治權ハ國ノ法律ニ遵ヒ自カラ撰擧シタル名譽職ヲ以テ市ノ事務ヲ取扱フノ權ニシテ自主權トハ自カラ條例規則ヲ作リテ市内ノ事務ヲ整理スルノ權ナリ條例トハ市ト其住民トノ關係ヲ定ムルモノニシテ議員市吏員等ノ員數職務權限給料退隱料免稅等ノ法律ニ規定セサル部分ヲ定ル所ノモノナリ規則トハ瓦斯局水道病院ノ如キ營造物ノ組織使用法等ヲ規定スルモノナリ而ソ設令此等ノ立法權ヲ有スルモ一般ノ法律ニ抵觸スル能ハサルハ勿論ナリ

第十條　市ノ事務及ヒ市住民ノ權利義務ニ關シ此法律中ニ明文ナク又ハ特例ヲ設クルコトヲ許セル事項ハ各市ニ於テ特ニ條例ヲ設ケテ之ヲ規定スルコトヲ得市ニ於テハ其市ノ設置ニ係ル營造物ニ關シ規則ヲ設クルコトヲ得ス市條例及規則ハ法律命令ニ抵觸スルコトヲ得ス且之ヲ發行スルトキハ地方慣行ノ公告ニ依ルヘシ

（註）條例ヲ發シ規則ヲ立ツルノ權ハ必スシモ國家ノ特權ニアラス市ノ事務及市住民ノ權利義務ニ關シテ此市制中別ニ明文ノナキモノ又ハ特許ニサレタル事柄ニ關シテハ各々ノ市ニ於テ自カラ條例ヲ設ケテ之カ規定ヲ爲スヿヲ得又其市ニ於テ設置シタル營造物ニ關シテハ自カラ規則ヲ設クルヿヲ許シタルハ元ト一國ノ立法權ヲ以テ普子ク地方ノ情況ヲ酌ミ量リテ何所ニモ適當セル條例規則ヲ立ツルヿ六ケ敷ヲ以テ古來ノ沿革及人民政治上ノ教育ノ度ヲ計リ其智力ニ相當スヘシト思ハルヽ範圍內ニ於テ自

カラ法規ヲ立ツル權ヲ與ヘテ其市ノ區域内ニ限リ自カラ其地方ノ情況ニ適ナヒタル條例ヤ規則ヲ作ラシムルカ爲ナリ然レ𪜈若シ國法ヲ以テ定メラレタル範圍ヲ超ヘタルトキハ其條例ヤ規則ハ無効ノモノトス故ニ市ノ條例規則ヲ作リテ一國ノ法律ニ抵觸シ或ハ政府ノ命令ニ背クコトハ決シテ能ハサルナリ〇市ノ自主權ヲ以テ設クル所ノ法規ニ條例及規則ノ別アリ規則トハ市ノ設置ニカヽル瓦斯局水道病院ノ如キ營造物ノ組織及ヒ其使用法ヲ規定スルモノヲ謂ヒ條例トハ市ノ組織又ハ市ト其住民トノ權利義務ヲ規定スルモノヲ謂フ而メ此條例モ規則モ共ニ法律命令ニ背クヲ得サルハ勿論ナレ𪜈條例ハ猶ホ他ノ制限アリ即チ法律ニ明文ヲ掲ケテ特例ヲ設クルコトヲ許シ或ハ法律ノ明文ナクシテ自主ノ權ヲ許シタル場合ニ限ルモノトス其條例規則ヲ新設改正スル法ハ後條ニ在リ〇本條ノ終リニ且之ヲ發行スルトキハ地方慣行ノ公告式ニ依ルヘシトアルハ如何ナル條例規則ヲ論セス公布即チ世人ニ公告スルノ手續ヲ爲サヽレハ他人ニ對シテ效力ヲ有セ

サルハ當然ノ事ナルヲ以テ條例規則ヲ發行スル以上ハ公告式ヲ爲サヾルヘカラス之ヲ爲スハ其地方慣行ノ方法ニ因ルヘシトナリ例ヘハ府縣知事カ府縣令ヲ公布スルニハ其府縣下ノ新聞紙ニ記載シテ公布スルカ如キハ即チ今日慣行ノ公告式ナリ

第二章　市會

（註）市會ハ市ト云フ無形人ノ相談ヲ爲ス機關ニシテ從來ノ區會ニ似テ權力ノ更ニ大ナルモノナリ

第一欵　組織及選擧

（註）市會即チ市ノ代議機關ヲ組ミ立ツル方法及其議員ヲ撰ヒ上タル方法ヲ示セルモノナリ

第十一條　市會議員ハ其市ノ選擧人其被選擧權アル者ヨリ之ヲ選擧ス其定員ハ人口五萬未滿ノ市ニ於テハ三十人トシ人口五萬以上ノ市ニ於テハ三十六人トス人口十萬以上ノ市ニ於テハ人口五萬ヲ加フル毎ニ人口二十萬以上ノ市ニ於テハ人口十萬ヲ加

フル毎ニ議員三人ヲ增シ六十人ヲ定限トス議員ハ市條例ヲ以テ特ニ之ヲ增減スルヿヲ得但定限ヲ超ユルコトヲ得ス

（註）市會議員トナルヘキモノハ市公民中選擧セラレタルモノニシテ其選擧人ノ資格被撰擧人ノ資格ハ次條ニ明文アリ本條ニ於テハ議員選擧ノ數ヲ最モ注意スヘキモノトス茲ニ所謂人口トハ市住民ヲ總稱スルモノニシテ惟タ現役軍人ヲ除キタル數ナルコトハ附則第百三十條ニ明文アリ其議員ノ定員ハ五万未滿ノ市ハ三十人五万以上ハ三十六人十万以上ノ市ハ人口五万ヲ加フル毎ニ三人ヲ增加スルトセバ十五万人ニ至リテ三十九人二十万ニ至リテ四十二人トス既ニ二十万ノ人口ニ達スレハ十万ヲ加フル毎ニ議員三人ヲ增スヲ以テ三十万人ニ至レバ其議員四十五人四十万ニ至レバ四十八人五十万ニ至リテ五十一人六十万ニ至リテ五十四人七十万ニ至リテ五十七人八十万ニ至リテ六十人トス而シテ六十人ヲ以テ定限ト爲スガ故ニ八十万以上ハ人口增加スルモ

選擧權ヲ有スル者

議員ハ別ニ増加セサルモノトス尤モ議員ノ定員ハ市條例ヲ以テ特ニ之ヲ増減スルコトヲ得ルトアレハ强チ上ノ數ニ依ラサルモ可ナルヘシト雖モ但書ノ定限ヲ超ユルヲ得ストハ六十人ノ定限ヲ超ユルヲ得サルヲ謂フナランカ左スレハ右ニ掲ケタル議員ノ定員ハ唯此位ト云フ標準ヲ示シタルノミ

第十二條　市公民（第七條）ハ總テ選擧權ヲ有ス但其公民權ヲ停止セラルヽ者（第八條第三項第九條第二項）及陸海軍ノ現役ニ服スル者ハ此限ニアラス凡內國人ニシテ公權ヲ有シ直接市稅ヲ納ムル者其額市公民ノ最多ク納稅スル者三名中ノ一人ヨリモ多キトキハ第七條ノ要件ニ當ラスト雖モ選擧權ヲ有ス但公民權ヲ停止セラルヽ者及陸海軍ノ現役ニ服スル者ハ此限ニ在ラス法律ニ從テ設立シタル會社其他法人ニシテ前項ノ場合ニ當ルトキモ亦同シ

（註）選擧權ハ固ヨリ第七條ニ掲ケタル條件ヲハ完全ニ有スル公

民ニ限リテ有スヘキモノニシテ公民權ヲ停止セラレタル者及陸海軍ノ現役ニ服スルモノハ選擧權ヲ有スル能ハサルヘキハ第八條第九條ニ說明セルカ如シ然ルニ茲ニハ特例ヲ設ケテ公民ナラサルモ內國人即チ日本國民ニシテ公權ヲ有シ直接市稅即チ市稅トシテ賦課スル所得稅營業稅ノ如キ直接稅ヲハ其市公民中最モ多ク納ムル者三名中ノ一人ノ納額ヨリモ多ク納ルトキハ二ケ年以來市住民トナリ其市ノ負擔ヲ分任スルコトナクトモ(第七條中ノ公民トナル要件ヲ見ヨ)選擧ノ權ヲ有ス是レ此ノ如ク多額ノ市稅ヲ納ムル者ハツマリ其人ハ其市ニ對シテ利害ノ關係アルコト最モ厚キヲ以テナリ然レ𪜈公民權ヲ停止セラルヽ者及陸海軍ノ現役ニ服スル者ハ如何ニ多額ノ稅ヲ納ムルモ撰擧權ヲ有スルコトナシ○末項ニ在ル法律ニ從テ設立シタル會社其他法人トハ無形人ヲ指スモノニシテ日本鐵道會社日本郵船會社ノ如キ凡テ特許ヲ受ケ數多ノ社員ヨリ組織スト雖𪜈其社員ノ增減變更アルニ係ラス世間ニ對シテ會社ノ名稱ヲ以テ其事業ヲ營ミ一ノ無形人

トシテ權利義務ヲ有スルモノナリ故ニ此ノ如キ數多人ノ集合体ハ市町村等ノ如ク實際人間ニハアラサルモ法律上一個人ト見做サルヽモノニシテ此無形人ハ獨立ノ男子ニモアラス市ノ住民ニモアラスト雖𪜈前項ノ場合即チ多額ノ市税ヲ納ムルトキハ撰擧權ヲ有スルコトヲ得ルナリ

選擧人及其等級

第十三條　選擧人ハ分テ三級ト爲ス選擧人中直接市税ノ納額多キ者ヲ合セテ選擧人總員ノ納ムル總額ノ三分一ニ當ルヘキ者ヲ一級トス一級撰擧人ノ外直接市税ノ納額多キ者ヲ合セテ撰擧人総員ノ納ムル總額ノ三分ノ一ニ當ルヘキ者ヲ二級トシ自餘ノ撰擧人ヲ三級トス各級ノ間納税額兩級ニ跨ルモノアルトキハ上級ニ入ルヘシ兩級ノ間ニ同額ノ納税者二名以上アルトキハ其市ニ住居スル年數ノ多キ者ヲ以テ上級ニ入ル若シ住居ノ年數ニ依リ難キトキハ年齢ヲ以テシ年齢ニモ依リ難キトキハ市長抽籤ヲ以テ

之ヲ定ムヘシ選擧人每級各別ニ議員ノ三分一ヲ選擧ス其被選擧人ハ同級內ノ者ニ限ラス三級ニ通シテ選擧セラルヽヿヲ得

（註）本條ハ等級選擧ノ例ヲ示シタル者ニシテ此撰擧法ハ我國從來無キ所ナリ其方法ハ納稅額ニ因テ撰擧人ヲ三級ニ分チ各級ニ於テ別々ニ議員ノ三分一ヲ撰擧スルモノトス之レ蓋シ撰擧權ヲ以テ市稅ヲ負擔スルノ輕重ニ伴ハシメントスルモノニシテ第一級ノ者ハ第二級第三級ノ者ヨリ其人數少ナク第二級ハ亦第三級ヨリ人數少ナキハ當然ナリ此ノ如ク其撰擧人ノ數ハ多少アルモ其議員ヲ撰フノ權ハ各級共總議員ノ三分ノ一宛ナレハ人數ノ最モ少ナキ第一級ノ撰擧者ハ他ノ二級若クハ三級ノ撰擧人ヨリハ多數ノ投票權ヲ有スル譯ナリ之ヲ以テ多クノ市稅ヲ出スモノハ多クノ投票權ヲ有シ市稅ヲ出ス少ナキモノハ投票權モ少ナシ此ノ如クスレハ市ニ利害ノ關係少ナキ無智無產ノ小民少シモ撰擧權ヲ得サル爲ニ市政上ニ不滿足ヲ抱カシメ甚シキハ市政ニ妨害

ヲ爲サントスルカ如キ憂ヒモ亦少ナカルヘシ○今法文ヲ案スルニ第一級撰擧人ヲ定ムルニハ例ヘハ撰擧人總員ノ納ムル總稅額ヲ六万圓トスレハ此三分ノ一即チ二万圓丈ケヲ撰擧人中最モ多ク直接市稅ヲ納ムル者ヨリ順次ニ其納額ヲ合セテ此三分ノ一即チ二万圓ノ高ニ達スルマテノ者ヲ第一級トス更ニ例ヲ擧ケテ示サンニ玆ニ數百人ノ撰擧人アリテ其直接市稅ノ總額ハ六千圓トセハ此三分ノ一ハ即チ二千圓ナリ此二千圓丈ケ宛ヲ三級各々納額トス故ニ甲ハ一千二百圓ノ納額ニシテ乙ハ八百圓ノ納額ナレハ此兩人コソ第一級撰擧人ナリトス次ニ丙ハ七百圓ヲ納メ丁ハ六百圓ヲ納メ戊ハ五百圓ヲ納メ已ハ二百圓ヲ納ムルトセハ此四人コソ第二級撰擧人ナリ此外ノ人ハ皆第三級撰擧人ニシテ其納額ヲ合スレハヤハリ二万圓トナル然レ𪜈此例ノ如ク其何級ニ屬スヘキカ明ラカナラザル場合アリ即チ各級ノ間納稅額兩級ニ跨ルモノ例ヘハ恰カモ兩級ノ境界ノ邊ニ位シタル人アリテ之ヲ第一級ニ組ミ入ルレハ定額ヨリ超過シテ餘分ヲ生スヘシ之ヲ第二

級ニ入レンカ第一級ノ定額ニ不足アルカ如キ場合ニハ上級ニ組ミ入ルヘキモノトス又各級ノ間ニ同額ノ納税者二名以上アリテ何レカ一人ヲ上級ニ入ルレハ定額ニ滿ツル場合ニハ二人以上ノ者ヲ上級ニ組入ルヽ能ハスサリトテ皆下級ニ置ク能ハサル時ニハ市ニ住居スル年數ノ長短ニ因リテ年數ノ多キモノヲ上級ニ入ル住居ノ年數ニ依リ難キトハ年齢ノ多少ニ因リ年齢ニモ依リ難キトキハ市長ハ籤ヲ以テ之ヲ定ムヘシ○選擧人カ議員ヲ撰フ可ク各級共其數ハ同一ナリ即チ三分ノ一宛ヲ撰フ其議員ヲ撰フニハ同級內ノ者ヲ撰フニ限ラス三級中何レノ者ヲ撰ンテモ可ナリトス之レ議員ニ適當ナル人ハ成ルヘク多數ノ人ノ中ヨリ撰フヲ可ナリトスルヲ以テナリ

第十四條　區域廣濶又ハ人口稠密ナル市ニ於テハ市條例ヲ以テ撰擧區ヲ設ルコヲ得但シ特ニ二級若クハ三級撰擧ノ爲メ之ヲ設ルモ妨ケナシ撰擧區ノ數及其區域並各撰擧區ヨリ撰出スル議員ノ員數ハ市

條例ヲ以テ撰擧人ノ員數ニ準シ之ヲ定ムヘシ撰擧人ハ其住居ノ地ニ於テ其所爲ノ區域ヲ定ム其市內ニ住居ナキ者ハ課稅ヲ受タル物件ノ所在ニ依テ之ヲ定ム若シ數撰擧區ニ亘リ納稅スルモノハ課稅ノ最多キ物件ノ所在ニ依テ之ヲ定ムヘシ撰擧區ヲ設クルヰハ其撰擧區ニ於テ撰擧人ノ等級ヲ分ツヘシ被撰擧人ハ其撰擧區內ノ者ニ限ラサルモノトス

(註)本條ハ市ノ便宜ニ因リ撰擧區ヲ設クルノ權ヲ與ヘタルモノニシテ市ノ區域廣キニ過キ又ハ人口ノ密ナル所ニテハ其多數ノ者ヲシテ一時ニ撰擧ヲ行ハシムレハ徒ラニ混雜スルヲ以テ數撰擧區ニ分チ其區其區ニ於テ撰擧ヲ行フコヲ得セシムルナリ之ヲ以テ第一級ノ如キ人員ノ少數ナルモノニ於テハ撰擧區ヲ設クルノ必用ナキカ故ニ特ニ人員ノ多數ナル第二若クハ第三級撰擧ノ爲ニ設クルモ妨ナシ此撰擧區ノ數及其區域並ニ各選擧區ヨリ撰ミ出スヘキ議員ノ數ハ市條例ヲ以テ撰擧人ノ數ニ準シ適宜ニ定

被選人及ビ其資格ナキ者

ムルモノトス○選擧人ノ甲區ニモ乙區ニモ關係アル者ハ何レノ區ニ屬スヘキカト云フニ其住居ノ地ニ依テ其屬スル所ヲ定ム若シ其市內ニ住居ナキ者ハ課税セラル丶物件例ヘハ製造所又ハ商店等ノ在ル所ニ依ル若シ其納税數撰擧區ニ亘ルモノハ最モ多ク課税セラル丶物件ノ在ル所ニ因テ定ム○選擧區ヲ設クル時ハ其撰擧區內ニ於テ第十三條ノ方法ニ因テ撰擧人ノ等級ヲ分ツヘシ而シテ撰擧セントスル人ハ他ノ撰擧區ノ者ニテモ適當ノ人物ナリト知ル𪜈ハ之ヲ撰ブコヲ得ルモノトス是レ被選人ノ區域ヲ擴メ成ルヘク多ク有用ノ人ヲ議會ヘ出サントスルノ精神ニメ後條ニ父子兄弟ハ同時ニ議員タルヲ得サルノ制ヲ定メタレ𪜈亦此ノ如キ場合ニハ他ノ撰擧區ニ赴ヒテ議員タルコヲ得ルモノトス

第十五條　選擧權ヲ有スル市公民(第十二條第一項)ハ總テ被撰擧權ヲ有ス左ニ揭クル者ハ市會議員タルヲ得ス(一)所屬府縣ノ官吏(二)有給ノ市吏員(三)撿察官及警察官吏(四)神官僧侶及其他諸宗教師(五)小學校教

員其他官吏ニシテ當選シ之ニ應セントスルトキハ所屬長官ノ許可ヲ受クヘシ代言人ニ非スシテ他人ノ爲ニ裁判所又ハ其他ノ官廳ニ對シテ事ヲ辨スルヲ以テ業ト爲ス者ハ議員ニ選擧セラルヽコトヲ得父子兄弟タルノ緣故アル者ハ同時ニ市會議員タルコトヲ得ス其同時ニ選擧セラレタルトキハ投票ノ數ニ依テ其多キ者一人ヲ當選トシ若シ同數ナレハ年長者ヲ當選トス其時ヲ異ニシテ選擧セラレタル者ハ後者議員タルコトヲ得ス市參事會員トノ間父子兄弟タルノ緣故アル者ハ之ト同時ニ市會議員タルコトヲ得ス若シ議員トノ間ニ其緣故アル者市參事會員ノ任ヲ受クルトキハ其緣故アル議員ハ其職ヲ退クヘシ

（註）議員ヲ撰擧スルノ權アル者ハ皆議員ニ撰擧セラルヽノ權アルコトハ第一項ニ示スカ如シ然シ市公民ニ非サル者ニ至テハ仮

令撰擧權ヲ有スルモ(第十二條ヲ見ヨ)議員ニ撰ハルヽノ權ハ有セス而シテ撰擧人ト被撰擧人ト同一ノ權ヲ與ヘタル所以ハ成ルヘク議員ニ適當セル人ヲ撰ハントノ主意ニシテ撰擧ノ區域廣キ程ヨキ人物ヲ擧クルヲ得レハナリ第二項ニ市會議員タルヲ得サルモノヲ列擧セリ其(一)(二)(三)ハ共ニ官吏ノ議員トナルコトヲ禁シタルモノナリ畢竟議員ハ其市若クハ區內ノ議政官ニシテ官吏ハ行政官ナルヲ以テ立法者ト行政官トヲ區別シタルモノナリ併シ(二)ハ有給ノ市吏員トアレハ無給ノ市吏員ハ被撰擧權ヲ有ス又其他官吏ニシテ當選シ之ニ應セントスルトキハ所屬長官ノ許可ヲ受クヘシトアルハ是レ官吏ヲシテ議會ニ與カラシムルモノニシテ穩當ナラザルカ如クナレトモ地方ニ依リテハ適當ノ人物少ナキヲ以テ實際已ムヲ得サル場合ノ便宜法ナリ但シ行政ノ事務ト議政ノ事ト最モ利害ノ抵觸シ易キ場合ニ關シテハ豫メ之ニ處スルノ法ヲ設ケタリ(第三十八條第四十三條第六十六條)(四)ト(五)ハ敎育ニ從事スルモノハ議員トナルヲ得サルヲ云フ其他裁判所若

シハ官廳ニ利害ノ關係アル者又ハ最モ近キ縁故アル父子兄弟タルモノ同時ニ市會ニ關係スルコトヲ禁シタルハ皆正直ナル心ヲ保タシメンカ爲ニシテ利慾ノ爲メ其説ヲ枉ケ親屬ノ爲ニ説ヲ屈スルカ如キコトナカラシメンカ爲ナリ若シ父子兄弟同時ニ選擧セラレタルトキハ多數ノ投票ヲ得タルモノヲ當選トシ時ヲ異ニシテ選擧セラレタル者ハ即チ子ハ先キニ選ハレテ父ハ後ニ選ハレタル場合ニハ後ニ撰ハレタル者ハ議員タルヲ得ス若シ議員ニ縁故アル者市參事會員トナレハ縁故アル議員ハ其職ヲ退クヘシ

議員任期及改選

第十六條　議員ハ名譽職トス其任期ハ六年トシ毎三年各級ニ於テ其半數ヲ改撰ス若シ各級ノ議員二分シ難キトキハ初回ニ於テ多數ノ一半ヲ解任セシム初回ニ於テ解任スヘキ者ハ抽籤ヲ以テ之ヲ定ム退任ノ議員ハ再選セラルヽヿヲ得

(註)議員ハ無給ノ名譽職ニシテ其任期ハ六年トス而ソ三年毎ニ定期撰擧ヲ行ナヒ第一第二第三ノ三級中各其半數丈ケ改選スル

モノナリ斯ク半數式ツヽ改撰スルハ一時ニ全体ヲ改選スレハ事務ニ熟練セル議員全ク去リ盡シテ新任ノ人ノミトナリ議事ノ不整頓アルヘキヲ以テナリ但シ市會ニシテ法律命令ニ背キ解散ヲ命セラレタル時ハ全体ヲ改選スルモノトス又此法律ヲ施行スル最初ニ選ミ出サレタル議員ハ三年目ニ起ル改選ニ因リ其半數ヲ退任セシメサルヲ得ス此時ニハ鬮ヲ以テ退任者ヲ定ム而シテ若シ人數ノ都合ニテ半數ニ分ツヲ得サル時例ヘハ三級ノ者六十三人アリトスレハ之ヲ兩分シテ半數トナル能ハサル時ハ多數ノ方即ヲ三十二人丈ケヲ改選スルナリ此ノ如クシテ初回ノ改選期ニ退任セラレタルモノハ三年間在職スル割ナリ此場合ト解散ノ場合ヲ除クノ外ハ議員ハ總テ任期六年トス末項ノ法文ハ再選ヲ得ルコトヲ明示ス

第十七條 議員中欠員アルトキハ毎三年定期改選ノ時ニ至リ同時ニ補欠選擧ヲ行フヘシ若シ定員三分ノ一以上欠員アルトキ又ハ市會市參事會若クハ府縣知

事ニ於テ臨時補欠ヲ必要ト認ムルトキハ定期前ト雖モ其補欠選擧ヲ行フヘシ補欠議員ハ其前任者ノ殘任期間在職スルモノトス定期改選及補欠選擧トモ前任者ノ選擧セラレタル選擧等級及選擧區ニ從テ之カ選擧ヲ行フヘシ

（註）議員任期中ニ死亡シ若クハ事故アリテ退職スルトキハ議員中欠員ヲ生スルヲ以テ直チニ此欠ヲ補フヘキ議員ヲ撰擧セサルヘカラス然レトモ僅カニ一二人ノ欠ヲ補ハンカ爲ニ其都度々々ニ選擧ヲ行フトキハ徒ラニ煩雜ニ渉ルヲ以テ每三年ノ定期選擧ノ時ニ同時ニ補欠選擧ヲ行フモノトス假令一二人ノ欠員アルモ別ニ事務ニ差支ヘヲ生スルコトナカルヘキヲ以テナリ然シ若シ定員ノ三分ノ一以上欠員トナリ爲ニ事務上ニ差支ヲ生シ止ヲ得サル場合ニ〆市會市參事會又ハ府縣知事ニ於テ臨時ニ補欠選擧ヲ爲スコトヲ必要ト認メタルトキハ定期前ト雖トモ臨時ニ補欠選擧ヲ行フヘキモノトス而〆此補欠選擧ニ因テ選ハレタル補欠議員ハ其前

ニ議員ニアリタル人ノ殘リノ任期間在職スルモノトス例令ヘハ甲議員三年ニシテ職ヲ退キ乙議員之カ補欠トシテ甲議員ノ職ヲ襲キタル片ハ乙議員ハ甲議員ノ殘任期即チ三年間在職スルモノトス然シ一寸疑ハシキ事アリ若シ甲議員二年間在職シ後一年ヲ經テ乙議員ハ毎三年定期選擧ノ時ニ補欠トシテ選ハレタル時ハ其任期ハ何年ナルカ甲議員ノ殘任期ハ丁度四年ナレ圧乙議員カ補欠トシテ出タルハ一年ノ後ナレハ正シク三年ノ殘任期間在職スヘキモノトス○定期改選及補欠選擧トモ前任者ノ選擧セラレタル選擧等級及選擧區ニ從テ之カ選擧ヲ行フ例ヘハ第一級議員ノ改選若クハ補欠選擧ニハ第一級ノ中ニ於テシ又選擧區ノ定マリアル時ハ其選擧區ニ就テ其選擧區ヨリ出タル議員ノ改選若クハ補欠選擧ヲ行フ

撰擧人名簿公示

第十八條　市長ハ撰擧ヲ行フ毎ニ其撰擧前六十日ヲ限リ撰擧原簿ヲ製シ各撰擧人ノ資格ヲ記載シ此原簿ニ據リテ撰擧人名簿ヲ製スヘシ但シ撰擧區ヲ設

クルトキハ毎區各別ニ原簿及名簿ヲ製ス可シ撰擧人名簿ハ七日間市役所又ハ其他ノ場所ニ於テ之ヲ關係者ノ縱覧ニ供スヘシ若シ關係者ニ於テ訴願セントスルコトアルトキハ同期限内ニ於テ之ヲ市長ニ申シ立ツ可シ市長ハ市會ノ裁決（第三十五條第一項）ニ據リ名簿ヲ修正ス可キトキハ撰擧前十日ヲ限リテ之ニ修正ヲ加ヘテ確定名簿トナシ之ニ登錄セラレサルモノハ何人タリトモ撰擧ニ干スルコトヲ得ス本條ニ依リ確定シタル名簿ハ當撰ヲ辭シ若クハ撰擧ノ無効トナリタル場合ニ於テ更ニ撰擧ヲナストキモ亦之ヲ適用ス

（註）本條選擧ヲ爲スノ準備ハ（一）選擧原簿ヲ製ス之レハ選擧名簿ノ基礎トナル選擧帳簿ナリ（二）此選擧原簿ニ因テ撰擧人名簿ヲ製ス之レ亦選擧ノ基礎トナルモノニシテ此名簿ハ選擧前數日間關係者ノ縱覧ニ供シ異議アルモノハ市長ニ申シ立テ又ハ訴願若ク

ハ行政訴訟ノ手續ヲ爲シテ其誤ヲ正スヲ得(三)確定名簿オハ選擧前十日迄ニ作リ此確定名簿ニ由テ選擧人ノ資格確然定マルモノトス此確定名簿ノ調製結了スルマデニ行ヒタル選擧人資格ニ關スル裁決ハ之ヲ執行スルト雖圧既ニ選擧ノ期日ニ達スル以上ハ其訴願アルニモ拘ハラス選擧ヲ執行スルモノトス何トナレハ右各訴願ノ確定終局ニ至ルマデ日ヲ延ハスヲ得サルヲ以テナリ之ヲ以テ確定名簿ノ出來上リタル以上ハ何人タリトモ其名簿ニ記載セラレサルモノハ選擧ニ與カルヲ得ス又タ選バレタル人當選ヲ辭シ或ハ選擧ニ不正ノ事アリテ無効ナリト斷定セラレ更ニ選擧ヲ爲ス塲合ニモ改メテ名簿ヲ調製スルヲ要セス尤モ判決ニ據テ其確定名簿ヲ訂正スルヿナキニ非スト雖モ更ニ關係人ノ縱覽ニ供シテ正誤申立ノ時間ヲ與フルヿナキナリ〇本條ノ最初ニ市長ハ選擧ヲ行フ毎ニ云々ノ明文アリ之ニ因テ見レハ選擧名簿ハ選擧毎ニ新ニ作クルモノニシテ一度作リタル名簿ヲ永續シテ行フモノニアラサルヤ知ル可シ而シテ確定名簿ハ只其一選擧期內

ニ於テノミ確定動カス可カラサルノ名簿ニシテ他ノ定期選擧ノ時マテモ用ユルモノニアラサルヤ明カナレ共注意ノ爲メ一言ス

第十九條　選擧ヲ執行スルトキハ市長ハ選擧ノ場所日時ヲ定メ及ヒ選擧スヘキ議員ノ數ヲ各級各區ニ分チ選擧前七日ヲ限リテ之ヲ公告ス可シ、各級ニ於テ選擧ヲ行フ順序ハ先ツ三級ノ選擧ヲ行ヒ次ニ二級ノ選擧ヲ行ヒ次ニ一級ノ選擧ヲ行フ可シ

（註）選擧ヲナスノ準備ニ關スルヿハ之ヲ市長及ヒ市參事會ニ委任セルヲ以テ選擧ノ期日モ又市參事會之ヲ定ム即チ市長之ヲ定ムルナリ市長ハ何日何時ニ何所ニ於テ選擧ヲナス可キコト、各級ヨリ出ス可キ議員ノ數(若シ選擧區ニ分タハ其區毎ノ各級ヨリ出ス可キ數)ヲ定メ選擧期七日前ニ公告シテ選擧人ヲ召シ集ム然レ共市ノ便宜ニ因リ實際公告シタルノミニテハ未ダ不都合ノ時ハ各選擧人ニ對シ召集狀ヲ發スルヿアルモ妨ケナシ其他投票時間ヲ定メ或ハ三級順次ニ選擧セシムル時日場所等ヲ定ムルハ市

長タルモノ撰擧人ノ多寡地形等ヲ見量ヒテ適宜ニ定ム可キモノトス投票ノ時間ニ關シテハ公告セル時間ヨリ數分時後レタルカ爲メ其投票ヲ無效ナリトシタル實例モ從來ノ撰擧ヲ執行スル際ニアリタレ共是レハ投票ヲ爲シ初ムル時ニシテ二分ヤ三分後ルト雖モ既ニ無効トス可キニ非ルニ似タレ共其時間ハ宜ロシク注意シテ機ニ後レサルヲ勉ム可キナリ

第二十條　選擧掛ハ名譽職トシ市長ニ於テ臨時ニ撰擧人中ヨリ二名若クハ四名ヲ選任シ市長若クハ其代理者ハ其掛長トナリ選擧會ヲ開閉シ其會場ノ取締ニ任ス但選擧區ヲ設クルトキハ毎區各別ニ選擧掛ヲ設ク可シ

(註)撰擧ヲナス𪜈ニハ撰擧掛ヲ設ケ此撰擧掛ハ其撰擧ヲ行フ時ニ臨テ市長ノ見込ヲ以テ撰擧人中ヨリ相當ト思ハルヽ人物ヲ撰任ス此撰擧掛ハ二名若クハ四名ヲ撰ヒ市長若クハ其代理者之カ掛長トナリ撰擧會ノ開會閉會ニ關スルヿ及ヒ其會場ノ取締ヲナ

スモノトス如此ノ選擧掛ハ數人ノ集議体ヲナシ選擧事務ヲ總ヘ扱フモノニシテ而シテ府縣知事ハ特ニ之カ監督ヲナシ若シ選擧ノ紛紜起ルトキハ府縣參事會ニ附シテ裁決セシムルノミ但シ選擧區ヲ設クルトキハ選擧區毎ニ選擧掛ヲ置ク選擧掛ノ爲ス可キ事務ハ下ノ條ニ在リ

第二十一條　選擧開會中ハ選擧人ノ外何人タリトモ選擧會塲ニ入ルヿヲ得ス選擧人ハ選擧會塲ニ於テ協議又ハ勸誘ヲナスヿヲ得ス

（註）選擧會ハ其開會中ニハ選擧人ノ外入ルヲ許サス之レ當然ノ事ニシテ言フニ及ハス然シ選擧人ナラサルモノハ之ニ入ルヲ得サルモ選擧人ニ取リテハ公會ナルヲ以テ公然撰擧塲ニ集合シテ選擧ヲ行フモノトス然レトモ選擧會塲ニ於テハ互ニ何人ヲ選ハンカト相談ヲ爲シ又ハ他人ヲ勸メ或ハ誘ナヒテ己レカ欲スル人ヲ選擧セシメントスルヲ得ス是レ各人ヲシテ他人ニ制セラルヽヿナク又他人ノ爲メニ其思想ヲ紊サレスシテ能ク自分カ望ム所ノ

人ヲ自由ニ選擧セシメンカ爲メナリ

第二十二條　選擧ハ投票ヲ以テ之ヲ行フ投票ニハ被選擧人ノ氏名ヲ記シ封緘ノ上選擧人自ラ掛長ニ差出ス可シ但選擧人ノ氏名ハ投票ニ記入スルヿヲ得ス選擧人投票ヲ差出ストキハ自己ノ氏名及住所ヲ掛長ニ申立テ掛長ハ選擧人名簿ニ照シテ之ヲ受ケ封緘ノ儘投票凾ニ投入ス可シ但シ投票凾ハ投票ヲ終ルマテ之ヲ開クヿヲ得ス

(註)本條ニハ選擧ヲナスニ投票ヲ以テスルヿノ手續キヲ定ム此投票法ハ所謂匿名投票即チ選擧人ノ名ヲ匿シテ秘密ニ選擧スルモノトス之ヲ以テ撰擧ノ時ハ其投票紙ニ被撰人ノ氏名ヲ記シ之ヲ封シテ撰擧人自身ニ掛長ニ差出スモノトス然レ共其投票紙ニ投票者即チ自分ノ氏名ヲ記載セス又之ニ調印スルニ及ハス之レ撰擧掛ハ勿論其他何人ニテモ投票者ハ果シテ何人ヲ撰擧セシカヲ知ラサラシムルモノトス如此ク匿名ノ投票ヲナスハ撰擧公開

ノ主義ニ反スルカ如クナレ𪜈選擧人ヲシテ心措キナク自分ノ欲スル人物ヲ投票セシメント欲スルニハ此投票法ニ如クモノナシ若シ投票者ノ名前ヲ明ラカニスル𪜉ハ市ノ如キ居民常ニ相密接シ相交通スルヲ以テ平日ノ交誼上義理合ヒヨリ選擧ノ自由ヲ妨ケラルヽヿアリテ爲ニ眞實己レノ欲セサル人ヲ投票スルノ場合アルヲ以テナリ○選擧掛長ハ投票紙ヲ受取ル時ニハ其投票差出人ノ果シテ選擧權ヲ有スルモノナルヤ否ヤヲ撿スル爲メニ其差出人ノ氏名住所ヲ選擧人名簿ニ照シテ投票ヲ受取ルモノトス

第二十三條　投票ニ記載ノ人員其選擧ス可キ定數ニ過キ又ハ不足アルモ其投票ヲ無効トセス其定數ニ過クルモノハ末尾ニ記載シタル人名ヲ順次ニ棄却ス可シ左ノ投票ハ之ヲ無効トス(一)人名ヲ記載セス又ハ記載セル人名ノ讀ミ難キモノ(二)被選擧人ノ何人タルヲ確認シ難キモノ(三)被選擧權ナキ人名ヲ記載スルモノ(四)被選擧人氏名ノ外他事ヲ記入スルモ

ノ投票ノ受理并ニ効力ニ關スル事項ハ選擧掛假ニ之ヲ議定ス可否同數ナルトキハ掛長之ヲ決ス

(註)投票ニ餘分ノ人員ヲ記載スレハ終リニ記載シアル人名ヨリ順々ニ餘分ノ人員丈ヲ除クナリ例ヘハ三人選フヘキ所ヲ五人記名シタルトキハ其記名者甲乙丙丁戊ノ五人トスレハ終リニ記載セラレタル戊ト丁トヲ除ク可シ又無効投票ノ塲合四アリ(一)人名ヲ記載セサリシモノ及ヒ假令記載シアルモ其字形ノ判然正當ナラサルヨリ讀ム能ハサルモノ(二)其記載シアル人名ハ讀ミ得ルトスルモ其何ノ誰ナルカヲ確ト認ムル能ハサルモノ例ヘハ山村樵ト云フ被撰擧人ノ資格アル人アリトスルニ投票紙ニハ「ハマムラキコウ」ト記載シアリトセハ其被撰人ハ誰ナルヤ多分山村樵ノ間違ナラント思フモ確ト認ムル能ハサレハ無効トセサルヲ得ス(三)被選擧權ナキモノヲ記載セル塲合(四)被選擧人ノ名前ノ外ニ何カ他事ヲ記入シアルモノ投票紙上ヘ記ス可キ必要モナキ贅事ヲ記スルトキハ之レ正當ナル投票紙タル性質ヲ失フヲ以テナリ尤モ「右撰

擧候事位ノ事ハ不可ナシトスルモ其ノ下ヘ自己ノ氏名等ヲ認ムレハ之レ亦無効トナランカ何トナレハ撰擧人ノ氏名ヲ記入スルヿハ既ニ禁シタル所ナレハナリ若シ此レ等ノ事ニ付キ疑ハシキ事ハ選擧掛假ニ之ヲ議決ス選擧掛ノ内可否同數ニ分ルレハ掛長之ヲ決ス然レ共此議決ハ假ニナスモノナレハ選擧人之ニ滿足セスシテ訴願セントスレハ市長ニ申立ツ可シサスレハ撰擧ヲ終リタル後府縣參事會ノ裁決ヲ受クルモノトス

第二十四條　選擧ハ選擧人自ラ之ヲ行フ可シ他人ニ託シテ投票ヲ差出スヿヲ許サス第十二條第二項ニ依リ選擧權ヲ有スルモノハ他人ヲ出シテ選擧ヲ行フヿヲ得若シ其獨立ノ男子ニ非サルモノ又ハ會社其他法人ニ係ル𪜈ハ必ス他人ヲ以テス可シ其代人ハ内國人ニシテ公權ヲ有スル男子ニ限ル但一人ニシテ數人ノ代理ヲ爲スヿヲ得ス且代人ハ委任狀ヲ選擧掛ニ示シテ代理ノ證トス可シ

（註）本條ハ撰擧人ハ自ラ撰擧會場ニ來リテ自カラ撰擧ヲ行フ可キヿヲ規定セルモノニ〆カク撰擧人自ラ出頭セシムルモノハ撰擧ノ自由ヲ保護センカ爲ニシテ他人ニ託シテ撰擧ヲ行フヲ許ストキハ之レ毫モ其撰擧ニ利害ノ關係ナキモノニ託シテ撰擧ヲ代理セシムルモノナレハ其代理者タルモノ隨意ノ投票ヲナスノ恐レアルヲ以テナリ且其代理者ニシテ撰擧ナキモノナラハ之レ撰擧權ナキモノニ投票ヲナサシムルモノナレハナリ然レ共第十二條第二項即チ多額ノ納稅者タルノ故ヲ以テ撰擧權ヲ有スルモノハ必スシモ其市內ノ住民ニアラサルカ故ニ代人ヲ用ユルヿヲ得若シ右ノ如ク撰擧權ヲ有スルモ獨立ノ男子ニ非サルモノ又ハ會社其他法人ナルトキハ代人ヲ用ヰサルヲ得ス何トナレハ獨立ナラサル男子ハ法律上無能力ナリ又無形人ハ自カラ働クヘキ形体ナキヲ以テ必ス代人ヲ用ヒサルヲ得サレハナリ而シテ代人ノ資格ハ日本國民ニシテ公權ヲ有スル獨立ノ男子ニ限ル又一人ニシテ數人ノ代理ヲ爲ス能ハス且此代人ハ委任狀ヲ以テセサル可カラ

ス故ニ單ニ口頭ヲ以テセル委任ハ無効トス

第二十五條　議員ノ選擧ハ有効投票ノ多數ヲ得ルモノヲ以テ當選トス投票ノ數相仝シキモノハ年長者ヲ取リ同年ナルトキハ掛長自ラ抽籤シテ其當選ヲ定ム、同時ニ補闕員數名ヲ選擧スルトキハ(第十七條)投票ノ最モ多キモノヲ以テ殘任期ノ最長キ前任者ノ補闕ト爲シ其數相仝キトキハ抽籤ヲ以テ其順序ヲ定ム

(註)議員ノ當選ヲ定ムルニハ多數比較ノ法ヲ用ユ即チ有効投票ヲハ他人ヨリ多ク得タルモノヲ選擧ニ當リタルモノトス有効投票トハ第二十三條ニ記セル無効投票ニアラスシテ直正ニ有効ナル投票ナリ投票ノ數同シキトキハ年ノ多キモノヲ取リ同年ナレハ選擧掛長自カラ籤ヲ引テ當籤者ヲ定ム○第十七條ニ規定スル處ニ因リ定期選擧ト同時ニ補欠選擧ヲナス場合ニ若シ補欠員數名アルトキハ投票數最モ多キ者ヲ以テ補欠ス可キ殘リノ任期ノ最モ長キ前任者ノ補欠トス其數仝シキトキハ籤ヲ引テ其順序ヲ定ム例

へハ甲乙丙ノ議員中途ニ退キテ欠ヲ生ジタリトセンニ甲ノ殘任期ハ三年乙ハ二年丙ハ一年ナリトセハ之カ補欠トシテ撰ハレタルモノハ子丑寅ノ三人ニシテ子ハ六十ノ投票ヲ得丑ハ七十寅ハ五十ヲ得タリトセンニ丑ハ最モ多キ投票ヲ得タルヲ以テ殘任期ノ最モ多キ甲ノ補欠員トナル可シ次ニ最モ多キ投票ヲ得タルモノハ子ナルヲ以テ甲ニ次テ殘任期ノ最モ長キ乙ノ補欠員タル可シ而シテ寅ハ丙ノ補欠員タル可シ

第二十六條　選擧掛ハ選擧錄ヲ製シテ選擧ノ顚末ヲ記錄シ選擧ヲ終リタル後之ヲ朗讀シ選擧人名簿其他關係書類ヲ合綴シテ之ヲ署名ス可シ、投票ハ之ヲ選擧錄ニ附屬シ選擧ヲ結了スルニ至ル迄之ヲ保存ス可シ

(註)此第一項ハ撰擧ノ結果ヲ示サンカ爲メニ撰擧錄ヲ作リ終リニ之ヲ讀ミ上ケテ撰擧人一同ニ報告シ撰擧人名簿其他撰擧ニ關係セル書類ヲ一ツニ綴合セ撰擧掛ハ之ニ名前ヲ書キ其撰擧ノ事

務ニ與カリタル人ヲ明カニシテ其記錄ノ確實ヲ示ス又撰擧ヲ結了スルニ至ルマテハ其投票ヲモ保存ス可キモノトス此等ハ撰擧ノ効力ニ關シテ爭ヒノ起リタル片裁決ヲ爲スノ證據ヲ備ヘンカ爲ナリ之ニ由テ考フレハ末項ノ撰擧ヲ結了スルニ至ルマテトアルハ撰擧ヲ終リテ其結果ノ全キヲ告ケタル片マテヲ指スモノナラン

第二十七條　撰擧ヲ終リタル後撰擧掛長ハ直ニ當選者ニ其當選ノ旨ヲ告知ス可シ其當選ヲ辭セントスルモノハ五日以內ニ之ヲ市長ニ申シ立ツ可シ、一人ニシテ數級又ハ數區ノ選擧ニ當タル片ハ同期限內ニ何レノ選擧ニ應スヘキ亇ヲ申立ツ可シ其期限內ニ之ヲ申立テサル者ハ總テ其選擧ヲ辭スル者トナシ第八條ノ處分ヲ爲ス可シ

（註）被撰擧人ニシテ當選ノ通知ヲ受ケタル片若シ第八條ニ記載セル名譽職ヲ辭スルノ理由アリテ其當選ヲ辭セントスル片ハ五

日以內ニ市長ニ申立ツ可キモノトス一人ニテ數級又ハ數區ニ當撰セル𪜈ハ何レノ級何レノ區ノ撰擧ニ應スルヤヲ五日以內ニ市長ニ申立ツルモノトス若シ五日ノ期限內ニ何等ノ申立オモナサヾル𪜈ハ總テ其撰擧ヲ辭シタルモノトナシ第八條ノ理由ナクシテ名譽職ヲ拒辭シタルモノトシ懲罰ノ處分ヲ受ク可シ○第一項ノ場合ニハ當撰ヲ辭スル𪜈ハ五日以內ニ申立ツヘシトアレ共當撰ヲ諾シタル𪜈ハ別ニ報スルヲ要セサルカ思フニ名譽職ハ强テ務メシムルノ性質アレハ辭ス可キ理由ナキ以上ハ無論諾セサルヲ得サルモノナレハ五日間ニ何等ノ申立モナケレハ辭ス可キ理由ナキモノトシテ無論名譽職ニ就ク可キモノト見做ス可シ

選擧ノ効力ニ關スル訴願及ヒ選擧ノ取消

第二十八條　撰擧人撰擧ノ効力ニ關シテ訴願セントスル𪜈ハ撰擧ノ日ヨリ七日以內ニ之ヲ市長ニ申立ツルコトヲ得(第三十五條第一項)市長ハ撰擧ヲ終リタル後之ヲ府縣知事ニ報告シ府縣知事ニ於テ選擧ノ効力ニ關シ異議アル𪜈ハ訴願ノ有無ニ拘ハラス府

縣參事會ニ付シテ處分ヲ行フコトヲ得撰擧ノ定規ニ違背スルコトアルトキハ其撰擧ヲ取消シ又被撰擧人中其資格ノ要件ヲ要セサル者アルトキハ其人ノ當撰ヲ取消シ更ニ撰擧ヲ行ハシムル可シ

（註）撰擧ノ時ニ不正ノ事アリテ其撰擧ヲ無効ナリト思フトキニハ其撰擧ノ効力ニ關シ異議ヲ申立ツルノ權利アルモノハ撰擧人及市長ニシテ此外ニ府縣知事モ訴願ノ有無ニ拘ハラス府縣參事會ニ付シテ處分セシムルノ權アリ是レ府縣知事ハ公益上ヨリシテ撰擧ノ果シテ有効ナルカ無効ナリシカヲ監督シ調査スルノ任ニ在レハナリ撰擧人カ撰擧ノ効力ニ關シテ訴願スルトキハ撰擧ノ日ヨリ七日以内ニ市長ニ申立テ市長ハ撰擧ヲ終リタル後府縣知事ニ報シ府縣知事ハ之ヲ府縣參事會ニ付スルモノトス此訴願裁決ノ事ハ第三十五條ニ規定セリ○撰擧ノ規則ニ違背シタルカ又ハ被撰人中撰擧セラル可キ資格ヲ有セサル者アリタル時ハ其撰擧ハ無効トシ當撰ヲ取消シ更ニ撰擧ヲ行ハシムル可シ

當選無効

第二十九條　當撰者中其資格ノ要件ヲ有セサル者アルヿヲ發見シ又ハ就職後其要件ヲ失フモノアルトキハ其人ノ當撰ハ効力ヲ失フモノトス其要件ノ有無ハ市會之ヲ議決ス

(註)一旦ハ撰擧ヲ有効ト定メ或ハ其効力ニ異議ナクシテ經過シタル後ト雖當撰者中撰擧セラル丶ノ當時被撰人タル資格ノ要件(第十五條ヲ見ヨ)ヲ有セサルモノアリシヿヲ發覺シ又ハ撰擧セラレタル當時ハ資格ノ要件ヲ有シタルモ議員トナリタル後ニ至リテ其要件ヲ失フタルトキ例ヘハ不正ノ所爲ヲ爲シテ公權ヲ停止若クハ剝奪ヲ受クルカ如キアラハ其人ノ當撰ハ効力ヲ失ヒテ議員タルヲ得サルモノトス本條ノ場合ト前條末項ノ場合トノ異ナル所ハ前條末項ニ示セル所ハ撰擧ノ當時ニ不正若クハ資格ナキヿノ發覺シタルナリ本條ハ撰擧ノ結了シタル後ニ發覺シタルモノナリ故ニ前條末項ノ場合ニハ更ニ撰擧ヲ行フモ本條ノ場合ニハ只當撰者其人丈ケニ對スル當撰ノ効力ヲ失フモノトス然シ其要

件ヲ有スルカ否ヤハ市會ニ於テ決議ノ上定マルモノトス

第二款　職務權限及處務規程

市會カ市ノ代表者トシテ執ル可キ職務ハ如何ナル範圍ニ於テ執行ノ權力ヲ有スルカ又其事務ヲ取扱フニハ如何ナル方法ヲ以テ爲ス可キカヲ定メタルモノナリ

市會ノ議決スル權限

第三十條　市會ハ其市ヲ代表シ此法律ニ準據シテ市ニ關スル一切ノ事件並ニ從前特ニ委任セラレ又ハ將來法律勅令ニ依テ委托セラルヽ事件ヲ議決スルモノトス

（註）市ハ一個ノ無形人ニシテ有形人ノ如ク自ラ働ラクノ能力ナキモノナレハ市テ代表シテ働ク可キモノナカル可カラス之レ即チ市會ナリ而シテ此市會ノ權限ハ此法律即チ市制ニ定ムル所ニ遵フテ市ニ關シテ起ル全般ノ事柄ヲ取扱フモノトス其他從來政府ヨリ特別ニ委任セラレシモノ又ハ將來法律勅令ニ因テ市ニ委任セラレタル事柄ニ限リテハ議決スルモノトス若シ此權限ヲ超

ヘテ政府ノ委任モナキコトニ干與シ法律ニ戻ルヿアレハ法律上ノ權力ヲ以テ之ヲ制セサルヘカラス其他市會ノ怠慢ヲ防制セサル可カラサルヿアリ此等ノ事ニ關シテハ特ニ規定アリ

第三十一條　市會ノ議決ス可キ事件ノ概目左ノ如シ
(一)市條例及規則ヲ設ケ並ニ改正スルヿ(二)市費ヲ以テ支辨ス可キ事業但第七十四條ニ掲クル事務ハ此限ニアラス(三)歳入出豫算ヲ定メ豫算外ノ支出及豫算超過ノ支出ヲ認定スルヿ(四)決算報告ヲ認定スルヿ(五)法律勅令ニ定ムルモノヲ除クノ外使用料手數料市税及夫役現品ノ賦課徴收ノ法ヲ定ムルヿ(六)市有不動産ノ賣買交換讓受並質入書入ヲナスヿ(七)基本財産ノ處分ニ關スルヿ(八)歳入出豫算ヲ以テ定ムルモノヲ除クノ外新ニ義務ノ負擔ヲナシ及權利ノ棄却ヲナスヿ(九)市有ノ財産及營造物ノ管理方法ヲ定ムルヿ(十)市吏員ノ身元保證金ヲ徴シ並其金額ヲ

定ムルヿ(十一)市ニ係ル訴訟及和解ニ關スルヿ

(註)市會ノ議決ス可キ事件ハ必ス本條示ス所ノミナラスト雖モ其主タルモノトハ云々ナリト示シタルモノ也乃チ(一)ハ此ノ法律第一章第三款ヲ以テ特ニ許サレタルモノニシテ市條例ヲ設テ以テ市ト住民トノ關係ヲ規定スルヿヲ得又規則ヲ設ケテ市ノ營造物ノ規則使用法等ヲ定ムルヲ得ルナリ只ニ條例規則ヲ設クルノミナラス之ヲ改正スル時モ市會ノ議決ヲ要ス(二)第七十四條ニ定メラレタル法律命令ニ從ヒテ取扱フ可キ事務ヲ除クノ外ハ市ノ入費ヲ以テ支辨スヘキ事業例ヘハ水道修繕橋梁修築ノ如キモノヲ云フ(三)歳出豫算歳入豫算ヲ定ムルヿ即チ前以テ今年ノ入費ハ幾何今年ノ收入金ハ幾何ト計算スルモノニシテ其市丈ケノ歳出ト歳入トヲ豫カシメ勘定スルナリ然シ此豫算ハ少シモ間違ナキ能ハス又臨時ノ入費ヲ要スルヿモアレハ豫算外ニ支出ヲ要スルヿモアリ又豫算ヨリ餘計ニ入費ノカヽルヿモアレハ其時ニハ市會ノ議ニ付シテ其豫算外ノ支出及超過シタル支出ヲ認定セサル

可カラス(四)決算トハ豫算ヲ實行シタル後實際ノ收入ハ幾何實際ノ支出ハ幾何ナリシヿノ勘定ヲ定ムルヿニシテ豫算ニ因テ大概ノ見込ヲツケ置キテ實地ニ施行シタル結果ヲ示スモノナリ此決算報告ノ確實ナルヤ否ヤヲ認定スルヿ(五)使用料トハ市有財產ヲ貸與シテ收入スル利益ノ類手數料トハ一已人ノ爲メ特ニ手數ヲ要スルヲ以テ市町村ニ收入スルモノニシテ此ハ八十九條市稅ハ九十條ニ夫役現品ハ百一條ニ各其賦課徵收ノ法ヲ規定スル所アリ此法律勅令即市制中ニ規定シアルモノヲ除クノ外ニ右等ノ賦課徵收ヲ定ムルヿ(六)市ノ所有ニカヽル不動產即チ土地ヲハ賣買シ取リ代ヘ讓リ受ケ讓リ渡シ並ニ質入シ書入ヲナスヿ(七)基本財產トハ市ノ不動產又ハ積立金穀等ヲ云フ之カ取扱ニ關スル事(八)豫算ヲ以テ歲入歲出ヲ定メ置キタルモノヲ除クノ外ニ義務ノ負擔ヲナストハ第百六條ノ公債募集ノ塲合ヲ云フ此公債ヲ募集スル以上ハ其市ハ年々之カ利足元金ノ仕拂ノ義務ヲ負ハサルヲ得ス權利ノ棄却トハ納稅者無資力ニシテ之カ課稅ヲ免除シ若クハ

猶豫スルカ如キ場合ヲ云フモノニシテ之カ爲メニ市ハ市稅ヲ徵集ス可キ權利ヲ棄ツルナリ(九)市有ノ財產トハ市有ノ土地物件ニシテ營造物トハ水道建物等ヲ云フ此等ヲ管理スル方法ヲ定ムルヿ(十)第五十八條ノ末項ニ收入役ノ身元保証金ヲ出ス可シトアリ此徵收及金高ヲ定ムルヿ(十一)市ハ無形人トシテ自カラ他人ヲ訴ヘ又自カラ訴ヘラルヽヿアレハ此訟訴ニ關スルヿ及ヒ一旦起リタル訴訟ヲハ和解スルヿ以上ノ十一ノ概括シタル科目ハ市會ノ議決ス可キ事件ナリトス

市吏員ノ撰擧

第三十二條　市會ハ法律勅令ニ依リ其職權ニ屬スル市吏員ノ撰擧ヲ行フ可シ

(註)勅令法律ニ依テ定メラレタル市ノ職權內ニ屬スル市ノ役人例ヘハ市長市參事會員ノ如キモノヽ撰擧ヲ行フ吏員ヲ撰擧シテ役人ニ任スルヿハ第三章市政行中ニ明ラカナリ

行政監視會計撿查監督官廳ニ對スル意見開陳

第三十三條　市會ハ市ノ事務ニ關スル書類及計算書ヲ撿閱シ市長ノ報告ヲ請求シテ事務ノ受理議決ノ

施行並ニ收入支出ノ正否ヲ監査スルノ職權ヲ有ス
市會ハ市ノ公益ニ關スル事件ニ付意見書ヲ監督官廳ニ差出スヿヲ得

（註）市會ハ市ノ行政事務ヲ撿閲調査スルノ權利アリ其方法ハ市ノ事務ニ關スル書類及ヒ計算書ヲ撿査シ市長ニ對シテ其取扱ヒタル事務ノ報告ヲ要求シ之ニ就テ市ノ事務ノ取扱ヒ方及市會ノ議決セル事ヲ執行スルニ當テ不都合ノ廉ハナカリシカ又收入ト支出トノ間ニ不正ハナカリシカヲ撿査スルヿヲ得ルナリ市長モ亦市會ノ要求アレハ其要求ニ應シテ市ノ事務ニ關スル報告ヲナサヽル可カラス若シ市會ニ於テ市ノ公益ニ關スル事ニ付意見アルトキハ之ヲ監督官廳即チ府縣官廳ニ具狀スルヿヲ得

官廳ノ諮問ニ應答

第三十四條　市會ハ官廳ノ諮問アルトキハ意見ヲ陳述ス可シ

（註）市會カ官廳ノ諮問ニ對シテ意見ヲ陳フルハ其義務ナルヲ以テ必ス相當ノ答ヲ為サヽルヲ得サル可シ

第三十五條　市住民及公民タル權利ノ有無選擧及被選擧權ノ有無選擧人名簿ノ正否並其等級ノ當否代理ヲ以テ執行スル選擧權(第十二條第二項及市會議員選擧ノ効力第二十八條)ニ關スル訴願ハ市會之ヲ裁決ス市會ノ裁決ニ不服アルモノハ府縣參事會ニ訴願シ其府縣參事會ノ裁決ニ不服アルモノハ行政裁判所ニ出願スルヿヲ得本條ノ事件ニ付テハ市長ヨリモ亦訴願及訴訟ヲ爲スヿヲ得、本條ノ訴願及訴訟ノ爲メニ其執行ヲ停止スルヿヲ得ス但判決確定スルニ非サレハ更ニ選擧ヲナスヿヲ得ス

(註)本條ハ訴願及訴訟ノ事ヲ規定セルモノニシテ訴願ト訴訟ノ區別ヲ說明セン二訴願トハ參事會ノ裁定ヲ仰クコトニシテ訴訟トハ行政裁判所ノ裁判ヲ仰クコトナリ而シテ爭事ノ單ニ利害ニ關スルコトハ訴願ヲ爲スコトヲ得レ氏訴訟ヲ爲スコトヲ得ス而メ權利ノ消長ニ關スルコトハ訴願シテ其裁決ニ不服ナレハ更ニ

行政裁判ヲ仰クヲ得ルナリ今本條第一項ニ枚擧セルモノハ皆ナ是レ市民ノ權利ニ關スルコトナレハ行政裁判所ニ出訴スルコトヲ許ス第二十八條ノ場合モ亦之レナリ而シテ本條ノ如キ公法上ノ爭ヒニ關シテハ高等自治區ノ參事會即チ市ニ於テハ府縣參事會ノ裁決ヲ仰クヲ常トスレﾄﾞ本條特ニ市會ニ於テ始審ノ裁決ヲ爲スノ權ヲ與ヘタリ故ニ先ツ市會ニ於テ其訴願ヲ裁決シ之ニ不服アル時ニ府縣參事會ニ訴願ス而シテ行政裁判所ニ於テ最終ノ裁判ヲ下スナリ故ニ行政裁判ヲ受ケタル以上ハ最早他ニ訴フル所ナシ之ヲ確定裁判トナス右訴願若クハ訴訟ニ於テ撰擧ヲ無効トナス時ハ更ニ撰擧ヲ爲スコトヲ得レﾄﾞ其判決確定セサル迄ハ其訴訟中タリ訴願中タルノ故ヲ以テ撰擧ノ執行ヲ止メサルモノトス

議員ノ獨立

第三十六條　凡議員タル者ハ選擧人ノ指示若クハ委囑ヲ受クヘカラサルモノトス

（註）市會ノ議員タルモノハ不羈獨立ノ精神ヲ以テ事ヲ議スヘキ

ヿヲ明示セルモノニシテ決メ撰擧人ヨリノ指圖ニ從カヒ又ハ其默ミヲ受テ殊更ニ撰擧人ノ利益ヲ謀ル能ハサルモノトス何トナレハ議員タルモノハ撰擧人一人ノ爲ニ議員タルニ非ズシテ市ノ公益ヲ謀ルカ爲ニ撰ミ出サレタル者ナレハ專ラ公益ヲ目的トシテ其職務ヲ執行スルニ當テハ法令ヲ遵奉シ其權限ヲ超ヘサル樣ニセハ足レリトス思フニ殊更ニ本條ヲ明示セルハ議員ハ撰擧人ノ代議者ナレハ本人ノ意思ヲ達スル樣ニスヘキモノナリトノ謬見ヨリ議員タルモノ撰擧人ノ爲ニ其精神ノ獨立ヲ失ナヒテ公平ノ心ヲ以テ公益ヲ謀ル能ハサルニ至ルコトヲ恐レテナラン

第三十七條　市會ハ每曆年ノ初メニ一週年ヲ限リ議長及ヒ其代理者各一名ヲ互選ス

(註)本條ヨリ第四十七條迄ハ處務規程ヲ示セルモノナリ本條ハ議長撰擧ノ事ニシテ每曆年トハ曆面上ノ一年ト云フ意味ニシテ月若クハ日時ヲ以テ計算スル方法ヲ指スニアラズ而シテ其曆年ノ初メニ議長ヲ撰擧シ其任期ハ一週年ヲ限リトス議長及其代理

者トハ即チ所謂副議長ニ當ル互撰ストハ議員カ互ヒニ撰フ⼀ニシテ被撰人ト撰擧人トノ區別ナク撰擧者自カラ又他人ニ撰擧セラル、モノトス

議長避任

第三十八條　會議ノ事件議長及其父母兄弟若クハ妻子ノ一身上ニ關スル事アル片ハ議長ニ故障アルモノトシテ其代理者之ニ代ルヘシ議長代理者共ニ故障アル片ハ市會ハ年長ノ議員ヲ以テ議長ト爲スヘシ

（註）議長ノ一身上ニ關スル⼀ヲ議スル片ハ議長ニ故障アリトシテ他ノ者ヲシテ代ラシムルハ公平ナル議決ヲ爲スニ必要ノ事ナリトス末項ノ年長ノ議員ヲ以テ議長ト爲スヘシトアレ𪜈同年ノ者アル片ハ如何スヘキ他議員ノ撰擧ヲ以テ定ムヘキカ法文中規定ナシト雖𪜈他ノ塲合ノ例ニ從ヘハ抽籤ヲ以テ定ムルヲ常トスレハ此塲合ニモ抽籤ヲ以テスヘキカ尤モ同年者數多アラハ撰擧ニ因ルモ可ナルヘシト雖𪜈年長者ノ年ヲ同フスル者數多アルベ

シトモ思ハレサレハ撰擧ノ如キ面倒ナル方法ヲ取ラサル方然ルヘシ且ヤ一時ノ議長ナレハ左程鄭重ナル撰擧ヲ要セサルヘシ此等ハ便宜事ヲ處スルヲ可トス

参事會員ノ列席

第三十九條　市参事會員ハ會議ニ列席シテ議事ヲ辨明スルコトヲ得

（註）市参事會員ハ市會ノ議席ニ列ナリテ議事ヲ説明スルヿヲ得レトモ討議ヲ爲シ又ハ議決ニ與カルコトヲ得ス是レ今日府縣會ニ於テ番外ナルモノアリテ議員ノ質問ヲ辨明スルト同シコトナルヘシ然レ𪜈必スシモ議員ノ質問ニ對シ辨明スヘキ義務アルニ非ス

市會招集

第四十條　市會ハ會議ノ必要アル毎ニ議長之ヲ招集ス若シ議員四分ノ一以上ノ請求アルキ又ハ市長若クハ市参事會ノ請求アルキハ必ス之ヲ招集スヘシ其招集並會議ノ事件ヲ告知スルハ急施ヲ要スル場合ヲ除クノ外少クモ會議ノ三日前タルベシ但市會

ノ議決ヲ以テ豫メ會議日ヲ定ムルモ妨ナシ市參事會員ヲ市會ノ會議ニ招集スルトキモ亦前項ノ例ニ依ル

(註)議長ハ議員招集ノ權アリ會議スヘキ必要ノ事アルトキハ勿論若シ議員全數四分一以上カ又ハ市長若クハ市參事會ヨリ招集センコトヲ請求スル時ハ必ス之ヲ招集セサルヘカラス假令自カラハ招集スルヲ欲セサルモ之ヲ拒ム能ハサルナリ是レ議長ノ怠慢ヲ防クニ在リ其招集並ニ會議ノ事件ニシテ至急ニ施行スルヲ要スルモノヽ外ハ少ナクモ市會ノ三日前ニ議員ニ報知ス但シ市會ヲ開クノ時々會議日ヲ定メスシテ市會ニ於テ會議ノ節ニ定メ置クモ可ナリ末項ハ第三十九條ノ如ク辯明ヲ要スル時ナトヲ云フ

第四十一條　市會ハ議員三分之二以上出席スルニ非サレハ議決スルコトヲ得ス但同一ノ議事ニ付招集再回ニ至ルモ議員猶三分之二ニ滿タサルトキハ此限ニ在ラス

（註）議員ノ出席少ナケレハ多數ノ人ノ意見ニ因リテ事ヲ決スルノ主意ニ背ケハナリ然シ招集スルコト再度ニ及ンテモ猶三分之二ニ滿タサレハトテ會議ヲ開ク能ハサル片ハ徒ラニ日ヲ空フスルノ恐レアレハナリ

採決ノ方法

第四十二條　市會ノ議決ハ可否ノ多數ニ依リ之ヲ定ム可否同數ナルトキハ再議々決スヘシ若シ猶同數ナルトキハ議長ノ可否スル所ニ依ル

（註）議決ヲ定ムルノ法ヲ示ス再議ノ上モ猶可否同數ナレハ議長ノ意見ニ因テ可否ヲ決スルモノトス從來ノ制ハ可否同數ナレハ直チニ議長ノ意見ニ隨テ之ヲ決セシヲ茲ニハ一應再議セシムルコトヽセリ

議員ノ議決ニ加ハルヲ得ザル場合

第四十三條　議員ハ自已及其父母兄弟若クハ妻子ノ一身上ニ關スル事件ニ付テハ市會ノ議決ニ加ハルヿヲ得ス議員ノ數此除名ノ爲メニ減少シテ會議ヲ開クノ定數ニ滿タサルキハ府縣參事會市會ニ代テ

議決ス

（註）本條ハ市會ヲシテ公平無私ノ議決ヲ爲サシメンカ爲ニシテ第三十八條ト其趣意ヲ同フス而シテ若シ之カ爲ニ議員ノ議決ニ加フルヲ得ヘキモノ減少シテ會議ヲ開クノ定數即チ總議員三分二以上ニ達セサル時ハ其議決ヲ高等自治區參事會即チ府縣參事會ニ於テ其議決ヲ爲スモノトス之レ其議決ノ公平無私ナルコトヲ示サンカ爲ナリ然ラサレハ市會ノ少數議員ニ於テ爲シタル議決ハ往々私交上ヨリ公平ノ心ヲ失フコトアルヤモ知ルヘカラサルヲ以テナリ

第四十四條　市會ニ於テ市吏員ノ撰擧ヲ行フトキハ其一名每ニ匿名投票ヲ以テ之ヲ爲シ有効投票ノ過半數ヲ得ル者ヲ以テ當撰トス若シ過半數ヲ得ル者ナキトキハ最多數ヲ得ル者二名ヲ取リ之ニ就テ更ニ投票セシム若シ最多數ヲ得ル者三名以上同數ナルトキハ議長自ラ抽籤シテ其二名ヲ取リ更ニ投票セシム

此再投票ニ於テモ猶過半數ヲ得ル者ナキトキハ抽籤ヲ以テ當選ヲ定ム其他ハ第二十二條第二十三條、第二十四條、第一項ヲ適用ス前項ノ選擧ニハ市會ノ議決ヲ以テ指名推選ノ法ヲ用フルヿヲ得

(註)市吏員トハ第四十九條ノ助役及名譽職參事會員ヲ指スモノニシテ市長ハ之ヲ撰任スル能ハサルヿハ第五十條ニ明ラカナリトス而シテ此市ノ役人ヲ撰フニハ役人一名ヲ撰フ毎ニ匿名投票即チ撰擧人ノ名ヲ記セスシテ秘密ニ撰擧スルモノニシテ其有効ナル投票ノ(無効投票ノ塲合ハ第二十三條ニ在リ此無効投票ナラサルモノヲ有効投票ト云フ)過半數ヲ得タル者ヲ當撰トス過半數ヲ得タルモノナキトキハ最多數ヲ得ル者二名ヲ撰ミ更ニ投票シテ當撰者ヲ決ス若シ同數ノ投票ヲ得タル最多數者三名以上アルトキハ議長自カラ籤ヲ取テ其中ノ二名ヲ撰ミ此二名中更ニ投票ヲ以テ當撰ヲ定ム此再投票ノ時ニモ猶過半數ヲ得ルモノナケレハ籤ヲ以テ定ム其他投票ノ法ハ第二十二條ニ定ル所ニ從ヒ又其投票

ノ有効無効ヲ定ムルニハ第二十三條ニ隨フ而ソ又第二十四條ノ第一項ヲ適用シテ代理人ヲ用ユルコトヲ禁ス然シ末項ニ記セル如ク前ノ塲合ノ撰擧ニハ必スシモ再投票若クハ抽籤ノ法ヲ用ユルヲ要セスシテ市會ノ議決ヲ以テ何某ヲ撰擧スヘシト指名推撰ノ法ヲ用ユルモ可ナリ○本條ニ於テ過半數ト最多數ノ事ヲ一言スヘシ過半數トハ總數ノ半分過キノコトナレハ總數五十票トスレハ二十六票以上ヲ得タルモノハ過半數ノ投票ヲ得タルモノナリ故ニ過半數ノ投票ヲ得ヘキモノハ必ス一人ヨリ多キヿアルヘカラス而ソ最多數ニ至テハ被撰者中最モ多數ノ投票ヲ得タルモノナレハ假令過半數ニ達セサルモ最多數タルコトヲ得ヘシ例ヘハ總數五十票ノ中甲ハ二十票乙ハ十五票丙ハ十票丁ハ五票トスレハ甲ハ即チ最多數ノ投票ヲ得タルモノナリ之ヲ以テ撰擧ノ法ヲ定ムル𪜈過半數ヲ得タルモノヲ當撰トスル時ト最多數ヲ得タルモノヲ當撰トスル時ト大ニ異ナル所アリトス本條ハ即チ過半數當撰ヲ用ヒタルモノナリ

會議公開

第四十五條　市會ノ會議ハ公開ス但議長ノ意見ヲ以テ傍聽ヲ禁スルヿヲ得

（註）市會ハ傍聽自由タルヘキモノトス即チ公開ノ主義ニシテ公然開會スルモノナレハ秘密ノ相談ノ如ク他人ノ立チ入ルヲ禁スルモノニ非ス然レ圧若シ他人ノ名譽ニ關シ又ハ公衆ノ安寧ヲ害スル等議長ノ意見ニ於テ秘密ヲ要スルモノト考フルトキハ傍聽ヲ禁スルコトアリ

議長ノ職權

第四十六條　議長ハ各議員ニ事務ヲ分課シ會議及選擧ノ事ヲ總理シ開會閉會竝延會ヲ命シ議場ノ秩序ヲ保持ス若シ傍聽者ノ公然贊成又ハ擯斥ヲ表シ又ハ喧擾ヲ起ス者アルトキハ議長ハ之ヲ議場外ニ退出セシムルヿヲ得

（註）本條ハ議長ノ職權ヲ示スモノニシテ各議員ニ事務ヲ分課スルトハ議事ニ關スルコトノ取調ヲ要スル等ノ場合ニ各議員ニ其事務ヲ分任スルヿヲ云フ又會議及ヒ選擧（此選擧トハ第四十四條

ノ場合ノ如ク市會ニ於テ行フ撰擧ナリ)ノ事ヲ總テ支配スルモノトス又會議ヲ開キ會議ヲ閉チ又ハ會議ヲ延ハスコトハ議長之ヲ命スルモノトス此ノ如クシテ會議塲ノ混雜セサル樣ニ爲スヘキモノナルヲ以テ若シ傍聽者中手ヲ拍チ或ハ聲ヲ發シ或ハ立チ騷キテ公然賛成ヲ表シ又ハ議員ノ說ヲ排斥シ其他總テ騷カシキ擧動ヲ爲シ喧聲ヲ發シ爲ニ議事ノ妨害ヲ爲スモノハ之ヲ議塲外ニ追ヒ出スコヲ得

第四十七條　市會ハ書記ヲシテ議事錄ヲ製シテ其議決及選擧ノ顚末並出席議員ノ氏名ヲ記錄セシムヘシ議事錄ハ會議ノ末之ヲ朗讀シ議長及議員二名以上之ニ署名スヘシ、市會ハ議事錄ノ謄寫又ハ原書ヲ以テ其議決ヲ市長ニ報告スヘシ、市會ノ書記ハ市會之ヲ選任ス

(註)議事錄ハ市會ニ於テ爲シタル議事ニ關スル記錄ニシテ一ハ以テ議決ノ正當ナルヲ示シ一ハ以テ後來紛議ノ起リシ時ノ証ト

ナスヘシ會議ノ末之ヲ讀ミ上クルハ各議員ヲシテ其議事錄ノ誤リナキヲ知ラシムル爲ナリ議長及二名以上ノ議員カ署名スルハ其正確ナルヲ表スルナリ而シテ此市會ノ議決ヲ實行セシメンカ爲ニ市長ニ報スル所以ハ市長ハ市政一切ノ事務ヲ指揮監督スルモノナレハ也

第四十八條　市會ハ其會議細則ヲ設クヘシ其細則ニ違背シタル議員ニ科スヘキ過怠金二圓以下ノ罰則ヲ設クルコトヲ得

(註)市會カ自カラ會議ヲ爲スヘキ細則ヲ設クルハ固ヨリ必要ナリトス其細則トハ種々ノ事ヲ規定セサルヘカラス即チ議事ノ方法議員ノ出入議場ノ開閉等ニ關スルモノトス而シテ此市會ノ定メタル細則ヲ遵奉セシメンカ爲ニ特ニ罰則ヲ設クルヲ得ルナリ然レ𪜈必シモ罰則ヲ設クルニ及ハス罰則ナクトモ遵奉セシムルヲ得ハ却テ可ナリトス

第三章　市行政

市トイヘル無形人ヲ代表シテ其市ノ思想ヲ發露スルモノハ前章ニ論シタル市會ナリ然リト雖圧市會ハ啻ニ代議ノ機關タルニ止マリ市ニ代リテ事務ヲ行フ處ノ機關トナル能ハス故ニ本章ニ於テハコノ業務ヲ行フ處ノ機關即チ行政ノ機關アルコトヲ示セリ

第一款　市參事會及市吏員ノ組織撰任

市ノ行政機關ナル市參事會及市吏員ハ如何ナル方法ニヨリ如何ナル人ニヨリテ組ミ立テラルヽヤトイフニ其組織撰任ノ方法ヲ示スヿ左ノ如シ

市參事會ノ組織

第四十九條　市ニ市參事會ヲ置キ左ノ吏員ヲ以テ之ヲ組織ス(一)市長一名(二)助役東京ハ三名京都大坂ハ各二名其他ハ一名(三)名譽職參事會員東京ハ十二名京都大坂ハ各九名其他ハ六名助役及名譽職參事會員ハ市條例ヲ以テ其定員ヲ增減スルヿヲ得

(註)市ノ行政ハ市參事會トイヘル集合体ニ於テ取扱フモノニシ

テ此ノ制ハ獨逸國現行ノ制度ヲ摸倣シ來レル者ナリ思フニ町村ノ行政ハ町村長一名ヲ以テ之ヲ取扱フモノナルニモ係ラス市ノ行政ハ參事會ノ如キ集合体ヲシテ處辨セシムルモノハ元ト種々ノ理由ニ基ケルモノニシテ第一町村ノ行政ハ力メテ簡易ノ編制ニ依ルヲ要スルヲ以テ町村長一人ニ委シ市ノ行政ハコノ必要ナキヲ以テ參事會ニ委任シタルコ第二名譽職ヲ以テ行政ニ參與スヘキ適任者ヲ多ク求メ得ルハ特リ都會ノ地ノミニシテ町村ニハ求ム可ラサルコ等其重ナル理由ナリトス右ノ如ク市ニハ集議制乃チ多人數ノ協議ヲ以テ事務ヲ取扱ヒ町村ニハ特任制乃チ一人ヲ以テ事務ヲ執行セシムルコトナシタレ𪜈町村ノ中ニテモ大ナルモノモアリ小ナルモノモアリテ其大ナルモノハ殆ント市ト其事情ヲ同クスルモノアルヘケレハコレ等ハ將來ノ變遷ヲ待テ集議制ニ依ラシムルコトナスヘキナリコレ元ト道理ノ上ヨリ云ヘハ集議制ハ特任制ニ優レトモ唯タ集議制ハ混雜ニ渉ルノ弊アルカ故ニ市ニ限リテ之レヲ行フコトナシタルニ過キスト知ルヘシ

今コノ參事會トイヘル集合体ヲ組織スルモノヲ擧クレハ左ノ如シ

第一市長　此レハ參事會員ノ一人ニシテ其會ノ事務ヲ統理シ外部ニ對ソ參事會ヲ代表スルモノナリ且其他市ノ固有ノ事務ニアラサル早ク云ヘハ一國全体ノ事務ニ屬スル事柄ヲモ其委任ノ範圍内ニ於テ取扱フモノナリ詳細ハ後條ニ於テ述フヘシ

第二助役　此レハ參事會員ノ一人ナレハ市長ト同ク參事會ノ議事ニ列ル權ヲ有スルモノナリ然レ𪜈議事外ニアリテハ町村助役ノ町村長ニ於ケルト同ク市長ヲ補助スルノ地位ニ立ツモノトス故ニコノ助役モ又獨逸ノ副市長ナルモノヲ摸倣シ來リタルモノヽ如シ而シテ東京ハ三名京坂兩地ハ二名其他ハ一名トセシハ土地ノ狀况事務ノ繁簡等ヲ酌量シテ定メタルニ過キス

第三名譽職參事會員　此レハ助役ト同シ地位ニアルモノニシテ市參事會ニアリテハ市長ト同シキ議權ヲ有シ其他ニ在テヘ市長ヲ補助スルモノナリ而シテ都會ノ地ニ在テハ事務ヲ分擔セシム

ヘキモノトス其人數ノ如キハ事務ノ繁簡ニヨリ定メタルニ過キス

助役及參事會員ノ人數ハ市條例ヲ以テ定員ヲ增減スルヲ得トアリ此レハ論スルマテモナキヿニシテ各自治區乃チ市町村ニ自ラ條例及規則ヲ定メ得ル所ノ自主權アルニ基ケルモノナリ即チコノ人數ノ如キモ土地ノ事情ニヨリテ增減スヘキ必要アルヲ以テコノ自主權ニ一任シタルモノト知ルヘシ

第五十條　市長ハ有給吏員トス其任期ハ六年トシ內務大臣市會ヲシテ候補者ヲ三名推薦セシメ上奏裁可ヲ乞フヘシ若シ其裁可ヲ得サルトキハ再推薦ヲナサシムヘシ再推薦ニシテ尙裁可ヲ得サルトキハ追テ推薦セシメ裁可ヲ得ルニ至ルノ間內務大臣ハ臨時代理者ヲ選任シ又ハ市費ヲ以テ官吏ヲ派遣シ市長ノ職務ヲ管掌セシムヘシ

（註）總テ市ノ公務ニ任スルモノヲ區別スレハ名譽職及事務職ノ

二八トナル而ソ本制ハ分權ノ主義ニヨリ主トシテ無給料ノ名譽職ヲ數多設ケントスルモノナリト雖圧市ノ如キ都會ノ地ニアリテハ事務繁多ナルカ爲メ本業ノ余暇ヲ以テ無給ニテ負擔セシムル能ハサル職務アリ即ナ市長ノ如キハ其一ニシテコノ職ヲ負擔スルモノハ勢ヒ本職業ヲ放棄シテ專ラ之ニ任セサル可ラサルカ故ニ是ヲ以テ有給吏員即ナ事務吏員トナセシナリ

其任期ヲ六年トセシハ種々ノ事情ヲ酌量シテ定メタルモノニシテ余リ長キニ過クレハ自治ノ原則ニ反スルニ至ルヘク去リトテ余リ短キニ過クレハ常ニ不熟練ナル人カ此ノ職ニ當ルヘキノ恐レアルヲ以テ其中間ヲ取リ先ツ六ケ年トナセシナリ

市會ヲシテ市長ヲ推撰セシムルノ理ハ他ナシ市長ハ市ノ機關ニシテ國ニ直隷スル機關ニアラサルカ故ニ市自ラ之ヲ撰任スルニ過キス而シテ內務大臣ハ此レヲ撰擧セシメタル後皇帝ニ上奏シテ其ノ裁可ヲ請ヒ若シ裁可ヲ得サル片ハ其裁可ヲ得ルマテ三度ニテモ四度ニテモ推撰ヲナサシメ裁可ヲ得サル可ラサルナリ今

助役及名譽職參事會員ノ撰擧

此ノ裁可ヲ得サル可ラサル理由ヲ考フルニ市長ハ其ノ市ニ於ケル固有ノ事務ノ外國家ノ事務ナレ𪜈便宜上自治區ニ委任サレタル所ノ事務アリテ假令ハ司法警察補助官タルノ職務ノ如キ或ハ浦役場ノ事務ノ如キ(市制第七十四條ヲ見ヨ)ヿヲ管掌スルモノナレハ從テ純粹ナル市ノ機關タルニ止マラス一方ニ於テハ國ニ隷スルモノナルカ故ニ國長即チ皇帝ノ裁可ヲ經サル可ラサルモノト知ルヘシ右ノ如ク國長ノ裁可ヲ經ヘキモノト定マレル以上ハ又其結局ノ處分法ナカル可ラス是レ即チ其撰擧適任ノ人ヲ得スシテ皇帝ノ裁可ヲ得ル能ハサル場合ニ於テハ其裁可ヲ得ルニ至ルマテ內務大臣ハ臨時代理者ヲ撰テ之ニ特任シ又ハ市費ヲ以テ官吏ヲ派遣シ市町村ノ事務ヲ執ラシムルヿヲ得トナセシ所以ナリ右ノ如ク定メタル以上ハ市長ノ撰擧ヲ以テ全ク市ニ委ヌルモ國ノ統一安寧ヲ謀ルヿニ於テ憂フヘキノ弊害ナカルヘシトナスナリ

第五十一條　助役及名譽職參事會員ハ市會之ヲ撰擧

ス其撰擧ハ第四十四條ニ由テ行フヘシ但シ投票同數ナルトキハ抽籤ノ法ニ由ラス府縣參事會之ヲ決スヘシ

（註）市ノ助役及名譽職參事會員ハ共ニ市長ト同ク市ノ行政ヲ掌トル所ノ機關ニシテ國ニ直隷スル機關ニアラサルカ故ニ市會カ之ヲ撰擧スルモノトナスナリ而メ其撰擧法ハ第四十四條ノ例ニ依モノト知ルヘシ故ニ今茲ニハ之ヲ記載スルコナシ只其ノ投票同數ナル場合ハ第四十四條ニヨラスメ一ノ例外ヲ設ケタルモノニシテ乃チ抽籤ノ後再投票スルノ法ニヨラス府縣參事會ノ決スルトコロニ任スヘキモノトセリ是レ蓋シ便宜上ヨリシテカクノ如ク定メタルモノナラン

助役

第五十二條　助役ハ有給吏員トシ其任期ハ六年トス

助役ノ撰擧ハ府縣知事ノ認可ヲ受クルコヲ要スモシ其認可ヲ得サルトキハ再撰擧ヲナスヘシ再撰擧ニシテ尚其認可ヲ得サルトキハ撰テ撰擧ヲ行ヒ認可ヲ

得ルニ至ルノ間府縣知事ハ臨時代理者ヲ選任シ又ハ市費ヲ以テ官吏ヲ派遣シ助役ノ職務ヲ管掌セシムヘシ

（註）本條ノ理由ハ大抵第五十條ニ於テ述ヘタル處ト同シ原則ニ基ケルモノナレハ今重複ヲ厭テ之ヲ述ヘス只一言スヘキハ府縣知事ノ認可ノコナリ思フニ市長ハ助役ニ比シテ其位置一層丁重ナルヘキ者ニシテ而カモ第七十四條ノ委任ノ事務ノ如キハ全ク市長ニ向テ委任シタルモノナレハ其推薦ノ際ニ當ツテ先ツ上奏ノ上裁可ヲ經サル可ラスト雖助役ハ只タ其ノ補助員タルニ過キスシテ其ノ位置從テ市長ノ如ク重大ナルモノニアラサル故府縣知事ノ認可ヲ經ルヘキコト定メタルナリコレ一ニハ地方分權ノ原則ヲ遵奉シタルモノナリト雖然レ圧其公平ヲ失フノ弊ヲ防キ且ツ偏私ノ誹ヲ免レンカタメ其認可ヲ拒マントスル圧ニハ府縣參事會ノ同意ヲ得ルヲ必要トスルナリ

市長及助役ノ資格

第五十三條　市長及助役ハ其市公民タルモノニ限ラ

ス但其任ヲ得タルトキハ其ノ公民タルノ權ヲ得

(註)行政機關中ノ名譽職ハ必ス其公民權アルモノヽ中ヨリ之ヲ撰任セサル可ラスト雖市長及助役ハ前來說明シタルカ如キ有給ノ專務役人ナルヲ以テ其ノ公民タルモノヽ中ヨリ撰擧スルニ及ハサルヿ明ナリ且ツ市長及助役ノ如キ高等ナル有給吏員ニ在テハ其人物ヲ撰フニ當リテ余程便利ナル方法ナカル可ラス苟モ其撰擇ノ方法ニシテ不便ナルヿアランニハコノ重大ナル職務ニ任スルノ人カ其任ニ適セサルヤ必然ノ勢ナレハ其ノ適任ノ人物ヲ撰擇セントスルニハ先ツ主トシテ其撰擇ノ區域ヲ廣濶ニシ以テ公民ニアラサルモノト雖之ニ任スルヲ得ルヿトナサヽル可ラサルナリ若シ夫レ然ラサルヿアランニハ其ノ市內ノ公民ニ適任者一人モコレナク却テ其公民以外ノ人ニ其適任ナル人アルヲ知ルニモ係ハラス見ス々々其不適任ナリト思惟スル公民中ヨリ撰擇セサル可ラサルカ如キヿアルヲ免レサルヘケレハナリ

且又其公民ニアラサル人カ市長及助役ニ撰擧セラレタルトキハ仮

令其人ハ市公民タルノ資格ヲ備ヘサルニモ係ハラス其選任セラル丶ト同時ニ公民タルノ權ヲ得ルナリ

第五十四條　名譽職參事會員ハ其市公民中年齢滿三十歳以上ニシテ選擧權ヲ有スルモノヨリ之ヲ選擧ス其任期ハ四年トス、任期滿限ノ後ト雖モ後任者就職ノ日マテ在職スルモノトス名譽職參事會員ハ毎年其半數ヲ改選ス若シ二分シ難キトキハ初回ニ於テ多數ノ一半ヲ退任セシム初回ノ退任者ハ抽籤ヲ以テ之ヲ定ム但シ退任者ハ再選セラル丶コトヲ得若シ欠員アルトキハ其殘任期ヲ補充スルタメ直ニ補欠選擧ヲナスヘシ

（註）名譽職參事會員ハ文字ノ如ク名譽ナル職掌ニシテ無給役人ナル故ニ必ラス公民中ヨリ撰擧セサル可ラサルナリ而シテコノ參事會員ハ公民中年齢卅歳以上ノモノヨリ之ヲ撰擧ス可キモノトナシタル理由ハコノ參事會員ハ市會議員ノ如キ利害ヲ代表ス

ルモノニアラスシテ行政上ノ一ノ機關ナルカ故ニ從テ老練ニシテ其土地ノ事情ニ通スルノ必要アルニヨリ三十歳以上ニアラサレハコノ撰擧ニ當ルヘキ權ナシト定メタルナリ

任期ヲ四ケ年トナシタル理由ハ全ク人民ヲシテ自治ノ責任ヲ分タシメントスルノ意ニ出テタルモノニシテ若シコノ任期ノ長キニ失スルヿアランニハ多クノ公民ヲシテ公事ニ練習セシムルヿ容易ナラサルカ故ニ度々新奇ナル分子ヲ加ヘテ成ルヘク多クノ人民ニ地方ノ公益ヲ計ルノ心ヲ起サシメ從テ參政ノ思想ヲ發達セシメ公事ニ練習セシメテ漸ク國事ニ任スルノ實力ヲ養成セントスルニアルナリ故ニ六年ト定ムルハ余リ長キニ失スルノ恐アリトテ彼ノ市長助役及市會議員カ皆六ケ年ノ任期ナルニモ係ハラスコノ參事會員ニ限リテ四ケ年ト定メタルナリコレ蓋シ公事ヲ練習スル最良ノ學校ハコノ參事會ニ外ナラサルカ故ナレハナリ然リト雖若シ以上陳述シタル處ノ如クニ公事ニ練習スルノ便ヲ計ランカタメ余リ屢々參事會員ヲ改撰スルトセハ却テ大ナル

弊害ヲ生スヘキモノニシテ第一常に不熟練ナル人カコノ任ニアルカ為メ公務ノ澁滯ヲ來シ且ツ人民利益ノ發達ヲ害スルノ恐レアリ第二ニハ其役ニ在ル者ヲシテ公事ニ練習セシムルノ暇ナク少シク練習シ得ントスル頃ニハ忽チ改選セラレテ一人モ十分ニ公務ニ練達スルモノナキニ至ルヘキナリ故ニ其任期ノ短キニ過クルモ長キニ失スルト同ク不都合ナルヲ以テ四ケ年位ナラハ先ツ過不及ナカルヘシト信シカクハ定メタルモノナラン

任期滿限ノ後ト雖モ後任者就職スルマテハ前任者ニ於テ就職セサル可ラサルハ人民ノ為ニ行フ所ノ職務ヲ一日モ空フスルヿ能ハサルハ當然ノコトナリ

毎二年其半數ヲ改選スルノ理由ハ新シキ元素即チ事務ニ不熟練ナル人ノミコノ任ニ當ルヿナカラシメンカ為メニシテコノ參事會ヲシテ成ルヘク完全ノモノタラシメントスル立法官ノ意ニ出テタルモノナリ然リ而メ最初此ノ參事會員ニ選擧セラルヽモノハ全數同時ニ選擧セラルヽモノナレハ此ノ制度創施後二年目ニ

退任スヘキモノヲ定メ置カサル可ラスコレ即チ抽籤ヲ以テ初回ノ退任者ヲ定ムト決定セシ所以ナリ而ソソノ一半ツヽヲ改撰スルトスルモ若シ其ノ全數カ平等ニ二分シカタキ數ナルトキハ初回ニ於テハ其多キ方ノ一半ヲ退任セシムヘキナリ

退任者ノ再撰ヲ許シタルハ大ニ前論(屢々改撰ヲナスハ市公民ヲシテ公務ニ練習セシムル良法ナリトイフ論)ト矛盾スルカ如シト雖トモコレ決ソ然ラサルナリ何トナレハ其他寒村ニシテ參事會員タルノ資格ヲ有スル人物ニ乏ク或ハ其地僻邑ニシテヨク此ノ任ニ耐ユヘキ人物ヲ欠クヿアランニハ如何ニ參事會ハ公務練習ノ良學校ナリトイヘトモ徒ラニ無智無學ノ人民ヲ集ムル處ニアラサルニヨリ其ノ撰擧ニ當テ不都合ヲ感スルヿコレナシト謂フヲ得サル可シ果シテ然リトセハカヽル場合ニ際シ再撰ノ便法アリテコノ不都合ナカラシムルヿ又必要ナリト云フヘシ

欠員アルトキハ殘任期ノ滿ツルマテ之ヲ補充スルタメ補欠撰擧ヲナシ殘任期滿ツレハ其ノ補欠員カ就職後四年ヲ經過セサレトモ

故障避任

退任ヲナスヘキヿ又當然ノヿニシテ説明ヲ要セス

第五十五條　市長及助役其他參事會員ハ第十五條第二項ニ掲載スル職ヲ兼ヌルヿヲ得ス同條第四項ニ掲載スルモノハ名譽職參事會員ニ撰擧セラルヽヲ得ス父子兄弟タルノ緣故アルモノハ同時ニ市參事會員タルヿヲ得ス若シ其緣故アルモノ市長ノ任ヲ受クル時ハ其緣故アル市參事會員ハ其職ヲ退クベシ其他ハ第十五條第五項ヲ適用ス市長及助役ハ三ケ月前ニ申立ツルトキハ隨時退職ヲ求ムルヿヲ得此場合ニ於テハ退隱料ヲ受クルノ權ヲ失フモノトス

(註)市長助役及參事會員ハ(第一)所屬府縣ノ官吏(第二)有給ノ市官吏(第三)檢察官及警察官吏(第四)神官僧侶及其他諸宗教師(第五)小學校教員ヲ兼ヌルヲ得ス且又代言ニアラスシテ他人ノ爲メニ裁判所又ハ其他ノ官廳ニ對シテ事ヲ辨スルヲ以テ業トナスモノハ名譽役參事會ニ撰擧セラルヽヲ得ス

父子兄弟タルノ緣故アルモノハ同時ニ市參事會員トナルヲ得ズ且若シ其緣故アルモノカ市長ニ任セラレタル片ハ之レニ緣故アル參事會員ハ直ニ退職スヘキモノトストアルノ理由ハ若シ兄弟父子等ガ同時ニ市參事會員トナリ居ル片ハ一市ノ行政權ガ市内ニ勢力アル一家族ノ掌握ニ歸スルノ恐レアルカ故ニシテ市參事會員ニ父子兄弟ノ緣故アル者ガ市長トナリタル片ハ其ノ參事會員ハ退任シテ重大ナル職務ヲ負ヘル市長ニ參事會ノ席ヲ讓ラサル可ラサルナリ其他ハ第十五條第五項ヲ適用シテ若シ同時ニ父子兄弟タルノ緣故アルモノカ撰擧セラレタル片ニハ投票數ノ多キ方カ當撰トナリ同數ナレハ年長者ヲ當撰トシ時ヲ異ニシテ撰擧セラレクル片ニハ後者ハ其任ニ當ルヲ得サルナリ要スルニ右忌避ノ一ケ條ハ全ク獨逸國ノ現制ヲ摸倣シタルモノニシテ實際ニハ尤モ必要ナルヿナルヘシ市長及助役ハ三ケ月前ニ中立ツレハ何時ニテモ隨意ニ退職ヲ求ルヿヲ得ルトアリ此レ即チ市長助役等ガ他ノ名譽役ノ吏員ト其性質ヲ異ニスル最要ノ點ナリ　　ス即

ヲ第八條ニ市公民ハ市ノ撰擧ニ參與シ市ノ名譽職ニ撰擧セラルヽノ權利アリ又其名譽職ヲ擔任スルハ市公民ノ義務ナリトス）トアリテ同條ニ掲ケタル六ケノ場合ノ外之ヲ拒辭シ又任期中退職シ又ハ無任期ノ職務ヲ少クモ三年間擔當セス又ハ其職ヲ實際ニ執行セサル　ノハ市會ノ議決ヲ以テ三年以上六年以下ノ間市公民タル權ヲ停止シ且同年間其負擔スヘキ市費ノ八分ノ一乃至四分ノ一ヲ課増ス」ト云フ制裁ヲモ定メラレタリト雖之ニ反シテ專務職ハ吏員自身ノ隨意ニ依リテ之ヲ辭職スルモ決シテ第八條ニアルカ如キ制裁ヲ加ヘラルヽヿナシ只其退隱料ヲ受クルノ權ヲ失フニ止ルノミ

市長及ヒ助役ノ撿束

第五十六條　市長及助役ハ他ノ有給ノ職務ヲ兼務シ又ハ株式會社ノ社長及ヒ重役トナルヿヲ得ズ其他ノ營業ハ府縣知事ノ認許ヲ受クルニ非サレハ之ヲ爲スヿヲ得ズ

（註）是レ又名譽職ト專務職トノ區別アル要點ニシテカヽル制限

ハ名譽職即チ市會議員名譽役參事會員等ニ對シテハ設ケラルヽヿナシ而〆其他ノ有給ノ職務ヲ兼ヌルヿヲ得セシメサル理由ヲ考ルニ先ニモ述ベタルガ如クコノ市長及助役ハ專務ノ吏員ニシテコノ職ヲ全フセンニハ必スシモ其人ノ全力ヲ擧ゲテ此職ニ盡サヽル可ラサルカ故ニ他ノ有給ノ職務ヲ兼ヌル等ノヿアリテハコノ重要ナル本職ヲ忽諸ニ附スルノ恐レアリトイフノ理由ニヨリ此ノ如ク定メタルナリ且ツ株式會社ノ社長及其重役ハ假令無給ナリトスルモ普通ニ利益ノ幾分ヲ受クルモノナルヘキヲ以テコレ又同一ノ理由ニヨリ兼任ヲ禁シタルナリ而〆他ノ營業ヲナスニ當テモ猥リニ之ヲナサシムル𪜈ハ前記ノ如キ結果ヲ生スヘキニヨリ其手續ヲ丁重ニシテ府縣知事ノ認許ヲ受クルヿトナセルナリ思フニ此等ノ營業ニ限リテ全ク之ヲ禁セサリシモノハ大ニ理由アルヿニシテ若シ全ク之ヲ禁スルカ如キヿアラハ第一善良ナル人物アリテモ之ヲ市長及助役ニ撰任スル能ハスシテ廢業スルトモ遺憾ナキガ如キ微々タル營業ヲ有スル人物ノ中ニ就テ

之ヲ任セサル可ラサルニ至ルベク第二ニ實地ノ業務上ニ干係ナキ人ノミガ之ニ任セラルベク第三ニ實務上ノ敎育ナキ人ノミガ之ニ任セラルベキニヨリ全ク禁制セサリシモノト知ルベキナリ

第五十七條　名譽職參事會員ノ撰擧ニ就テハ市參事會自ラ其効力ノ有無ヲ決ス、當撰者中其資格ノ要件ヲ有セサルモノアルヿヲ發見シ又ハ就職後其要件ヲ失フモノアルトキハ其人ノ當撰ハ効力ヲ失フモノトス其要件ノ有無ハ市參事會之ヲ議決ス其議決ニ不服アルモノハ府縣參事會ニ訴願シ其府縣參事會ノ裁決ニ不服アル者ハ行政裁判所ニ出訴スルヿヲ得其他ハ第卅五條末項ヲ適用ス

（註）名譽職參事會員ニ當撰セラレタルモノヽ中ニ其資格ノ要件ヲ有セサルモノアルヲ發見シ又ハ就職後其要件ヲ失フモノアルトキハ其人ノ當撰ハ無論効力ヲ失フモノトス而シテ此要件ノ有無ヲ議決スルハ市參事會ノ權內ニシテ若シ此議決ニ不服ナレハ府縣

參事會ニ訴願シ同會ノ裁決ニモ尙不服ナレハ行政裁判所マテモ出訴スルヿヲ得ルナリ思フニカクノ如ク丁重ナル方法ヲ設ケタルハ利害上ノ爭ニアラスシテ權利ノ消長ニ關スル爭ナルカ故ナリト知ルヘシ且ツ又本條ノ事件ニ付テハ市長ヨリモ又訴訟及訴願ヲナスヿヲ得但シ本條ノ訴訟及訴願ノ爲メニハ其執行ヲ停止セラルヽコトナカルヘシ

第五十八條　市ニ收入役一名ヲ置ク收入役ハ市參事會ノ推薦ニヨリ市會之ヲ撰任ス、收入役ハ市參事會員ヲ兼ヌルヿヲ得ス、收入役ノ撰任ハ府縣知事ノ認可ヲ受クルヿヲ要ス、其他ハ第五十一條第五十二條第五十三條第五十五條及第七十六條ヲ適用ス收入役ハ身元保證金ヲ出スヘシ

（註）收入役ハ各市ニ一名ツヽヲ置キ純然タル有給ノ事務吏員ト爲シ市參事會ノ推薦ニ依リ市會ノ撰任スル所ノモノトス而メ此收入役ハ右ノ如ク有給ノ事務吏員ナルカ故ニ名譽役ノ市參事會

書記其他ノ附屬員

員及助役並ニ市長ヲ兼任スルヿヲ得ス且ツ此收入役ハ其ナストコロノ行政事務ガ大ニ一般ノ行政ニ干係シ且全國ノ利害ニ影響スルヿアルヲ以テ其撰任ノ時ニハ府縣知事ノ認可ヲ受クルヿヲ要スルナリ而シテ若シ認可ヲ得サルトキハ第五十二條ノ例ニヨルナリ而メ此撰擧ノ方法ハ第四十四條ニ規定スル處ノ如シト雖投票同數ナルトキハ抽籤ノ法ニヨラスメ府縣參事會之ヲ決スヘキモノトス且其任期ハ六ケ年ニメ撰擧セラルヽノ資格ハ敢テ市公民タル者ニ限ラサルナリ然レトモ一旦撰任セラレタル以上ハ公民タルノ權ヲ得ルヿ彼ノ市長及助役ノ如シ其他收入役ニハ第五十五條及第七十六條ヲ適用ス收入役ハ身元保證金ヲ出スヿト定メタリコレハ失錯アレハ賠償ノ責ニ任セシムルモノ故豫メ之ヲ收メテ万一ノ時ニ備フルナリ

第五十九條　市ニ書記其他必要ノ附屬員並ニ使丁ヲ置キ相當ノ給料ヲ給ス其人員ハ市會ノ議決ヲ以テ之ヲ定メ市參事會之ヲ任用ス

（註）此書記其他必要ノ附屬員並ニ使丁ハ市參事會ノ撰任スル處トス而ソ是レハ無論相當ノ給料ヲ與フヘキモノニシテ純然タル專務職トス此等ハ何レモ機械的ニ使用セラルヽ者ニシテ其人員ヲ定ムルハ市參事會ノ權利ナリ且ツ市ハ是等ノ吏員ヲ置テ相當ノ給料ヲ與フルノ義務ヲ有スルカ故ニコレ等ノ人員ノ數ヲ定ムル權利ヲ濫用シテ度外ノ節約ヲ行ヒ又ハ度外ノ冗員ヲ用ヒテ冗費ヲ增シ以テ公益ヲ害スルニ至ラントスルトキハ監督官廳ニ於テ之ニ干渉スルノ道アルナリ必要ノ附屬員トハ即チ世ノ中漸ヤク進歩スルニ從ヒ市ノ行政上ニモ屢々權利義務ヲ行フ相談役トソ法律顧問又土木工事ノ指揮者トソ土木工師建築技師又ハ流行病豫防又ハ種痘專務等ノ爲ニ衛生技師等ノ如キ特別ノ技術若クハ學問上ノ養成ヲ要スル高等ノ技術員ヲ使用スルノ必要ヲ生スルニ至ルヘキヲ云フナリ而ソ之ヲ使用スルニハ或ハ通常雇入ノ契約ヲ以テシ或ハ市吏員トナスヿアルヘシ又時宜ニヨリ之ヲ有給ノ助役トシテ任用スルヿヲモ得ルナリ斯ノ如キヿハ皆市ノ自由

ニ任シ便宜之ヲ決定スルヲ許スモノトス(尤警察學事等ノ爲メニ特別ノ人員ヲ置クニ就テハ別段ノ法規ヲ要スヘシト雖皆是レ別法ヲ以テ定ムヘキモノナリ)

区長及代理者ヲ置クコト

第六十條　凡市ハ處務便宜ノ爲メ市參事會ノ意見ヲ以テ之ヲ數區ニ分チ毎區區長及其代理者各一名ヲ置クコトヲ得區長及其代理者ハ名譽職トス但東京京都大坂ニ於テハ區長ヲ有給吏員トナスコトヲ得區長及其代理者ハ市會ニ於テ其區若クハ隣區ノ公民中選擧權ヲ有スルモノヨリ之ヲ選擧ス區會(第百十三條)ヲ設クル區ニ於テハ其區會ニ於テ之ヲ選擧ス但東京京都大坂ニ於テハ市參事會之ヲ撰任ス東京京都大坂ニ於テハ前條ニヨリ區ニ附屬員並ニ使丁ヲ置クコトヲ得

(註)市中ヲ數區ニ分チ區長ヲ置クノ制ハ現行獨乙市治章程ニ摸倣シタルモノニシテ彼ノ我カ舊制ノ伍長組長等ノ例ヲ襲用スル

モノナレハ此レ又大ニ自治ノ良元素ヲ市制中ニ加ヘタルモノト云ヘシ

凡ソ市ニ大小アリ區域ノ廣狹人口ノ多少自ラ一ナラサルハ自然ノ有樣ニシテ元ヨリ止ヲ得サルコトナリトス故ニ若シ區域廣濶ニシテ人口モ又稠密ナル市アルニ係ハラス同ク一個ノ市參事會ヲ以テ施政ヲナスコトアランニハ施政ノ事自ラ周到ナルヲ得ス行政上ノ勞力費用從テ增加スルニ至ルヘキヤ必然ノ勢ナレハ是等施政ノ便ヲ計リ人民ノ利益ヲ增進セシカ爲メ市參事會ノ意見ヲ以テ一市內ヲ數區ニ分チ各區ニ區長及其代理者各一名ヲ置クヲ得ルコトセシナリ區ハ右ノ如キモノナルヲ以テ市內ニ別ニ獨立シタル一ノ自治体ヲ設ルニアラスシテ區長モ又其固有ノ職權アルモノニアラス唯ダ市ノ行政廳即チ市參事會ニ隷屬シ其指揮命令ヲ奉シテ事務ヲ區內ニ執行スルモノナレハ取リモ直サス市參事會ノ事務ヲ補助執行スルノ機關タルニ過キス故ニ區長ハ市ノ機關ニシテ區ノ機關ニハアラサルナリ區ハ又一已ノ法人タル權利

ヲ有セス財産ヲ所有セス歳計豫算ヲ設ケス從テ又議會若クハ其他ノ機關ヲ存スルコトナシト知ルヘシ故ニ市ノ行政廳ヨリ區長ニ委任スル事務ノ範圍ハ土地ノ情況ト市參事會ノ酌量ニアルモノニシテ豫メ定メ難シト雖通例區長ハ名譽役ニシテ別ニ區ノ附屬員ナルモノアルニアラサレハ(三府ヲ除クノ外)實際是等ノ事情ヲモ斟酌セサル可ラサルナリ

區長ハ右ノ如クニ名譽職ナリト雖モ三府ノ地ノ如キハ事務繁多ニシテ到底專務有給ノ吏員ニアラサレハ之レニ當ル可ラサル場合モアルヘキニヨリ三府ニ限リ區長ヲ有給吏トナスヲ得ルトセシナリ區長及其代理者ハ市會ニ於テ撰擧スヘキモノニシテ此撰ヲ受クヘキモノヽ資格ハ其區若クハ隣區ノ公民中撰擧權ヲ有スルモノト定メタリ茲ニ隣區ノ公民中撰擧權ヲ有スルモノヲモ此資格アルモノトナシタルハ徒ラニ撰擇ノ區域ヲ縮少シテ不都合ヲ生セシムルコトナカラ[シ]メントスル立法官ノ注意ニ出タルモノナルヘシ然リト雖モ若シ市内ノ一區ニシテ特別ノ財産ヲ有シ若

クハ營造物ヲ設ケ其區限リ特ニ其費用ヲ負擔スル丰ハ此レ等ニ干スル事務ノタメ府縣參事會ノ條例ニヨリテ區會ヲ設立スルヲ得ルモノナレハコノ場合ニ於テハ其區長ヲ撰擧スルノ權利ヲ區會ニ於テ有スルモノトス但三府ニ限リ市參事會ヲシテ之ヲ撰任セシムルコトナセシハ三府ノ事情自ラ他ニ異ル處アルカ故ニシテ只少ク丁重ニナセシトイフニ過ギズ其他說明ヲ要セズ

第六十一條　市ハ市會ノ議決ニ係リ臨時又ハ常設ノ委員ヲ置クコヲ得其委員ハ名譽職トス委員ハ市參事會又ハ市會議員ヲ以テ之ニ充テ又ハ市參事會員及市會議員ヲ以テ之ヲ組織シ又ハ會員議員ト市公民中撰擧權ヲ有スルモノトヲ以テ之ヲ組織シ市參事會員一名ヲ以テ委員長トス委員中市會議員ヨリ出ツルモノハ市會之ヲ撰擧シ撰擧權ヲ有スル公民中ヨリ出ツルモノハ市參事會之ヲ撰擧シ其他ノ委員ハ市長之ヲ撰任ス常設委員ノ組織ニ干シテハ市

條例ヲ以テ別段ノ規定ヲ設クルヿヲ得

（註）獨逸國ノ市制ヲ見ルニ市ニ諸般ノ委員ヲ置キ市廳ノ役員市會議員並ニ市民ヲ以テ之ヲ組織スルモノトナシ其提理スル事務モ頗ル廣クシテ救貧土木租税評定等ノ庶務皆之ニ屬スルカ如シ思フニ本條ノ如キハ全ク此制ヲ摸倣シ來リタルモノナラン

今此ノ委員ヲ設クルノ理由ヲ分ツテ二トナス（第一）此委員ヲ設ル片ハ市人民ヲシテ自治ノ制ニ習熟セシメンカタメ尤モ效益アリ即委員アル片ハ多數ノ公民ヲシテ市ノ公益ノ爲メニ力ヲ竭スヿヲ得セシメ自治ノ效用ヲ擧クルヿヲ得ヘキナリ何トナルニ市公民ハ獨リ會議又ハ參事會ニ加ハルノミニ止ラス委員ノ列ニ入リテ市ノ行政ニ參與シ之ニ由リテ自ラ實務ノ經驗ヲ積ミ能ク施政ノ難易ヲ了知スルヲ得間接ニハ國政ニ任シテ完全ナル立憲制度ノ下ニ立ヲ得ヘキ能力ヲ養成シ得ヘキカ故ナリコレ第一ノ利益ナリ（第二）ニ事務吏員ハ其他ノ公民ニ限ラサルノ制アルニヨリ從テ地方ノ事情ヲ陳述通曉セザルノ恐ナシトセズ然ラハ必ス其短

處ヲ補フ處ノモノナカル可ラザルニ此委員ハヨク地方ノ事情ニ通曉シタル者此ノ任ニ當ルガ故ニ事情ニ最モ適切ナルモノヲ得ベシコレ第二ノ利益ナリ右ノ如ク委員ハ自治ノ制ニ於テ緊要ナル地位ヲ占ムルモノナレバ本制ヲ施行スルニ際シテハ勉メテ委員ノ設ケヲ促シ市公民ヲシテ之ニ參與セシメンヿヲ計ラサル可ラサルナリ然リ而メ此ノ委員ヲ置クト否トハ市會ノ議決ニ任スルモノニシテ其組織ノ如キハ市條例ノ定ムルトコロトス即チ市參事會トイヘル一集合体ト市會議員中ノ人間トヲ以テ組織スルトモ又市參事會員ノ中ノ人ト市會議員中ノ人トヲ以テ之ヲ組織スルモ或ハ又此等ノ會員議員及ヒ市公民中撰擧權ヲ有スルモノトヲ以テ之ヲ組織スルトモ皆其定ムルトコロニ任カス且ツ其職務ノ如キモ市條例ノ定ムル處ニアリトス思フニ市參事會ハ眞正ノ行政機關ニシテ委員ハ一部分ニ參與スルニ過ギザレハ其性質市參事會ニ從屬スヘキモノニシテ概ネ市長ヲ以テ委員長トナシ參事會員ヲ以テ多ク之ニ加ヘ市會議員モ成ルヘク之ニ列セシメ

ンコヲ要ス蓋シ市會議員等ニシテ行政ノ事務ニ加ハル片ハ能ク施政ノ緩急利害ヲ弁識シ行政吏員ト共ニ協力シテ事務ヲ擔任スルノ慣習ヲ生シ自ラ代議機關ト行政機關トノ軋轢ヲ防制スルコヲ得ヘキカ故ニ若シ此制度ヲ完全ニ行フコヲ得ハ從來府縣會ト府縣知事トノ間ニ生シタル如キ軋轢ハ跡ヲ拂テ發生スルナキニ至ルヘキナリ

此委員ハ無論名譽職ニシテ其撰擧ハ市會議員ヨリ出ツルモノハ市會之ヲ撰擧シ撰擧權ヲ有スル公民ヨリ出ヅルモノハ市參事會之ヲ撰擧シ其他參事會員ヨリ出ツルモノ等ハ市長ノ特撰ニヨリ之ヲ任スルモノナルコ深ク説明ヲ要セス且常設ノ委員ヲ設クル片ハ市ノ條例ヲ以テ其組織ヲ規定スルコ元ヨリ當然ノコナリトス

區長及委員ノ報酬

第六十二條　區長及委員ニハ職務取扱ノ爲メニ要スル實費弁償ノ外市會ノ議決ニヨリ勤務ニ相當スル報酬ヲ給スルコヲ得

任期滿限ノ後再選

（註）區長及委員ハ共ニ名譽職ニシテ無給吏ナリト雖其職務取扱ノ爲メニ要スル實費弁償ヲ受クルノ外市會ノ承諾ヲ經タル勤務相當ノ報酬ヲ受クルヲ得コレ蓋シ如何ニ名譽職ナリト雖事務多端ナルカタメ多少本業ヲ妨ケラルヘキカ故ニシテ且ツ其人民ヲシテ公務ニ冷淡ナラサラシメンカ爲メニ其熱心ヲ奬勵セントスルノ意ニ出テタルナルヘシ詳細ハ第七十五條等ヲ參照シテ知ルヘシ

第六十三條　市吏員ハ任期滿限ノ後再撰セラルヽヿヲ得市吏員及使丁ハ別段ノ規定又ハ規約アルモノヲ除クノ外隨時解職スルヿヲ得

（註）市吏員カ再撰セラレ得ルノ理由ハ他ナシ今日ノ國勢ニテハ各地方ニ市吏員タル適任ノ人物ニ乏キカ故ニ若シ再撰ノヿヲ禁スル片ハ不本意ナル撰擧ヲ行ハサル可ラサルカ如キ不都合ヲ生シ從テ公益ノ上ニ於テモ弊害アルヘキヿ必然ノ勢ナレハナリ而

ノ名譽職ノ市吏員ハ元ヨリ市公民ノ義務トシテ其職務ニ任スルモノナレハ何時ニテモ勝手ニ解職スルヿヲ得スト雖其他ハ別段ノ規程又ハ規約ナキ以上ハ何時ニテモ解職スルヿヲ得ルナリ別段ノ規定アルモノトハ假令ハ市町及助役ハ三ケ月以前ニ申立ツルニアラサレハ退職スルヲ得サルカ如キ是ナリ特別ノ規約アルモノトハ假令向フ五ケ年ノ約定ヲ以テ技師一人ヲ雇入レタルトキハ其技師ハ市ノ助役トシテ雇入レタルモノト雖𪜈其年期ノ滿ツルマテハ解職スルヿヲ得サルカ如シ

第二款　市參事會及市吏員ノ職務權限及處務規程

（註）本款ハ市參事會及市吏員ハ如何ナル職務權限內ニ於テ其行政機關ヲ運轉スルヤ及其事務ヲ行フノ方法ハ如何ナルヤヲ規程スルモノナリ

第六十四條　市參事會ハ其市ヲ統轄シ其行政事務ヲ担任ス、市參事會ノ担任スル事務ノ概目左ノ如シ（一）

市會ノ議事ヲ準備シ及其議決ヲ執行スル事若シ市會ノ議決其權限ヲ越ヘ法律命令ニ背キ又ハ公衆ノ利益ヲ害スト認ムルトキハ市參事會ハ自己ノ意見ニ由リ又ハ監督官廳ノ指揮ニ由リ理由ヲ示シテ議決ノ執行ヲ停止シ之ヲ再選セシメ猶其議決ヲ更メサルトキハ府縣參事會ノ裁決ヲ請フ可シ其權限ヲ越ヘ又ハ法律勅令ニ背クニ依テ議決ノ執行ヲ停止シタル場合ニ於テ府縣參事會ノ裁決ニ不服アル者ハ行政裁判所ニ出訴スルコトヲ得(二)市ノ設置ニ係ル營造物ヲ管理スル事若シ特ニ之カ管理者アルトキハ其事務ヲ監督スル事(三)市ノ歲入ヲ管理シ歲入出豫算表其他市會ノ議決ニ依テ定マリタル收入支出ヲ命令シ會計及出納ヲ監視スル事(四)市ノ權利ヲ保護シ市有財產ヲ管理スル事(五)市吏員及使丁ヲ監督シ市長ヲ除クノ外其他ニ對シ懲戒處分ヲ行フ事其懲戒處

分ハ譴責及拾圓以下ノ過怠金トス（六）市ノ諸證書及公文書類ヲ保管スル事（七）外部ニ對シテ市ヲ代表シ市ノ名義ヲ以テ其訴訟並和解ニ關シ又ハ他廳若クハ人民ト商議スル事（八）法律勅令ニ依リ又ハ市會ノ議決ニ從テ使用料、手數料、市稅及夫役現品ヲ賦課徵收スル事（九）其他法律命令又ハ上司ノ指令ニ依テ市參事會ニ委任シタル事務ヲ處理スル事

註（一）市會ヲ開クマテノ手續ヲ爲シ其議決シタルヿヲ實行スルハ勿論此ノ市參事會ノ職務ナリト雖市會カ決議シタルヿハ其權限以上ノヿナルカ或ハ法律命令ニ背キ居ルカ或ハ公衆ノ利益ヲ害スルモノト認ムル𪜈ハ市參事會ハ自己ノ意ニヨリ又ハ府縣知事等ノ指揮ニヨリ此議決ノ執行ヲ停止スルヲ得コレ第一ニハ權利ノ消長ニ關シ第二ハ公衆ノ利害ニ干スル重大ノヿナルカ故ニ〆素ヨリ當然ノヿナリト雖市參事會カ此ノ權力ヲ濫用シ市民ノ希望スル意見ヲ輕忽視スルノ恐レアルカ故殊更ニ理由ヲ示シタル

後其執行ヲ停止シ得ルヿトナセリ而メ一旦此執行ヲ停止シタル以上ハ再ビ之ヲ議セシメテ市民ノ意志カ果メ前ノ議決ト異ナラサルヤ否ヤヲ見ルヲ要ス若シ再議ノ時モ同樣ノ議決ヲナサハ止ヲ得ス府縣ノ參事會ニ出テヽ其裁決ヲ乞ハサル可ラズ此裁決ニシテ右市會ノ議決ヲ正當ナリトスレハ市參事會ハ之ヲ執行セサル可ラス若シ不當ナリトスレハ市會ハ己ヲ得ス一歩ヲ讓ルノ外ナキナリ然シ其權限ニ關シタルヿニ由テ府縣參事會ノ裁決ヲ乞フ場合ニ當リ尚其裁決ニ對シ不服ナレハ更ニ一歩ヲ進テ行政裁判所マテモ出訴スルヲ得ルナリ要スルニ公衆ノ利害ニ關シタル爭議ハ府縣參事會ヲ以テ終結ノ場所トシ權限ニ關スル爭議ハ行政裁判所ヲ以テ終結ノ場所トス

(二)市ノ設置ニ係ル營造物(議事堂又ハ市立學校ノ建物等其例一ナリ)ヲ管理シ若シ他ニ管理者無キ時ハ之ヲ監督スルヿ

(三)歳入ヲ管理シ收入支出ヲ命令シ會計及出納ヲ監視スルヿ

(四)市トイヘル一己ノ無形人カ法律上ニ有スル權利ヲ保護シ市有

財産ヲ管理スルヿ
(五)市吏員及使丁ヲ監督シ懲戒處分ヲ行フ尤モ市長ハ其會ノ事務ヲ統理スルモノナレハ自分自ラヲ懲罰監督スルヿヲ得サルニヨリ市長ノミハ本項ノ例外トス、今左ニ懲罰ノヿヲ一言シ置クヘシ
抑モ市吏員ナルモノハ何レノ種類ニ屬スルモ法律ニ準據シテ所屬ノ官廳及市廳ニ對〆從順ナルヘク均ク懲戒法ニ服從セサル可ラス而〆懲戒ノ罰トシテ科スヘキモノニ三種アリ第一譴責第二過怠金第三解職トス而〆コノ市參事會ニ於テナシ得ヘキ懲罰ハ譴責及十圓以下ノ過怠金ノ二者ニ止リ十圓以上ノ過怠金第三ノ解職ノミハ其專決ヲ許サヽルナリ
(六)ハ說明ヲ要セス
(七)前來屢々述ヘタルカ如ク市ハ一ノ無形人ニシテ其意見ヲ代表スル能ハザルモノナレハ之ヲ代表シ其名義ニテ外部ニ對スル諸事ヲ辨スルモノハ即チ此參事會ナルヿ素ヨリ當然ナリ
(八)法律勅令ニ依リ又ハ市會ノ議決ニ依リテ使用料(市ノ營造物ヲ

人民カ使用スル𪜈納ムル金)手數料(市吏員カ職務上ニテ一人民ノタメ特ニ調査ヲナス𪜈ノ手數料)市税夫役現品ヲ賦課徵收スルヿ

(九)法律命令又ハ上司ノ指令ニヨリテ委任セラレタル事務即チ市トイヘル自治体ニハ關係ナキ國政上ノ事務ヲ處理スルヿ

市參事會ノ議決

第六十五條　市參事會ハ議長又ハ其代理者及名譽職會員定員三分ノ一以上出席スル𪜈ハ議決ヲ爲スヿヲ得其議決ハ可否ノ多數ニ依リ之ヲ定ム可否同數ナル𪜈ハ議長ノ可否スル所ニ依ル、議決ノ事件ハ之ヲ議事錄ニ登記ス可シ、市參事會ノ議決其權限ヲ超ヘ法律命令ニ背キ又ハ公衆ノ利益ヲ害スト認ムル𪜈ハ市長ハ自己ノ意見ニ由リ又ハ監督官廳ノ指揮ニ由リ理由ヲ示シテ議決ノ執行ヲ停止シ府縣參事會ノ裁決ヲ請フ可シ其權限ヲ越ヘ又ハ法律勅令ニ背クニ依テ議決ノ執行ヲ停止シタル場合ニ於テ府縣參事會ノ裁決ニ不服アル者ハ行政裁判所ニ出訴

スルヿヲ得

（註）市參事會ハ議長又ハ其代理者ノ中一人出席セサレハ議決ヲナスヲ得ス且ツ名譽職參事會員ノ定員三分ノ一以上出席セサレハ同斷トスルハ議事ノ丁重ヲ貴ブ所以ニメ議決ハ多數ニヨリ之ヲ定メ可否同數ナレハ議長ノ決スル處ニ任シ且議決ノ事件ハ議事錄ニ登記スルヘク若シ市參事會ノ議決カ越權ニ涉リ法律命令ニ反キ又ハ公衆ノ利益ヲ害スト見認ムルトキハ市長ハ自分ノ意見ニヨリ又ハ監督官廳ノ指揮ニヨリ理由ヲ示シテ議決ノ執行ヲ停止シ府縣參事會ノ裁決ヲ乞フ可シトノ理由ハ其權限ノ消長ト公衆ノ利害トニ關スルカ故ナリ然シテ其權限ニ關スルヿハ行政裁判所マテモ出訴スルヿヲ得ヘキヿ第六十四條第一項ニ說明シタル處ノ如シ

故障忌避

第六十六條　第四十三條ノ規定ハ市參事會ニモ又之ヲ適用ス但同條ノ規定ニ從ヒ市參事會正當ノ會議ヲ開クヿヲ得サルトキハ市會之ニ代テ議決スルモノ

トス

（註）市參事會員ハ自己及父母兄弟若クハ妻子ノ一身上ニ關スル事件ニ付テハ參事會ノ議決ニ加ハルヲ得ス若シ之レカ爲メ正當ノ會議ヲ開クヿヲ得サルトキハ市會之ニ代ツテ議決ヲナスモノトス此レハ親戚ノ爲ニ情誼上公正ヲ欠クルノ憂アルヲ防クノ目的ニ出テタルモノニメ四十三條ノ説明ヲ參照スレハ自ラ明瞭ナルヘシ

第六十七條　市長ハ市政一切ノ事務ヲ指揮監督シ廳務ノ澁滯ナキヿヲ務ムヘシ、市長ハ市參事會ヲ召集シ之カ議長トナル、市長故障アルトキハ其代理者ヲ以テ之ニ充ツ、市長市參事會ノ議事ヲ準備シ其議決ヲ執行シ市參事會ノ名ヲ以テ文書ノ往復ヲナシ及之ニ署名ス

（註）集議制即數人集テ事ヲ執ル仕組ノ弊ハ其錯雜ニシテ事務ノ整頓セサルヿ及其澁滯スルヿ等ナリトス故ニ此市參事會ナルモ

ノモ一ノ集議制ヲ形造クル處ノモノナル以上ハ此弊害ヲ免ル可ラサルヿ必然ノ勢ナレハ是等ノ錯雜セル處ヲ統轄シ事務ノ澁滯ナカラシメントスルハ專ラ市長ノ任トナサヽルヲ得サルナリコレ本條ノ設アル所以ニシテ之ヲ詳述スルハ少ク繁冗ニ渉ルノ恐レアレハ今之ヲ略シテ言ハス

專決處分ノ場合

第六十八條　急施ヲ要スル場合ニ於テ市參事會ヲ召集スルノ暇ナキトキハ市長ハ市參事會ノ事務ヲ專決處分シ次回ノ會議ニ於テ其處分ヲ報告スヘシ

（註）前ニモ屢々說クカ如ク市長ノ職務ニ二種アリテ一ヲ固有ノ事務一ヲ委任ノ事務トシ市ノ固有ノ事務ヲ處理シ之ヲ行フニハ先ツ參事會ノ議決ヲ經サル可ラスト雖委任ノ事務ヲ行フヿハ參事會ノ參與ヲ受ケスシテ專行スルヲ得ルモノナリ然レトモ市ノ固有ノ事務ヲ行フニモ又專決處分ヲナシ得ル場合アリ乃チ市參事會ヲ召集スルノ遑ナキカ如キ急施ヲ要スルトキニハ之ヲ專行スルヲ得ルナリ尤モコノ場合ニハ次回ノ會議ニ於テ其處分ヲ參事

會員ニ報告セサルヘカラス

第六十九條　市參事會員ハ市長ノ職務ヲ補助シ市長故障アルトキ之ヲ代理ス、市長ハ市會ノ同意ヲ得テ市參事會員ヲシテ市行政事務ノ一分ヲ分掌セシムルコトヲ得此場合ニ於テハ名譽職會員ハ職務取扱ノ爲メニ要スル實費辨償ノ外勤務ニ相當スル報酬ヲ受クルコトヲ得、市條例ヲ以テ助役及名譽職會員ノ特別ナル職務並市長代理ノ順序ヲ規定スヘシ若シ條例ノ規定ナキトキハ府縣知事ノ定ムル處ニ從ヒ上席者之ヲ代理スヘシ

(註)市助役其他ノ參事會員ハ市長ヲ補助スヘキモノナレハ市長ノ故障アルトキハ其職務ヲ代理スヘキモノトス且又市ノ行政事務ハ其繁多ナル場合ニ於テハ大ニ分業ノ必要アルヲ以テ參事會員ヲシテ市行政事務ノ一部ヲ分掌セシムルヲ得ルナリ此場合ニハ名譽會員ト雖職務上ニ費セシ實費辨償ノ外勤務ニ相當スル報酬ヲ

受クルコトヲ得コレ其奬勵ノ主義ニ出テタルモノナリ且ツ名譽職會員及助役ノ特別ナル職務並ニ市長ヲ代理スルノ順序ハ市條例ニヨリ規定スヘキモノナリト雖若シ其規定ナキトキハ府縣知事ノ定ムル所ニ從ヒ其定メタル順序中ノ上席者カ市長ヲ代理スルコトト知ルベシ

収入役

第七十條　市收入役ハ市ノ收入ヲ受領シ其費用ノ支拂ヲナシ其他會計事務ヲ掌ル

（註）本條ハ讀テ字ノ如シ

書記

第七十一條　書記ハ市長ニ屬シ庶務ヲ分掌ス

（註）書記ハ市長ニ隷屬シ其命令ヲ受ケテ機械的ニ庶務ヲ分掌スト云フニ過キス

區長及其代理者

第七十二條　區長及代理者（第六十條）ハ市參事會ノ機關トナリ其指揮命令ヲ受ケテ區內ニ關スル市行政事務ヲ補助執行スルモノトス

（註）區長ノコトハ第六十條ニ於テ之ヲ詳述シタルカ如ク餘リ廣濶

ナル市ニシテ且ツ人口戸數稠密ナル地方ニテハ市長一人ニテ手ノ廻リ兼ヌルヿアル故其市内ヲ數區ニ分チ各々區長ヲ置キ以テ各區内ノ行政事務ニ付キ市長ヲ補助セシムルヿトナシタルモノナレバ曾テ說ク如ク區長及其代理者ハ區ノ機關ニハアラスシテ市參事會ノ機關タルヿ明ナリ故ニ萬事市參事會ノ命令指揮ヲ受ケテ區内ニ關スル市ノ行政事務ヲ補助執行スルモノトセシナリ

第七十三條　委員ハ(第六十一條)市參事會ノ監督ニ屬シ市行政事務ノ一部ヲ分掌シ又ハ營造物ヲ管理シ若クハ監督シ又ハ一時ノ委托ヲ以テ事務ヲ處辨スルモノトス、市長ハ隨時委員會ニ列席〆議決ニ加ハリ其議長タルノ權ヲ有ス常設委員ノ職務權限ニ關シテハ市條例ヲ以テ別段ノ規定ヲ設クルヿヲ得

(註)區域廣濶ニ〆人口稠密ナル處ノ市ハ之ヲ數區ニ分チテ各區長ニ其行政事務ヲ補助分擔セシムルヿ前章ニ述フルカ如シ故ニ今若シ事務ノ繁多ニ〆其ノ種類ノ夥多ナル處ノ市ニ於テハ分業

ノ必要上ヨリ其行政事務ヲ數部ニ分チ委員ヲ置テ其一部分ツヽヲ分掌セシムルヿモ又必須ノヿナリトスコレ蓋シ委員ヲ置テ市參事會ノ監督ノ下ニ市行政事務ノ一部ヲ管掌セシメ又ハ營造物ヲ管理セシメ(別ニ管理者アル𪜈ハ之ヲ監督スルニ止ル)又ハ一時ノ委托ヲ以テ事務ヲ處辨セシムル所以ナリ從來各區町村ニ學務委員衛生委員ナルモノアリシカ本條ノ委員モ又此類ナラン乎以上ノ如ク市內ノ事務ヲ土地ニヨリテ區別スルト同時ニ事務ノ種類ニヨリテ之ヲ區別シタルノ趣意ハ畢竟市ノ行政ヲシテ周到ナラシメントスルニ外ナラスト知ルベシ其他ハ説明ヲ要セス

第七十四條　市長ハ法律命令ニ從ヒ左ノ事務ヲ管掌ス(一)司法警察補助官タルノ職務又法律命令ニ依テ其管理ニ屬スル地方警察ノ事務但別ニ官署ヲ設ケテ地方警察事務ヲ管掌セシムル𪜈ハ此限ニアラス(二)浦役場ノ事務(三)國ノ行政並ニ府縣ノ行政ニシテ市ニ屬スル事務但別ニ吏員ノ設ケアル𪜈ハ此限リ

ニアラス右三項中ノ事務ハ監督官廳ノ許可ヲ得テ市參事會員ノ一名ニ分掌セシムルコヲ得、本條ニ掲載スル事務ヲ執行スルカ爲メニ要スル費用ハ市ノ負担トス

（註）市參事會ハ市トイヘル自治体無形人ノ機關トナリテ其固有ノ事務ヲ擔任スルノ外市長第二ノ事務トシテ國政ニ關スル事務ヲ委任ノ範圍内ニ於テ管掌スルコトアリ本條ノ場合ノ如キ即チ此第二ノ場合ヲ規定セルモノナリ故ニ左ニ掲クル三項ノ職務ハ特ニ市長ニ委任セラレタルモノニメ市參事會ニハ少シモ關係ナキモノナレハ市長ハ委任ノ範圍内ニ於テ十分ニ之ヲ專行スルノ權利アルモノト知ル可シサレハ市長カ是レ等ノ事務ヲ市參事會員ノ一人ニ分掌セシメントスルニハ監督官廳（府縣知事）ノ許可ヲ經ルヲ要ス其事務ハ（第一）司法警察補助官トナルコト（假令ハ檢事ノ補佐トシテ其指揮ヲ受ケ治罪法ニ從ヒテ犯罪ノ搜索ヲナス等ノ事務）及法律命令ニヨリテ其管理ニ屬スル地方警察ノ事務ヲ行

フヿ(地方警察ノ官署カ別ニ設立セラルヽ場合ハ此限ニアラス)(第二)浦役場ノ事務乃チ沿海ノ地ニ於テ難破船救助等ノ類(第三)國即チ中央政府ノ爲ス可キ行政及特ニ市ニ委任セラレタル事務トス則チ國税及地方税徴收事務ノ類ナリ故ニ別ニ吏員ノ設ケアル𪜈ハ之レニ關係セスト云フナリ

右等ノ事務ヲ執行スルニ要スル費用ハ市ノ負擔トシテ國及府縣ハ決シテ是等ノ費用ヲ負擔セサルナリコレ蓋シ市ノ固有ノ職務ニハアラサルモ其性質タル其市ニ分擔セシメサル可ラサル職務ナレハナリ

第三款　給料及給與

實費ノ辨償及報酬

第七十五條　名譽職員ハ此法律中別ニ規定アル者ヲ除クノ外職務取扱ノ爲メニ要スル實費ノ辨償ヲ受クルヿヲ得實費辨償額及報酬額ハ市會之ヲ議決ス

(註)名譽職ノ吏員ト雖其職務上ニ要スル實費マテヲ負擔ス可キ義務無キカ故ニ之レ等ノ辨償ヲ受クルハ當然ノヿナリ而シテ此

辨償額及報酬額(名譽職ノ事務繁多ニシテ本業ヲ妨ク可キ恐アルトキニ與フル所ノ相當ノ報酬)ハ市會ノ議決スル所トス

有給吏ノ給料

第七十六條　市長助役及其他有給吏員及使丁ノ給料額ハ市會ノ議決ヲ以テ之ヲ定ム、市會ノ議決ヲ以テ市長ノ給料額ヲ定ムルトキハ内務大臣ノ許可ヲ受クルコトヲ要ス若シ之ヲ許可ス可ラスト見認ムルトキハ内務大臣之ヲ確定ス、市會ノ議決ヲ以テ助役ノ給料額ヲ定ムルトキハ府縣知事ノ許可ヲ受クルコトヲ要ス、府縣知事ニ於テ之ヲ許可ス可ラスト見認ルトキハ府縣參事會ノ議決ニ附シ之ヲ確定ス市長助役其他有給吏員ノ給料額ハ市條例ヲ以テ之ヲ規定スルコトヲ得

(註)給料額ハ元來市ノ自ラ定ム可キ所ノモノナレハ條例ヲ設ケテ之ヲ一定シ又ハ撰任ノ前ニ當テ議會ノ議決ヲ以テ之ヲ定ム可キモノトス然レ共監督官廳ハカクノ如キ手續キニヨリ定メタル給料額ノ多キニ過キ又ハ不足アリト見認ムルトキハ許可ヲ拒ミ本

條ノ如キ手續ニヨリ之ヲ規定スルヲ得ル也コレ蓋シ市長助役等ノ職務カ獨リ市ニ固有ナル行政事務ヲ行フニ止ラス委任ノ事務即チ國及府縣ノ事務ヲモ管掌スルカ故ニメ即チ其職重ケレハ從テ官廳ノ干渉ヲ要スルコ多キコモ又此理由ナリト知ル可キナリ

第七十七條　市條例ノ規定ヲ以テ市長其他有給吏員ノ退隱料ヲ設クルコトヲ得

（註）有給吏員ニ退隱料ヲ給スルノ利益ヲ擧クレハ左ノ如シ（一）市吏員ハ定規ヲ以テ選任セラルヽモノニシテ任期滿限ノ後ハ再任又ハ再選セラルヽニアラスンハ遽ニ糊口ノ道ヲ失フニ至ル可キニヨリ再選ニ由テ生計ヲ求メントスル輩ヲ生セシメ從テ此等ノ輩カ市會ノ鼻息ヲ窺ヒテ公益ヲ忘レントスルニ傾クヘキコ自然ノ勢ナリカヽル塲合ニ於テ退隱料ヲ給スルノ制度アランニハ決シテ是等ノ弊害ヲ生セサルコ明ナリ（二）若シ又右ノ如キ塲合ニ退隱料ヲ給スルコナキ片ハ有給市吏員ノ地位ハ甚タ卑屈ナル人物ノ地位トナリ有力ノ人ニシテ此職ニ就クヲ屑シトセサルニ至ル

可キニヨリ退隱料ヲ給スルヿトナシテカヽル卑屈ナル地位タラサラシムルヿ肝要ナリ(三)市吏員ハ昇等增給ノ途少キカ故退隱料ヲ給スルヿ尤モ肝要ナル奬勵ノ法ナリトス

右ノ如ク退隱料ノ利益アルヿ一ニシテ足ラスト雖之レカ爲メニ市ノ負擔ヲ加重スルヿアランヿヲ憂ルノ人アル可シ然レ共コレ決シテ憂フルニ足ラス何トナレハ苟モ適任ノ人ナル以上ハ何回モ再選セラル可キハ必然ノ勢ニシテ從テ退隱料ヲ支出スルノ場合ハ實際上甚タ少ナカルヘキカ故ニ是等ノ事ハ決シテ慮ルニ足ラス況ンヤ市ニ名譽職ヲ設クルニ於テハ其行政ノ費用モ從テ大ニ減少スヘキニ於テオヤ又況ンヤ市ノ盛衰ハ有爲ノ人材ヲ得ルノ多少ニ關スルモノニシテ有爲ノ人材ヲ得ルト否トハ其生計ヲ安全ナラシムルト否トニ關スルニ於テオヤ實ニ市ノ自治權ヲ得ルニ於テハ退隱料負擔ノ如キ何ソ之ヲ重シトスルニ足ランヤ

第七十八條 有給吏ノ給料退隱料其他第七十五條ニ定ムル給與ニ關シテ異議アルトキハ關係者ノ申立テ

退隱料ノ停止及廢止

ニヨリ府縣參事會之ヲ裁決ス其府縣參事會ノ裁決ニ不服アルモノハ行政裁判所ニ出訴スルコトヲ得

（註）有給吏員ノ給料退隱料及名譽職員ノ實費辨償額幷ニ報酬額ニ關シテ市ト吏員トノ間ニ異議アルトキハ司法裁判ニ附セスシテ其關係者ノ申立テニヨリ府縣參事會之ヲ裁決シ尚不服ナレハ行政裁判所ニテ終審ノ裁判ヲナスコトセリコレ蓋シ十分ナル保護法ナリト考フ

第七十九條　退隱料ヲ受クルモノ官職又ハ府縣郡市町村及公共組合ノ職務ニ就キ給料ヲ受クルトキハ其間之ヲ停止シ又ハ更ニ退隱料ヲ受クルノ權ヲ得ルトキハ其額舊退隱料ト同額以上ナルトキハ舊退隱料ハ之ヲ廢止ス

（註）有給市吏員ノ職ヲ退キ退隱料ヲ受ク可キモノニシテ更ニ本條ニ列記セル他ノ有給ノ職務ニ就キタルトキハ其在職間之ヲ給ス

ルヿヲ停止シ退職ノ後復タ之ヲ給スルヿト知ル可シ是レ蓋シ退隱料ヲ給ス可キ必要ナケレハナリ且又是等ノ者カ更ニ他ノ職務ヲ退キタルノ結果トシテ退隱料ヲ受クルノ權ヲ得ル場合ニ其額舊退隱料ヨリ多キトキハ舊退隱料ハ之ヲ給與スルノ必要ナキ故之ヲ廢止スルモノトス

第八十條　給料退隱料報酬及辨償ハ總テ市ノ負擔トス

(註)コレハ固ヨリ當然ノヿニシテ自治ノ原則ヨリ考ルモ斯クセサル可カラサルヿト知ル可シ

第四章　市有財産ノ管理

(註)法律上無形ノ人ヲ作ルニハ必ス(一)財産所有(二)權利執行(三)義務負擔ノ三事ナカルヘカラス故ニ市ヲシテ一ノ無形人ト爲シ恰カモ一己人ノ如ク其事業ヲ執行セシメントスルニハ必ス財産ヲ有セシメ之ヲ基本トシテ收入ノ一部ニ充テサルヘカラス市ニシテ財産ナケレハ到底十分ノ獨立ヲ得ルヿ能ハス設ヒ一時財産ヲ有

スト雖圧適當ニ之ヲ管理シテ益々之ヲ増殖スルヿヲ勉メスンハ久シカラスメ費消シ盡スニ至ルヿナシトセス是レ此事ノ必要ナル所以ニメ且ツ此財産ノ額ハ最モ明細ニ調査シ置カサルヘカラス若シ然ラスメ單ニ土地何百坪トカ公債證書何萬圓トカ記シ置クトキハ公債證書ノ如キハ猶ホ一見シテ其性質ヲ知リ易キモ土地ニ至テハ肥沃ナル所アリ磽确ナル所アリ其收入一ナラス且運輸交通ノ便否ニ由テ之ヲ貸シ附ケテ得ル所ノ地代モ亦多少ナカルヘカラス況ンヤ其境界綿密ナラスンハ他日民法上ノ爭論ヲ起スコト屢々ニメ實際地方經濟ヲ處理スル爲ニ大ニ苦ムコト多カルヘシ

第一欵　市有財産及市税

(註)市ノ收入ヲ得ル泉源ハ四種ニメ(一)不動産、資金、營業(瓦斯局、水道等ノ類)ヨリ生スル所ノモノ(二)市ノ金庫ニ收入スル過怠金及ヒ科料(三)手數料使用料(四)市税トス本欵ハ此等財産ノ維持若クハ收入ニ關スルヿヲ規定ス

第八十一條　市ハ其不動産積立金穀等ヲ以テ基本財産ト爲シ之ヲ維持スルノ義務アリ臨時ニ收入シタル金穀ハ基本財産ニ加入スヘシ但寄附金等寄附者其使用ノ目的ヲ定ル者ハ此限ニアラス

（註）基本財産トハ之ヲ使用スルヿナク維持保存シ惟タ其レヨリ生スル收入額ヲ以テ消費スルモノニメ乃チ土地營造物積立金穀等ハ基本財産トシ之ヲ保存セサルヘカラス之ヨリ生スル使用料ノ如キハ必要アレハ消費シ然ラサレハ基本財産ニ操込ムヘキモノトス臨時ノ收入トハ寄附金穀又ハ過怠金科料ノ類ナリ此等ハ基本財産ニ加入スヘキモノナレ圧若シ寄附者ニメ寄附金ノ目的ヲ定メ貧民ノ教育費ニ充テヨトカ流行病ノ豫防費ニ充テヨトカ依賴シタル𪜈ハ其目的ノ如ク使用スルモノトス而メ若シ不得止基本財産ヲ使用セントセハ第百二十三條ニ由テ府縣參事會ノ許可ヲ得サルヘカラス

第八十二條　凡市有財産ハ全市ノ爲メニ之ヲ管理シ

及共用スルモノトス但特ニ民法上ノ權利ヲ有スル者アルトキハ此限ニ非ス

（註）市ノ財產ハ市全般ノ爲ニ之ヲ管理シ若クハ共同使用スヘキモノニシテ元トヨリ少數人ノ縱マヽニ左右スヘカラサルモノナレトモ若シ民法上ノ契約ヲ以テ市ヨリ一部ノ人ニ貸與シ其人若干年期ノ間借地權ヲ有スルカ或ハ古來特ニ或ル河水ヲ一私人ノ水車用等ニ用ヒ來レル所ノ地役權ノ如キ者アルトキハ市ハ縱マヽニ之ヲ奪フヲ得サルナリ然レトモ此民法上ノ特權ヲ有スト稱スル者ハ必ス自ラ之ヲ證明セサルヘカラス之ヲ證明スル能ハサルトキハ一般ノ使用ニ皈スヘシ

舊慣ニ由リテ特權ヲ有スル者アルトキ

第八十三條　舊來ノ慣行ニ依リ市住民中特ニ其市有ノ土地物件ヲ使用スル權利ヲ有スル者アルトキハ市會ノ議決ヲ經ルニ非レハ其ノ舊慣ヲ改ムルヿヲ得ス

（註）本條ハ例ヘハ東京市有ノ玉川ノ砂利又ハ芝浦沖ノ海藻ヲ一

人又ハ數人ニテノミ勝手ニ採收シ使用シタルカ如キ場合ニ於テ若シ舊慣ヲ破リ此市有物件使用權ヲ取戻ス爲ニハ市會ノ議決ヲ經サルヘカラス蓋シ此事ハ慣習上ノ既得權ヲ害スヘキ虞アルヲ以テ最モ鄭重ニ取扱ハサルヘカラサルナリ

第八十四條　市住民中特ニ市有ノ土地物件ヲ使用スル權利ヲ得ント欲スル者アルトキハ市條例ノ規定ニ依リ使用料若シクハ一時ノ加入金ヲ徴收シ又ハ使用料加入金ヲ共ニ徴收シテ之ヲ許可スルヿヲ得但特ニ民法上使用ノ權利ヲ有スル者ハ此限ニ非ラス

（註）市全体ノ共有財產ヲ特ニ少數ノ人ニテ使用スルノ權ヲ得ント欲シ即ヲ前例ノ川砂利海藻ノ採收又ハ公園ノ池中ノ水ヲ使用セント欲スルカ如キ場合ニハ使用料ヲ拂フカ又ハ年々ノ使用料ヲ拂フ代リニ一時ニ加入料ヲ拂フカ但シハ使用料ト加入料ヲ併セ納メサルヘカラス前條ハ慣習ニヨリ使用スル者ニシテ本條ハ

新タニ名テ使用スルモノ也

使用者ノ特ニ擔任スル費用

第八十五條　使用權ヲ有スル者(第八十三條第八十四條)ハ使用ノ多寡ニ準シテ其土地物件ニ係ル必要ナル費用ヲ分擔スヘキモノトス

(註)前條ニ示ス如ク使用料ヲ納メテ市有財產ヲ使用スルモノ數人アルトキハ各使用ノ度ニ廣狹多寡アルヘキカ故ニ其割合ニ應シテ費用分擔ノ責アリ必要ナル費用トハ建造物ナラハ營繕費土地ナラハ修築費等ノ類ナリ課稅ハ凡テ平等ヲ原則トシ本條ノ特ニ使用者ニ課スルハ例外也

使用權取上ケ又ハ制限

第八十六條　市會ハ市ノ爲ニ必要ナル場合ニ於テハ使用權(第八十三條第八十四條)ヲ取上ケ又ハ制限スルコヲ得但特ニ民法上使用ノ權利ヲ有スル者ハ此限ニ非ス

(註)慣習上若クハ使用料徵收ニヨリ特ニ使用ヲ許ルシタル權利モ市ノ必要アレハ市會ハ之ヲ取リ上ケ又ハ制限スルコヲ得是レ

市ハ其市内ノヿニ關シテハ主權者ナルヲ以テ市全体ノ必要ノ爲メニハ一部特殊ノ人ノ利益ヲ枉ケルヿモ得ヘキナリ然レ共若シ明カニ此事ヲ規定シ置カサレハ權利ヲ害セラレタリト云フノ恐レアルヲ以テ豫メ此制限ヲ設ケタリ尤モ民法上特ニ有スル所ノ權利ハ市會ト雖圧縱ニ之ヲ侵犯スルヿ能ハサル也且第百廿三條ニ之ヲ規定スル如ク之ヲ取リ上ケ又ハ制限スルニハ府縣參事會ノ許可ヲ受ケサルヘカラストハ是レ細民無產ノ徒ノ不利ヲ防カンカ爲メナリトス

第八十七條　市有財產ノ賣却貸與又ハ建築工事及物品調達ノ請負ハ公ケノ入札ニ付スヘシ但臨時急施ヲ要スルキ及入札ノ價額其費用ニ比シテ得失相償ハサルキ又ハ市會ノ認許ヲ得ルキハ此限ニ非ス

(註)官有物ヲ拂ヒ下ケ若クハ公共事業ノ請負ヲ爲サシムルニ當テハ屢々情實其間ニ行ハレ公共ノ利益ヲ犧牲ニシテ少數ノ私利ニ供スルヿ從來ノ實例ニ於テ輙モスレハ免レサルノ弊ナリシヲ

以テ此等ノヿハ凡テ公ケノ入札ト爲シ惟タ臨時急速ニ施行セサルヲ得サル場合及ヒ其事柄甚タ小ニシテ仰山ラシク廣ク入札セシムルモ得失相償ハサル場合幷ニ市會ノ認許ヲ得シ𪜈ハ此例外ト爲スナリ市會ハ全市民ノ代表者ナレハ市會ノ認許ハ取リモ直ホサス全市民ノ認許ナレハナリ

市ノ支出及收入

第八十八條　市ハ其必要ナル支出及從前法律命令ニ依テ賦課セラレ又ハ將來法律勅令ニ依テ賦課セラルヽ支出ヲ負擔スルノ義務アリ市ハ其財產ヨリ生スル收入及使用料手數料(第八十九條)並科料、過怠金其他法律勅令ニ依リ市ニ屬スル收入ヲ以テ前項ノ支出ニ充テ猶ホ不足アル𪜈ハ市稅(第九十條)及夫役現品(第百一條)ヲ賦課徵收スルヿヲ得

(註)市ノ必要ナル支出ハ(一)全國公益ノ爲ニスル者(二)及ヒ市限リノ公益ノ爲ニスルモノヽ別アリ全國公益ノ爲ニスルモノハ軍事警察教育等ノ費用ヲ指シ其制ハ全國ヲ通シテ適用セラルヘキモ

ノニシテ別ニ中央政府ヨリ發スヘキモノトス惟タ其部局ノ公益ニ關スル者ハ各地方各利害ヲ異ニシ情況ヲ均フセサルカ故ニ全國劃一ノ制ヲ設ルヿヲ得サレハ地方ノ適宜ニ放任セサルヘカラス此地方部局限リニ負擔スルモノヲ共同事務又ハ固有ノ事務ト爲シ全國公益ノ爲ニ中央政府ニ代テ爲ス所ノモノヲ國政委任事務トス而シテ此委任事務及ヒ共同事務中ノ必要闕クヘカラサルモノヲ稱シテ必要事務ト謂ヒ爲サント欲セハ爲シ爲サヽラント欲セハ爲サヽルモ監督官廳ヨリ強テ迫ラルヽヿナキモノヲ隨意事務トス本條ノ其必要トハ共同事務ノ必要ナルモノニシテ法律命令又ハ勅令ニ依ルモノハ國政委任事務ナリ

市ハ既ニ如此ク必要ノ支出アリトセハ之ニ供スル收入ナカルヘカラス是レ後項ノ財産ヨリ生スル收入及使用料手數料並科料過怠金等ノ收入ヲ以テ之ニ充テヽ猶不足アルトキニ市稅及ヒ夫役現品ヲ賦課徵收スルヿヲ許シタル所以ニシテ市稅ノヿハ次條ニ規定ス夫役現品ハ古來久ク我國ニモ行レタル制ニシテ地方ニテ今猶擧

校費道路修繕費等ニ人夫ヲ賦課シ或ハ木材等ノ現品ヲ徵收スルコナキニ非ス畢竟人ニ強弱ノ別アリ物ニ精粗ノ差アリテ同一ノ人同一ノ物ニテモ全ク全キコ能ハサル故漸ヤク世ノ中複雜ニ赴クニ從カヒ何レノ場合ニモ全一性質ナル貨幣ノミヲ用ユルニ至リタレ圧場合ニ由リテハ現品人夫ヲ賦課セラルヽコ甚タ便ナルコアリ例ヘハ營業閑暇ノ季節ニ人夫ヲ出スノ類ナリ故ニ茲ニ鑒ミテ此舊制ヲ復セラレタルナリト云フ

第八十九條　市ハ其所有物及營造物ノ使用ニ付キ又ハ特ニ數個人ノ爲ニスル事業ニ付使用料又ハ手數料ヲ徵收スルコヲ得

（註）市吏員ハ市全體ノ財產ヲ以テ其給料ヲ拂フモノナル故市全體ノ爲ニ事務ヲ執ルハ當然ナレ圧若シ職務上特ニ一個人ノ爲ニ手數ヲ要スルコアラハ其手數料ヲ收メテ市ノ收入ト爲スヲ得又市ノ所有物營造物ヲ使用セシムル𬼂ハ其使用料ヲ收メテ市ノ收入ト爲スヲ得セシム手數料トハ帳簿記入又ハ警察事務上ニ於テ

特ニ一己人ノ爲ニ調査ヲ爲ストキノ收入ヲ謂ヒ使用料ヲ取ルヘキハ道路錢橋錢ノ類ナリト云フ是レ市ノ必要支出ニ充ツヘキ收入ノ一端ナリ去レハ手數料ヲ納ムル義務アルハ行政上特別ノ手數ヲ要スル者ニシテ使用料ヲ納ル義務アルハ營造物ヲ使用スル者ニ限ル

第九十條　市稅トシテ賦課スルヿヲ得ヘキ科目左ノ如シ

一　國稅府縣稅ノ附加稅

二　直接又ハ間接ノ特別稅

附加稅ハ直接ノ國稅又ハ府縣稅ニ附加シ均一ノ稅率ヲ以テ市ノ全部ヨリ徴收スルヲ常例トス特別稅ハ附加稅ノ外別ニ市限リ稅目ヲ起シテ課稅スルヿヲ要スルトキ賦課徴收スルモノトス

(註)是レ乃チ市ノ支出ニ供スル收入ヲ得ヘキ最後ノ手段ナリト雖圧他ノ收入ハ甚タ少キ故大抵ハ此市稅ヲ徴收シテ支辨セサル

ヘカラス附加税トハ從來ノ國税又ハ地方税ニ附屬シタル税率ニシテ例ヘハ國税トメ地價百分ノ二分五厘ノ地租ヲ徴收スレハ之ニ附加シテ國税ノ十分ノ二ヲ課ストセンニ乃チ地價百分ノ五厘ヲ更ニ附加税トシテ徴收スルモノ也現今ノ町村費乃チ戸別割地價割ノ如キハ皆此國税地方税ノ附加税ナリ故ニ府縣税乃チ從前ナレハ地方税ナルモノニモ此比例ヲ以テ其何分ノ一若クハ二ヲ市ノ附加税トシテ課スルモノニメ之ヲ市税賦課ノ常方トシ特別税ハ附加税ノ外ニ更ニ收入ヲ要スルトキ其市限リ特別ナル新税ヲ起スモノナリ凡ヘテ税法ノ原則トシテ特別ニ起スモノハ其税ヲ課スヘキ納税者ノ數額詳カナラザル爲メ確乎タル收入ヲ豫算スル能ハサレトモ附加税ニ至テハ年々國税又ハ府縣税ヲ徴收スル爲メ其納税者ノ數明カニ定リアル故税ヲ課スルコト甚タ容易ナリ然レトモ附加税ハ凡ヘテ國税又ハ府縣税ノ何分ヲ超過スヘカラスト豫メ全國ヲ通シ一定ヲ要スヘキモノナル故其定額外ニ支出ヲ要スルトキハ勢ヒ特別ノ税法ヲ設ケサルヲ得サル也第百二十二條

ノ第三項ニ所謂地租七分ノ一其他直接國税百分ノ五十ヲ超過スル附加税ヲ賦課スルトキハ内務大臣及大藏大臣ノ許可ヲ要スヘキモノトス而〆此割合ニ由ルトキハ地租ハ七分ノ一ニ過キザレ𪜈他ノ直接國税乃チ所得税ノ如キハ二分ノ一マテ自由ニ附加税ヲ課スルヲ得ルモノナレハ地租ハ他ニ比シテ割合ニ負擔ヲ増スヿ少ナキモノト謂フヘキナリ直接税トハ其課税セラレタル者其税ヲ負擔シテ他ニ移スヿ能ハサルモノ乃チ地租所得税ノ如キ類ヲ謂ヒ間接税トハ酒烟艸税ノ如ク課税セラル丶ト雖𪜈ソレ丈ケ其價ヲ高フシ結局其課税品ヲ消費スル所ノ者ノ負擔ト爲テ課税セラル丶者ハ苦痛ヲ感セサル種類ノ謂ナレ𪜈細カニ其性質ヲ吟味スレハ間接税ヲ課セラル丶物品ハ價高クナレハ買手少クシテ賣手モ幾分カ負擔スルヿトナリ地租ノ如キモ負擔重ケレハ其業ヲ廢スル者アリテ米ノ産額ヲ減スレハ其價ヲ増シ負擔ハ之ヲ消費スル者ニモ移ルト謂フカ如ク直接間接ノ區別甚タ困難ナリト雖𪜈要スルニ課税セラル丶者ヨリ徴收スル目的ノ税ハ直接税ニ〆

消費スル者ヨリ徴收スル目的ノ税ハ間接税ナルヘシ此品目ハ第百三十一條ニ於テ内務大臣及大藏大臣之ヲ告示スト云ヘリ

第九十一條　此法律ニ規定セル條項ヲ除クノ外使用料、手數料(第八十九條)特別税(第九十條第一項第二)及從前ノ區町村費ニ關スル細則ハ市條例ヲ以テ之ヲ規定スヘシ其條例ニハ科料一圓九十五錢以下ノ罰則ヲ設クルコトヲ得

科料ニ處シ及之ヲ徴收スルハ市參事會之ヲ掌ル其處分ニ不服アル者ハ令狀交付後十四日以内ニ司法裁判所ニ出訴スルコトヲ得

(註)税ヲ課セントスルニ當リ之ヲ免レンヿヲ謀ルモノアルハ其常ナルヲ以テ若シ之ヲ罰スル制裁ナクンハ到底目的ヲ達スル能ハス是レ此等收入ニ關スル市條例ニ罰則ヲ設ルヿヲ得ル所以ナリ科料ニ處シ及ヒ之ヲ徴收スルハ制裁ノ執行ナルヲ以テ執行官ナル市參事會之ヲ掌トリ之ニ對シテ不服ナレハ司法裁判所ニ訴

フヘキモノトス科料ハ此場合ニテハ行政規則ノ制裁ナレ𪜈既ニ科料タル以上ハ刑法上ノ違警罪ナルヲ以テ司法權ノ範圍内ニ入リ從テ其處分ニ不服ナル者ハ司法裁判所ニ訴フル也

課税スヘキ人

第九十二條　三ケ月以上市内ニ滯在スル者ハ其市税ヲ納ムル者トス

但シ其課税ハ滯在ノ始メニ溯リ徴收スヘシ

(註)市税ハ必スシモ其地ニ永久住居スル者ノミニ課スルニ非ス其地ニ三ケ月以上滯在スルトキハ寄留者ト雖𪜈課税セラルヘク且ツ三ケ月ノ初ニ溯ルトハ例ヘハ一月ヨリ滯在シテ四月ニ至レハ更ニ一月分ヨリ課税スルナリ

課税スヘキ物

第九十三條　市内ニ住居ヲ搆ヘス又ハ三ケ月以上滯在スルコトナシト雖𪜈市内ニ土地家屋ヲ所有シ又ハ營業ヲ爲ス者(店舖ヲ定メサル行商ヲ除ク)ハ其土地家屋營業若クハ其所得ニ對シテ賦課スル市税ヲ納ムルモノトス其法人タルトキモ亦同シ但郵便電

所得税ニ附加税ヲ課スル場合

信及官設鐵道ノ業ハ此限ニ在ラス

（註）其地ニ當テ住セサルモ其地ニ土地家屋ヲ有シ又ハ場所ヲ定メテ營業スルモノハ其土地家屋又ハ其所得額ニ對スル市税ヲ納メサルヘカラス其課税セラルヽ者總テノ人ニアラスソ銀行會社等ノ如キ法律上人ト認定セラレタル無形人モ人ト全一ニ納税ノ義務アリ唯タ官ノ事業ニ係ル所ノ郵便電信ト鐵道トハ家屋ヲ有シ業ヲ營ムト雖モ課税ヲ免ルヽモノトス

第九十四條　所得税ニ附加税ヲ賦課シ及市ニ於テ特別ニ所得税ヲ賦課セントスルトキハ納税者ノ市外ニ於ケル所有ノ土地家屋又ハ營業（店舗ヲ定メサル行商ヲ除ク）ヨリ收入スル所得ハ之ヲ控除ス可キモノトス

（註）所得税ニ對シ附加税等ヲ課セントスル件市外ノ所得ヲ算入セサルハソレ丈ケ既ニ他ノ市町村ニ於テ賦課セラルヽ件免ルヽヲ得サルモノナル故時トシテ二重ノ課税ヲ受ケンコヲ慮ルナリ去

課税分割

レハ店舗ヲ定メサル行商ノ如キ他ノ市町村ニテ課税セラルヽナナキ者ハ市外ノ所得モ算入ス

第九十五條　數市町村ニ住居ヲ搆ヘ又ハ滯在スル者ニ前條ノ市税ヲ賦課スルトキハ其所得ヲ各市町村ニ平分シ其一部分ニノミ課税ス可シ但土地家屋又ハ營業ヨリ收入スル所得ハ此限ニ在ラス

（註）本條ハ例ヘハ東京ト横濱ト靜岡トニ支店ヲ有シ彼此往來シテ數所ニ住居若クハ滯在スル場合ニ右ノ三所ニテノ所得一萬二千圓トスル𪜈ハ之ヲ平分シテ其三分ノ一宛東京横濱ト靜岡トニ於テ課スルナリ然レ𪜈此レハ唯タ所得ノミノヿニ〆土地家屋ノ如キ東京ニ在ルモノハ凡テ東京靜岡ニ有スル者ハ凡テ靜岡ニ於テ賦課スヘキモノトス

免税スヘキ入

第九十六條　所得税法第三條ニ揭ル所得ハ市税ヲ免除ス

（註）所得税法第三條ニ曰ク左ニ揭クル者ハ所得税ヲ課セス第一

軍人從軍中ニ係ル俸給第二官私ヨリ受ル旅費傷痍疾病者ノ恩給金及孤兒寡婦ノ扶助料第三營利ノ事業ニ屬セサル一時ノ所得ト此内第一ハ凡テ軍人ノ戰爭ニ從事スル𪜈ニ當テ其性命ハ何時失フベキカ測リ知ルヘカラスソ實ニ性命ヲ擲テ國家ノ爲メニ盡力スル場合ナルヲ以テ之ヲ課セス亦第二ノ旅費ハ是レ假令收入ネルモ其人ノ利益トナルニ非ス全ク旅行ノ爲ニ使用スヘキ部分ナレハ若シ之ニモ課税スル𪜈ニハ十分相當ノ旅費ヲ費ヤシテ身分相應ノ旅行ヲ爲シ難ケレハナリ亦負傷者ノ恩給孤兒寡婦ノ扶助モ皆國事ノ爲ニ勤メテ死亡又ハ負傷シ生活ノ道ヲ失ヒタル者ニ身分相當ノ給與ヲナスモノニソ若シ之ニ課税スルコトアラハ生活ノ必要費ニ課税スルト全シクシテ何人ニテモ三百圓以下ノ收入ニハ所得税ヲ課セサルノ主意ニ背クナリ又營利ノ事業ニ屬セサル一時ノ所得トハ商賣ニアラサル事業ヨリ唯タ一時限リ收入アルモノニソ此等ハ年々永ク續ヒテ收入アルモノヽアラサレハ今年課スルモ來年課スルヿ能ハサル性質ナルヲ以テ之ヲ課セサ

ルナリ以上ハ所得稅ヲ課セサルノ主意ナレ𪜈其理由ハ亦此場合ニモ適用セラレ市稅ヲ免除スルト云フナリ

免稅スヘキ物

第九十七條　左ニ揭クル物件ハ市稅ヲ免除ス

一　政府府縣郡市町村及公共組合ニ屬シ直接ノ公用ニ供スル土地、營造物及家屋

二　社寺及官立公立ノ學校其他學藝、美術及慈善ノ用ニ供スル土地、營造物及家屋

三　官有ノ山林又ハ荒蕪地但官有山林又ハ荒蕪地ノ利益ニ係ル事業ヲ起シ內務大臣及大藏大臣ノ許可ヲ得テ其費用ヲ徵收スルハ此限ニ在ラズ

新開地及開墾地ハ市條例ニ依リ年月ヲ限リ免稅スルヿヲ得

（註）本條ノ第一項ハ院省府縣ノ廳舍或ハ鎭臺兵營海軍鎭守府ノ如キ又ハ郡市町村ノ役場等ニ用ユル土地建物等ニシテ第二項ハ

免税スヘキ人

本文ニ示ス通リノ者第三項ノ官林及ヒ荒蕪地ハ免税ナリト雖圧若シ之ヲ利用スヘキ事業ヲ起シ其事業ニ關スル費用ヲ要スル片ニハ其土地ヨリ徴收スルヿヲ得尤モ之ヲ爲スニハ内務大臣及大藏大臣ノ許可ヲ受クルコトヲ要ス蓋シ凡テ土地人口ノ事ハ内務省ノ所管ニソ收入ニ關スルヿハ大藏省ノ事務ナレハナリ又タ新開地開墾地ノ如キハ其開拓費ヲ辨償セシムル爲メ若干年月ヲ限リ免税スルヿハ市條例ヲ以テ之ヲ定ムルヿヲ得セシム

第九十八條　前二條ノ外市税ヲ免除ス可キモノハ別段ノ法律勅令ニ定ムル所ニ從フ皇族ニ係ル市税ノ賦課ハ追テ法律勅令ヲ以テ定ムル迄現今ノ例ニ依ル

（註）前條ハ免税スヘキ土地ニシテ本條ト第九十六條トハ免税スヘキ人ヲ定メタルモノ也尤モ他ニ尚ホ法律勅令ニ由テ人及ヒ土地ノ免税スヘキ者ヲ定メラルヿアルヘシ

特別ニ課スヘキ者

第九十九條　數個人ニ於テ専ラ使用スル所ノ營造物

アルキハ其修築及保存ノ費用ハ之ヲ其關係者ニ賦課ス可シ

市內ノ一區ニ於テ專ヲ使用スル營造物アルトキハ其區內ニ住居シ若クハ滯在シ又ハ土地家屋ヲ所有シ營業(店舖ヲ定メサル行商ヲ除ク)ヲ爲ス者ニ於テ其修築及保存ノ費用ヲ負擔ス可シ但其一區ノ所有財產アルトキハ其收入ヲ以テ先ツ其費用ニ充ツ可シ

(註)本條モ亦課稅平等ノ原則ノ例外ニメ惟ダ數個人ノミ專用シ他人ノ使用セサル營造物ノ修築補存費ハ其關係者ノミニ賦課シ亦市ノ內數區ニ分レ其內ノ一區又ハ一部ノミ專用スルモノハ其一區部ノミニ其費用ヲ負擔セシムルモ是レ元ト所謂市町村稅ハ總テノ納稅義務者ト平等ニ賦課ストテフノ主義ニ反スルヲ以テ第百二十三條第八項ニ規定スルカ如ク官ノ許可ヲ得ヘキモノトス例ヘハ撿黴院ノ費用ハ貸座敷娼妓等ニノミ賦課スルカ如キハ前

者ノ例ニシテ東京ノ市ヲ數區ニ分カタハ淺艸區役所ノ費用ハ淺艸區人民ノミニ課スルカ如キハ後者ノ例ナリ

納稅義務ノ起滅

第百條　市稅ハ納稅義務ノ起リタル翌月ノ初ヨリ免稅ノ理由ノ生シタル月ノ終迄月割ヲ以テ之ヲ徵收スヘシ會計年度中ニ於テ納稅義務消滅シ又ハ變更スルトキハ納稅者ヨリ之ヲ市長ニ屆出ツヘシ其屆出ヲ爲シタル月ノ終迄ハ從前ノ稅ヲ徵收スルヿヲ得

（註）此等ハ他ニ理由アルニ非ス唯タ便宜上ヨリ納稅義務起リ例ヘハ月給ヲ增シテ所得稅ヲ納ムヘキ身分トナリシトカ又ハ土地ヲ讓リ受ケテ土地ノ負擔ヲ帶フヘキ者トナリタルトキニ其翌月ヨリ課稅ヲ徵收ス其代リニ免職トナリ又ハ土地ヲ讓リ渡シテモ其月ハ尙ホ納稅ノ義務アルモノトセシナリ

夫役及現品賦課

第百一條　市公共ノ事業ヲ起シ又ハ公共ノ安寧ヲ維持スルカ爲ニ夫役及現品ヲ以テ納課者ニ賦課スルヿヲ得但學藝美術及手工ニ關スル勞役ヲ課スルヿ

ヲ得ス」夫役及現品ハ急迫ノ場合ヲ除クノ外直接市税ヲ準率ト爲シ且之ヲ金額ニ算出シテ賦課スヘシ夫役ヲ課セラレタル者ハ其便宜ニ從ヒ本人自ラ之ニ當リ又ハ適當ノ代人ヲ出スコヲ得又急迫ノ場合ヲ除クノ外金圓ヲ以テ之ニ代フルコヲ得

（註）此法ハ市制ヨリハ寧ロ町村制ニ於テ必要ヲ見ルモノニシテ道路河溝堤防ノ修築防水防火又ハ學校病院ノ修繕等ニハ必ス人夫又ハ現品ヲ要スル者ナルニ強ヒテ金納ニテ課税シ而シテ之ヲ一方ニ賃銀又ハ代價トシテ支拂フヨリハ初メヨリ夫役現品ヲ用ユル方納税者ニ便利ナルコアリテ現ニ地方ニハ其制ノ行ハル、所少ナカラス然レﾄﾓ米穀又ハ運搬人夫ノ如キハ學藝美術ヲ要スルコモナク價値ニ等差ナキモノヲ用ユルハ便ナレﾄﾓ人ノ勞力ニハ種々等差アリテ一日十五錢カ二十錢ノ賃銀ニ甘ンスル勞力者モアレハ書工彫刻師ノ如キ一時間ニ十圓二十圓ノ收入ヲ得ヘキ手工ヲ有シ又ハ高價ナル著述ニ從事スル學者等ノ勞力ハ頗ル高價ナル

モノナルニ之ヲ以テ夫役ニ供セシメントスルハ甚タ失當ナルヲ以テ之ヲ課スルコヲ得スト定メ且ツ夫役現品ヲ課スルニモ必ス先ツ其賃銀價値ヲ算定シ市税ニ相當スヘキ割合ヲ以テ賦課スヘキカ故ニ納税者ハ便宜ノ方ヲ撰ミ金圓ヲ納ルカ若クハ夫役現品ヲ納ルカノ何レヲ取ルコヲモ得セシム尤モ水火災ノ如キ急迫ノ場合ニハ市税ノ割合ニ關セス又納金ヲ許サスシテ夫役又ハ現品ヲ賦課スルコアリ此等ハ國家モ自治体モ皆有スヘキ所ノ非常權ナルモノニシテ戰爭ノ時ニ承諾ノ有無ヲ問ハス現品又ハ夫役ヲ使用スル徵發處分ト相類似ス蓋シ隄防將サニ洪水ノ爲ニ破レ又ハ全街大火ノ爲ニ焦土トナラントスルカ如キ場合ニハ百万圓ノ紙幣ヲ列ヘテモ此急迫ノ用ニ適セサレハナリ

第百二條　市ニ於テ徵收スル使用料、手數料（第八十九條）市税（第九十條）夫役ニ代フル金圓（第百一條）共有物使用料及加入金（第八十四條）其他市ノ收入ヲ定期內ニ納メサルトキハ市參事會ハ之ヲ督促シ猶之ヲ完納セサルトキハ國稅滯納處分法ニ依リ之ヲ徵收ス可シ其督促ヲ爲スニハ市條例ノ規定ニ依リ手數料ヲ徵收スルコトヲ得、納稅者中無資力ナル者アルトキハ市參事會ノ意見ヲ以テ會計年度內ニ限リ納稅延期ヲ許スコトヲ得其年度ヲ越ル場合ニ於テハ市會ノ議決ニ依ル、本條ニ記載スル徵收金ノ追徵、期滿得免、及先取特權ニ付テハ國稅ニ關スル規則ヲ適用ス

（註）市ノ收入ヲ受領スルハ收入役ノ事務ナレトモ若シ其收入ヲ定期內ニ納メサルトキハ相當ノ處置ヲ施コサヽルヘカラス此時ニハ市ノ收入支出命令權ヲ有スル所ノ市參事會之ヲ督促シ完納セサルモノアレハ財產公賣ノ處分ヲ以テ之ヲ徵收シ督促ノ爲ニ特ニ要スル手數料ハ其督促セラルヽ者ヨリ徵收スヘク他ノ無關係ノ者ニマテ負擔セシムヘカラストナス也而シテ實際無資力ニシテ納稅シ難キ者ニ對シ一モ二モナク公賣處分ヲ行ハンヨリハ暫時ノ猶豫ヲ與ヘテ融通方法ヲ求メ納稅スルコトヲ得セシムルニ至ルヲ待

ツハ是レ成ルヘク公賣處分ヲ避ルノ一手段ニシテ而シテ若シ之ヲ猶豫スルモ其會計年度ヲ過ルトキハ其年度內ノ收入ニ不足ヲ生シ決算ニ苦ムヲ以テ此時ニハ特ニ市會ノ議決ニ依ラサルヘカラス會計年度ハ政府ノ會計年度ニ仝キ旨第百七條ニ規定セルヲ以テ四月一日ヨリ翌年三月卅一日マテヲ一會計年度ト爲スモノナリ而シテ國稅ニテモ地方稅又ハ市稅ニテモ公ケノ費用ノ爲ニ一已人ヨリ徵收スル者ハ皆仝一性質ノ租稅ナルヲ以テ之ヲ徵收スルニハ同一ノ權力ヲ以テス故ニ徵收ニ漏レタル者アレハ之ヲ追徵シ亦當然徵收スヘキヲ徵收セスシテ定期ノ年月ヲ過レハ期滿免除ト爲テ全ク徵收ヲ免ルヽノ權ヲ得セシメ若シ又納稅者身代限ヲナストキニハ租稅ハ他ノ債主ニ先ツテ特別ニ先取權ヲ有スル等ハ凡テ國稅ノ塲合ト仝一ナリトセシナリ

地租ノ附加稅及ヒ其他ノ土地ニ賦課スル町村稅

第百三條　地租ノ附加稅ハ地租ノ納稅者ニ賦課シ其他土地ニ對シテ賦課スル市稅ハ其所有者又ハ使用者ニ賦課スルヿヲ得

（註）地租ハ元來地主ノ納ムルモノ故之ニ對シテノ附加稅ハ地主之ヲ納ムヘキモノナレ圧地租ノ附加稅ニアラスシテ土地ニ賦課スル市稅ハ地主カ又ハ借地人カノ內何レニモ賦課スルヲ得ルト云フナリ所有者ト使用者トヲ區別シタルハ頗ル完全ノ方法ニシテ將來ハ收獲ナキ所有權ヲ有スルヿモ多カルヘシ例ヘハ甲者所有シテ其收獲ハ乙者ノ生存間乙者ニ與フルガ如キヿハ子女ノ嫁入ノ節ニ持參セシムル財產中ニ屢々アルヘキモノトス此塲合ニ現在ノ其土地ノ使用者ニ課稅スルヿ甚ダ好シ

課稅ニ對スル訴願ヲナスヘキ期限

第百四條　市稅ノ賦課ニ對スル訴願ハ賦課令狀ノ交付後三ヶ月以內ニ之ヲ市參事會ニ申立ツヘシ此期限ヲ經過スルトキハ其年度內減稅免稅及償還ヲ請求スルノ權利ヲ失フモノトス

（註）賦課令狀トハ納稅額及ヒ其稅ノ名稱上納ノ期日塲所等ヲ記載シテ各納稅者ヘ配賦シ上納ヲ命令スル所ノ切符ナリ即チ從前戶長役塲又ハ區役所ヨリ配附スル所ノモノト異ルヿナシ之ヲ受

取テ後納ムヘカラサル理由アラハ三ケ月以內ニ市參事會ニ申立ツヘク若シ此期限ヲ過レハ假令如何ナル理由アルモ免税又ハ減税セラルヽコトナシ又一旦納メタル後ノ償還ヲモ乞フヲ得ス蓋シ大抵ノ場合ハ令狀ヲ渡シテ後五日カ十日ニテ上納期トナスヲ以テ一應之ヲ納メタル上ニテ其免税又ハ減税ノ理由アレハ之ヲ申立ルヘキモノニシテ市參事會之ヲ當然ト見認メタル後償還スルヲ常トスルモ其理由ノ申立遲延シテ定期ノ日數ヲ過レハ償還セラルヽコトナキ也

第百五條　市税ノ賦課及ヒ市ノ營造物市有財產並其所得ヲ使用スル權利ニ關スル訴願ハ市參事會之ヲ裁決ス但民法上ノ權利ニ係ルモノハ此限ニ在ラス
前項ノ裁決ニ不服アル者ハ府縣參事會ニ訴願シ其府縣參事會ニ不服アル者ハ行政裁判所ニ出訴スルコトヲ得本條ノ訴願及訴訟ノ爲メニ其處分ノ執行ヲ停止スルコトヲ得ス

（註）市稅ヲ初メ其市有財產財用ノ爲ニ徵收セラルヘキ收入ニ對シ不服ヲ抱キ權利ヲ害セラレタリト考フル場合例ヘハ課スヘカラサルノ市稅ヲ課セラレ徵收セラルヘカラサル所ノ使用料ヲ徵收セラレタリト考フルトキハ先ツ市參事會ノ裁決ヲ求メ市參事會ノ裁決ニ不服アレハ府縣參事會ノ裁決ヲ求メ尙ホ不服アルトキニハ行政裁判所ニ出訴スルコトヲ得ルナリ（此行政裁判所府縣參事會ノコトハ第百二十七條ニ說明ス）而シテ以上述ル所ハ行政上ヨリ當然徵收スヘキ公法上ノ權利ヲ行フ者ニ對シテ爲スヘキ訴願ナルヲ以テ司法裁判所ニ出ル能ハサレトモ市ヨリ契約ヲ以テ借用シタル土地建物等ニ關シテハ私法上ノ權利ヲ害セラルヽ者ナル故ニ普通ノ訴訟ト全ク民法訴訟法ノ手續ニ由テ司法裁判所ニ出訴セサルヘカラス公法ト私法トノ區別ヲ玆ニ一言セン公法トハ憲法行政法刑法治罪法ノ如キ一國內全般ノ人ニ對シ其治安ヲ保ツ爲ニ何人ヲ問ハス普ネク全人民ヲ支配スル權力ヲ規定スルモノニシテ私法トハ一己人ト一己人トノ間ノ權利義務ヲ規定スル所ノ

民法商法訴訟法等此レナリ故ニ府縣郡市町村カ其部内ノ何人ヲ問ハス全人民ニ對シテ支配權ヲ行フ丁ハ行政上乃チ公法上ノ權利ナレ圧特ニ定リタル人ニ對シ市又ハ町村ト云フ一ノ無形人ト爲テ貸借ノ契約ヲ結ヒタル場合ノ如キハ民法乃チ私法上ノ權利義務ナリ此民法上ノ權利義務ヲ强テ執行セントスル圧ハ必ス司法裁判所ニ出訴セサルヘカラサルカ故ニ此行政上ノ法律ナル市町村制ニハ規定セサル也

第百六條　市ニ於テ公債ヲ募集スルハ從前ノ公債元額ヲ償還スル爲メ又ハ天災時變等已ムヲ得サル支出若クハ市ノ永久ノ利益トナルヘキ支出ヲ要スルニ方リ通常ノ歲入ヲ增加スル圧ハ其市住民ノ負擔ニ堪ヘサルノ場合ニ限ルモノトス市會ニ於テ公債募集ノ事ヲ議決スル圧ハ併セテ其募集ノ方法利息ノ定率及償還ノ方法ヲ定ムヘシ償還ノ初期ハ三年以内ト爲シ年々償還ノ歩合ヲ定メ募集ノ時ヨリ三

十年以内ニ還了スヘシ、定額豫算内ノ支出ヲ爲スカ爲メ必要ナル一時ノ借入金ハ本條ノ例ニ依ラス其年度内ノ收入ヲ以テ償還スヘキモノトス但此場合ニ於テハ市會ノ議決ヲ要セス

（註）從來公債募集ノ權ハ政府特リ之ヲ有シ地方ニ於テハ如何ニ必要アルモ之ヲ募ルヿヲ許サレザリシカ此ニ至テ募集ノ權ヲ許サル尤モ公債ヲ募ヘキ場合ハ大抵租税ヲ以テ支辨スルモ猶足ラサル非常ノ經費ニシテ強ヒテ之ヲ租税ニ由ラントスル片ハ夥多シキ租税ヲ課セサルヲ得スシテ爲ニ大ニ民力ヲ減シ産業ヲ衰頽セシメテ他日正當ノ租税ヲ課スヘキ泉源ヲ涸ラスノ憂アル場合ニ之ヲ募ルヘキモノニシテ國家ノ公債ノ大部分ハ常ニ戰爭入費ノ支辨ニ係リシモノナレ圧此等ノ費用ハ一地方ノ特ニ負擔スルヿナキモノナレハ國家ニ比シテ地方ハ公債募集ノ必要少シトス然リト雖圧亦必スシモ之ナキニ非ス乃チ(一)從前借用セル公債元額償却ノ爲ニスル片此レハ我國ニハ從來地方ノ公債ナキヲ以テ

目下ニ必要ナキニ似タリ(二)天災時變等已ムヲ得サル片ノ支出此レハ火災水害等ノ臨時不慮ノ失費アル片ナリ(三)永久ノ利益トナルヘキ支出トハ東京灣ノ築港又ハ新瀉港ノ改修等ノ類ニシテ其利益ヲ永ク後世ニ遺スモノナレ圧之ヲ爲ス爲ニハ一時非常ニ巨額ノ經費ヲ要スル場合ニ限リ之ガ募集ヲ許スモノニシテ乃チ第一項ハ募集スルヲ得ヘキ各場合ヲ示シ第二項ハ償還ノ方法ヲ規定シ第三項ハ惟タ其會計年度内ノ收入ヲ以テ支辨スヘキモ一時不足ヲ生シタル片暫時ノ負債ヲ起シ得ル場合ハ例外ト爲シタルモノ也募集ノ方法トハ額面金百圓ノ公債證書ヲ割引乃チ九十圓又ハ九十五圓等ニ賣リ出スカ又ハ百圓ノ額面公債ヲ百圓ニ賣リ出シ外ニ若干ノ打歩ヲ應募者ニ與フルカ如キ方法ヲ設ケ又ハ應募ノ申込豫定額ヨリ超過スル片ニ其申込額ノ割合ニ隨フテ申込額ヨリモ減少セシムル方法等ノ謂ニシテ利息ノ定率トハ額面ノ百分ノ何分ト定ムルノ類ナリ此レモ額面百圓ヲ百圓ニ賣リ出シテ五分ノ利子ヲ附スルト額面百圓ヲ六十圓ニ賣リ出シテ三分ノ利子

ヲ附スト ハ收入ニ對スル利子ノ割合全キ故償還ノ永遠ニ渉ルモノハ殆ト全一結果ナレ𪜈此法律ニハ三十年以内ノ償還ト云フ制限アル故能ク彼此折衷シ理事者ハナルヘク利息安スクシテ應募人ノ多キ方法ヲ求メサルヘカラス去リナカラ利息安キ𬼂ハ年々ノ負擔重カラサルニ甘ンシテ償還ヲ永遠ニ延ハスノ憂アルヲ以テ必ス募集后三年ヨリ初メテ三十年ノ間ニ償還スヘシトセルナリ而シテ收入ト支出ト頻頻ナル市ニ於テハ一時收支ノ償ハサルヿアルモ免レサルヿナレハ定額豫算内ノ收支ノ爲ニスル暫時ノ負債ハ市參事會ニ委子テ市會ノ議決ヲ要セス然レ𪜈若シ町村ナラハ常ニ此等ノ必要アルヿ稀ナルヲ以テ町村會ノ議決ヲ要スルヿハ町村制ニ由テ見ルヘシ

第二款　市ノ歳入出豫算及決算

（註）第一款ハ市ニ必要アル𬼂收入シ得ヘキ各項目ト及ヒ之ヲ收入スル方法ヲ規定シタルモノニシテ本款ハ既ニ此等ノ收入ヲ得タル後之ヲ支出スルニ當テ如何ニ執行スヘキカヲ規定スルモノ

トス故ニ本款ニ示ス所ハ國家ノ上ニ在テハ會計法ヲ以テ定ル所ノモノニシテ之ヲ市ノ會計法ト稱スルモ可ナリ故ニ今本款ノ解釋ヲ爲サントスルニハ先ツ一般ノ會計原則ヲ一言スヘシ

會計ヲ區別シテ三階級トス第一立法會計第二行政會計第三裁判會計是ナリ立法會計トハ理事者ヨリ提出シタル所ノ歳入出豫算ヲ審議シ適當ニ之ヲ議決スルモノニシテ一國ナラハ國會府縣ナラハ府縣會市町村ノ場合ニハ市町村會之ヲ議決シ其議決ハ其區域内ニ在テハ一ノ法律ニシテ理事者ハ是非トモ之ヲ遵奉シ其議決以外ニ收入スルヿ能ハス亦支出スル能ハス且ツ其數多ノ科目ヲ各別ニ議決シ其各科目ノ間ニ流用ヲ許サヽル𪜈ハ甲ノ費目ニ剩餘アリテ乙ノ費目ニ不足アルモ縱マヽニ流用スル能ハサル也故ニ此豫算ノ議決ヲ立法會計ト云フ行政會計トハ前ニ議決セラレタル豫算ノ如ク收入シ支出スルノ謂ニシテ一國ナラハ大藏大臣之ニ任シ市町村ニ於テハ收入役之ヲ掌トルナリ裁判會計トハ理事者カ果シテ豫算ノ如ク執行シタルヤ否ヤヲ檢査シ不都合ナケレハ免

責乃チ執行ヲ完結シテ最早責任ナシト云フノ申渡ヲナシ然ラサレハ之ヲ罰スルノ權アルモノニメ一國ナラハ會計檢査院ノ職トス今市町村制ニハ町村長又ハ市參事會之ヲ審査シ而後其決算報告ヲ立法部ナル所ノ市會町村會ニ報告シ其認定ヲ受ルモノトス故ニ本欵ニ定ル所ハ主トシテ行政會計ト立法裁判二會計ノ各一部ヲ規定ス立法會計ハ第三十一條市會ノ職務權限中第三ノ歳入出豫算ヲ定メ豫算外ノ支出及豫算超過ノ支出ヲ認定スルヿ第四決算報告ヲ認定スルヿト云フカ如キ是ナリ裁判會計ハ第六十四條市參事會ノ職務權限中第三市ノ歳入ヲ管理シ歳入出豫算表其他市會ノ議決ニ依テ定リタル收入支出ヲ命令シ會計及出納ヲ監視スルヿ第五市吏員及使丁ヲ監督シ市長ヲ除クノ外其他ニ對シ懲戒處分ヲ行フヿ是ナリ今此立法會計ト裁判會計ヲ除キテ純粹ナル行政會計ノ事務ヲ分テハ三トナル乃チ理由書ニモ示ス如ク定額豫算表ヲ調整スルヿ收入支出ヲ爲スヿ決算報告ヲ爲スヿ是レナリ

第百七條　市參事會ハ每會計年度收入支出ノ豫知シ得可キ金額ヲ見積リ年度前二ケ月ヲ限リ歳入出豫算表ヲ調製ス可シ但シ市ノ會計年度ハ政府ノ會計年度ニ同シ內務大臣ノ省令ヲ以テ豫算表調製ノ式ヲ定ルヿヲ得

（註）是レ所謂行政會計ノ第一段ニシテ一ケ年度間ノ必要ナル歳入出豫算表ノ調製ナリ會計年度ハ政府ノ會計年度ト全ク四月一日ニ初テ翌年三月卅一日ニ了ル政府ノ會計ハ地租多キ故翌年三月頃マテニ非レハ農夫ハ收穫ノ米穀ヲ賣テ租稅ヲ納ルヿ能ハサル等ノ都合ニ由ルモノニシテ市町村ノ稅ニモ亦全國ノ一定ヲ計リテ政府ノ會計年度ト均クセルナリ且ツ其豫算表ハ全國區々ノ制ヲ用ルトキハ中央ニ集メテ全國統計表ヲ作ルニ一大不便ナルヲ以テ內務省ハ省令ヲ出シテ全國一定ノ簿記法統計法ヲ用ヰシムルヿアルヘシト云フ也年度前二ケ月ヲ限ルハ其間ニ市會ノ議決ヲ經ンカ為ナリ

第百八條　豫算表ハ會計年度前市會ノ議決ヲ取リ之ヲ府縣知事ニ報告シ並地方慣行ノ方式ヲ以テ其要領ヲ公告スヘシ豫算表ヲ市會ニ提出スルトキハ市參事會ハ併セテ其市ノ事務報告書及ヒ財産明細表ヲ提出スヘシ

（註）是レ豫算表調製ノ後立法會計ト爲ル場合ニシテ市會ノ議決ヲ經タル後一方ニハ府縣知事ニ報告シ一方ニハ其大意ヲ一般ニ告知シテ納稅ノ義務アル者ニ之ヲ知ラシム其方法ハ新聞紙ノ廣告役場門前ノ掲示等各地方從來慣用セル便宜ノ方法ヲ以テス而シテ當初豫算ヲ市會ニ提出スルトキ事務報告書及ヒ財産明細書ヲ添ユルハ會議ノ參考トナシ事務ノ有樣ニ由テ經費ノ增減ヲ斟酌シ又ハ財産ノ明細ヲ調査シテ其財産ヨリ生スル收入ノ多寡ヲ熟知シ而後議決スルヲ要スレハ也而シテ此際當然支出スヘキ經費ヲ市會ニ於テ否決シタルトキハ監督官廳ニ於テ强テ其豫算ヲ實行セシムルコアルヘシ凡テ定額豫算表ヲ調製シテ議決セシムルハ

二種ノ効力アルモノニシテ一方ニハ理事者其議決ノ許ルス限リハ自由ニ収支ヲ行フノ權利ヲ有シ一方ニハ其議決額ヲ超過シテ毫モ収支ヲ行フヿヲ得サルノ義務ヲ負フナリ

豫算額不足ノ場合

第百九條　定額豫算外ノ費用又ハ豫算ノ不足アルトキハ市會ノ認定ヲ得テ之ヲ支出スルコトヲ得

定額豫算中臨時ノ場合ニ支出スルカ爲メニ豫備費ヲ置キ市參事會ハ豫メ市會ノ認定ヲ受ケスシテ豫算外ノ費用又ハ豫算超過ノ費用ニ充ツルコトヲ得

但シ市會ノ否決シタル費途ニ充ツルコトヲ得ス

（註）豫算ハ通例前年ノ決算ニ徴シテ編製スト雖氏世ノ中ハ年々歳々同一ノモノニアラサルカ故ニ毫モ過不足ナク豫算シ得ヘキニアラス故ニ此豫算表ヲ調製スルニモ二方アリテ一ヲ剩餘豫算トナシ一ヲ不足豫算トス二者ノ間ニ一得一失アリテ剩餘ナルトキハ輙モスレハ理事者ノ濫用ノ恐レアリ去レハトテ不足ニスルトキハ屢々臨時會ヲ開カサルヲ得サルナリ本條第一項ニ規定スル如

豫算表議決後ノ手續

ク不足アルトキハ市會ノ認定ヲ得ザルベカラズ若シ市會開設中ニ非レハ臨時會ヲ開ヒテ追加豫算ノ認定ヲ求メサルヘカラサル也第二項ノ不足」ノ爲ニ豫備費ヲ設ケ置クトキニハ一々臨時會ヲ開クノ煩ヲ避ルヲ得ヘシ然レトモ此時モ市會ノ否決シタル費途ニ充用スルヲ得サルハ勿論ナリ

第百十條　市會ニ於テ豫算表ヲ議決シタルトキハ市長ヨリ其謄寫ヲ以テ之ヲ收入役ニ交付スヘシ其豫算表中監督官廳若クハ參事會ノ許可ヲ受ク可キ事項アルトキハ(第百二十一條ヨリ第百二十三條ニ至リ)先ツ其許可ヲ受ク可シ

收入役ハ市參事會(第六十四條第二項第三)又ハ監督官廳ノ命令アルニ非サレハ支拂ヲ爲スコトヲ得ス

又收入役ハ市參事會ノ命令ヲ受クルモ其支出豫算表中ニ豫定ナキカ又ハ其命令第百九條ノ規定ニ據ラサルトキハ支拂ヲ爲スコトヲ得ス

前項ノ規定ニ背キタル支拂ハ總テ收入役ノ責任ニ歸ス

（註）既ニ立法會計ノ議決ヲ終リタル𪜈ハ亦行政會計ノ事務トナリ先ツ市長ヨリ其議決シタル豫算表ノ謄本ヲ收入役ニ渡スモノトス此レ收入役ハ市參事會又ハ監督官廳ノ命令ニ隨フテ支拂ヲ爲スヘキ者ナレ𪜈若シ其支出豫算表中ニ豫定シ置カサル者若クハ第百九條ニ規定シタル所ニ違反シタル𪜈ハ假令市參事會ノ命令ナリトテ之ヲ拒マサルヲ得ス且ツ此制限ヲ犯シ所謂裁判會計ニ於テ其仕拂ヲ不當トセラレタル𪜈其不當ノ仕拂ハ總テ收入役自ラ其責任ヲ負ハサルヘカラス收入役ハ如此ク巨額ノ金錢上ノ責任アルヲ以テ豫メ第八十五條ニ於テ身元保證金ヲ納シメテ以テ賠償ノ抵當トナシ且ツ第六十四條ノ第五項ニ示ス所ノ懲戒處分ヲ受クヘキモノナリ如此ク收入役ノ責任ハ重要ナルヲ以テ豫算表ノ謄本ハ是非トモ渡シ置キ日々之ニ照ミテ支拂セシメサルヘカラサル也

第百十一條　市ノ出納ハ毎月例日ヲ定メテ檢査シ及毎年少クモ一回臨時檢査ヲ爲ス可シ例月檢査ハ市長又ハ其代理者之ヲ爲シ臨時檢査ハ市長又ハ其代理者ノ外市會ノ互撰シタル議員一名以上ノ立會ヲ要ス

（註）前條ノ如ク不當ノ仕拂アランコヲ慮リ市ノ會計ヲ檢査スルニ二方ヲ用ユ一ハ定期檢査ニシテ毎月期日ヲ定メテ之ヲ檢査シ一ハ臨時檢査ニシテ時ヲ定メス市長及ヒ市會議員一名立會ノ上不意ニ檢査ヲ行フモノトス若シ定期檢査ノミナル片ハ其時期限リ体裁ヨク帳簿上ヲ修飾シ其實際ニ私曲ヲ行ヒ居ルモ知ルヘカラサレハナリ

第百十二條　決算ハ會計年度ノ終ヨリ三ケ月以内ニ之ヲ結了シ證書類ヲ併セテ收入役ヨリ之ヲ市參事會ニ提出シ市參事會ハ之ヲ審査シ意見ヲ附シテ之ヲ市會ノ認定ニ付ス可シ其市會ノ認定ヲ經タルト

キハ市長ヨリ之ヲ府縣知事ニ報告ス可シ
決算報告ヲ爲ストキハ第三十八條及第四十三條ノ例ニ準シ市參事會員故障アルモノトス
（註）本條ハ即チ決算ノ報告ニシテ其年度ノ決算ハ亦次キノ會計年度豫算ノ標準トナルモノナリ故ニ其豫算ハ年度ノ初期ニ先ツコニケ月前ニ調製ス可キモノナルヲ以テ決算ハ之レヨリ猶ホ一ケ月前ニ結了セザレバ豫算ヲ調製スルニ當リ困難ヲ免レズ故ニ如此ク定メタルナリ而シテ此決算結了セハ其主任者タル收入役ハ之ヲ市參事會ニ報告シテ其會計審査ヲ受ケ市參事會ハ意見ヲ附シテ市會ニ提出シ其認定ヲ得ヘク此市會ノ認定ハ乃チ行政審査ナルモノニシテ此時認定セラルレハ決算ノ報告完全ニ終リヲ告シモノトス會計審査トハ收入役ニ對シ計算ノ當否ヲ糺シ且ツ計算ト收入支出ノ命令トハ能ク適合スルカ否ヲ市參事會ニ於テ調フルモノニシテ行政審査トハ出納ト定額豫算表トノ間ニ錯誤ハナキカ又定額豫算表ノ外ニ追加豫算又ハ豫算變更ノ議決ヲ爲シ

タル場合ニ其議決ト出納ト齟齬セサリシカ或ハ又其出納ハ法律命令ニ違反スルコトナキヤヲ檢査考定スルニアリ而シテ此行政審査ハ市參事會ニ對シテ市會之ヲ行フモノトス此際收入役ニ對シ市參事會ノ行フ所ノ會計審査ハ乃チ裁判會計ナルヲ以テ若シ過失アレハ第六十四條ノ第五項ニ因テ懲戒處分ヲ行フヘキモノ也故ニ市參事會員中收入役ト父母兄弟又ハ妻子ノ關係アル者ハ情實ヲ以テ之ヲ保庇スルノ嫌アルカ故ニ第卅八條第四十三條等ノ場合ノ如ク其審査ノ任ヲ避クヘキモノトスル也

第五章　特別ノ財産ヲ有スル市區ノ行政

(註)此法律ノ精神ハ元トヨリ市內全般ノ統一ヲ望ムモノナリト雖𪜈全市ノ內ナル或ル小部落ニ於テ從來特別ニ或ル財産ヲ有スルモノ少ナカラスシテ强テ之ヲ統一セント欲スル片ハ小數人民ノ利益ヲ害スルコトアルガ故ニ此等ノ財産ヲ有スル者ノ為ニハ特ニ區ヲ設ケテ區長ヲ置クコトヲ得セシム是レ亦自治區中ニ於テ更ニ自治ヲ滿足セシメンカ為也而シテ第

九十九條ニ示ス如ク特別ノ財産ニ關スル費用ハ其特別財産ヲ有スル者即チ此市區ニ負擔セシムルヲ以テ其財産ニ對スル權利ハ其區限リ之ヲ行ハシムヘキハ亦當然ノコトス本章ハ僅々二ケ條ヨリ成立スレトモ此區內ノ權利ヲ保護スルニハ蓋シ十分ナルヘキ也

特別財産ノ爲ニ設ル區別

第百十三條　市內ノ一區ニシテ特別ニ財産ヲ所有シ若クハ營造物ヲ設ケ其區限リ特ニ其費用(第九十九條)ヲ負擔スルトキハ府縣參事會ハ其市會ノ意見ヲ聞キ條例ヲ發行シ財産及營造物ニ關スル事務ノ爲メ區會ヲ設クルコトヲ得其會議ハ市會ノ例ヲ適用スルコトヲ得

(註)市內ノ一區ニシテ特別ニ財産ヲ有ストハ假ニ例ヲ設レハ東京市內ノ深川ノ一區限リ特ニ洲崎ノ埋立地ヲ所有スルノ類ニシテ又營造物トハ東京市內ノ神田ノ一區限リ昌平橋ヲ有シ行人又ハ借地者ヨリ相當ノ使用料ヲ徵收スト云フカ如キ類ナリ此等特別財

區ノ行政事務

産ノ爲ニ費ヤス費用ハ東京全市ノ負擔トセスメ其所有者ナル區內限リ負擔セシムトハ第九十九條ノ規定ナリ而メ此如キ別有財産ノ爲ニ條例ヲ發行シ其條例ハ其財産ニ關シテハ市條例ニ効力ヲ均クスルモ其條例ノ議定ヲ市會ニ委ヌスシテ府縣參事會ニ於テ定ルハ全市共仝ニシテ一部分ナル區ノ利益ヲ害セン丁ヲ慮ルナリ尤モ府縣參事會ノ之ヲ議決スルニモ市會ノ意見ヲ聞クハ勿論ナレ圧其意見ハ唯タ參考トスルノミニメ敢テ之ニ從フニハ非ルナリ區ハ既ニ此條例ニ由テ特別ニ財産ヲ有スル丁ヲ得ハ其財産ニ關スル事務ノ爲ニ區會ヲ設ル丁ヲ得ヘク亦區長ヲ置ク丁ヲモ得ヘシ而メ其區會ノ職務權限幷處務規定ハ市會ノ例ニ倣フヲ得ト云フナリ既ニ之ヲ得ト云フヲ以テ見レハ必スシモ以上ノ丁ヲ爲サヽルヘカラサルニ非ス故ニ之ヲ全市會ニ委任スルハ最モ行政ノ統一ノ爲ニ便利ナル丁ナルヘシ

第百十四條　前條ニ記載スル事務ハ市ノ行政ニ關スル規則ニ依リ市參事會之ヲ管理ス可シ但區ノ出納

及會計ノ事務ハ之ヲ分別スヘシ

（註）前條ニ所謂財産及營造物ニ關スル事務ニシテ區會ノ議決ヲ經タルモノヲ執行スル所ノ事務ハ第六十四條市參事會ノ擔任スル行政事務ト全ク一性質ノモノニシテ之カ取扱ヲ市參事會ニ委任スルモ敢テ其利益ヲ損益セラルヘキ憂ナキノミナラス却テ一市ノ内ニ區々ノ行政事務アルハ徒ラニ經費ヲ要シ不便ヲ增スニ過キサルヲ以テ市參事會ノ希望ニ一任シ唯タ其會計出納ノコトノミ之ヲ區別スル畢竟別ニ市ヲ設ルハ特別ニ財産ヲ有シ他ノ部落ヨリ利益多キヲ以テ特ニ分離セント欲スルモノナル故此出納及ヒ會計ヲ分ツコト是レ區ノ主タル目的ナルヘシ

第六章　市行政ノ監督

（註）本章ハ第三章以下ニ規定セル市行政ノ監督ヲ爲スコトヲ規定セルモノニシテ其監督ヲ爲スノ目的ハ上ニモ屢云ヘル如ク第一ハ法律及ヒ正當官廳ヨリ出シタル命令及處分ヲ遵守スルヤ否ヤヲ監視スル事第二ハ事務ノ混亂又ハ遲滯ヲ

生シタルコトナキヤ否ヲ監視スル事第三ハ公益ノ妨害ヲ為スモノヲ防キ殊ニ市ノ資力ヲ保持スル事トス其監督ノ方法ハ本章ニ規定スル處アリ又既ニ前章中規定シアルモノモアリ即チ第五十條第五十一條第五十二條第六十四條第一項第六十五條等是レナリ

第百十五條　市行政ハ第一次ニ於テ府縣知事之ヲ監督シ第二次ニ於テ内務大臣之ヲ監督ス但法律ニ指定シタル場合ニ於テ府縣參事會ノ參與スルハ別段ナリトス

（註）本條ハ市行政ノ監督ヲ為スヘキ上班行政權ヲ示シタルモノニシテ第一段ニ府縣知事第二段ニ内務大臣之ヲ監督スルモノトス但シ府縣參事會モ往々市行政ニ參與スルコトアルモ之レハ特ニ此法律上ニ指定セラレタル場合ニ限ルモノニシテ本章第百十九條第百二十條ノ如キ即チ府縣參事會ノ關係スヘキ場合ヲ示セルモノナリ而シテ内務大臣ハ第二段ノ監督者ナレハ凡ソ訴願ヲ

爲スニキニモ直チニ内務大臣ニ爲ス能ハス必ス先ツ第一段ノ監督者ナル府縣知事ニ爲シ其裁決ニ不服アル時ハ始メテ内務大臣ニ訴願スルモノトス

第百十六條　此法律中別段ノ規定アル場合ヲ除クノ外凡市ノ行政ニ關スル府縣知事若クハ府縣參事會ノ處分若クハ裁決ニ不服アル者ハ内務大臣ニ訴願スルコトヲ得

市ノ行政ニ關スル訴願ハ處分書若クハ裁決書ヲ交付シ又ハ之ヲ告知シタル日ヨリ十四日以内ニ其理由ヲ具シテ之ヲ提出スヘシ但此法律中別ニ期限ヲ定ムルモノハ此限ニ在ラス

此法律中ニ指定スル場合ニ於テ府縣知事若クハ府縣參事會ノ裁決ニ不服アリテ行政裁判所ニ出訴セントスル者ハ裁決書ヲ交付シ又ハ之ヲ告知シタル日ヨリ二十一日以内ニ出訴スヘシ

行政裁判所ニ出訴スルコトヲ許シタル場合ニ於テハ內務大臣ニ訴願スルコトヲ得ス
訴願及訴訟ヲ提出スルトキハ處分又ハ裁決ノ執行ヲ停止ス但此法律中別ニ規定アリ又ハ當該官廳ノ意見ニ依リ其停止ノ爲メニ市ノ公益ニ害アリト爲ストキハ此限ニ在ラス

(註)前條ニモ云ヘル如ク內務大臣ハ第二段ノ監督者ナレハ市ノ行政ニ關シテ府縣知事若クハ府縣參事會ノ處分若クハ裁決ニ不服アル者ハ內務大臣ニ訴願スルコトヲ得ルモノトス然レトモ此法律中ニ特別ニ規定シタル場合ハ此限リニアラス而シテ此訴願ヲ爲スヘキ必要アルノ場合ハ悉ク此法文中ニ掲載セラル、アリ即チ第八條第四項第二十九條、第三十五條、第六十四條第一、第七十八條、第五百條、第百二十四條ニ明示セル者之レナリ然レモ之ハ市ノ事務ニ關シテ起リタル場合ヲ規定セルモノニシテ第七十四條ニ掲ケタル市長ノ掌トルヘキ事務ニ關シテ起リタル訴願ヲ許ス

ト否トハ一般ノ法律規則ニ從フモノト知ルヘシ今此ニ規定セラレタル訴願及ビ出訴ハ即チ市ノ行政事務ニ關スルモノニシテ皆此法律中ニ規定セラレタル所ノ區別ニ從テ爲スモノトス故ニ先ツ第一段ニ知事ノ裁決ヲ請フヲ通例トス若シ此法律上ニ府縣參事會ノ裁決ヲ請フヘキコトヲ明示セルトキハ先ツ其裁決ヲ請ハザルベカラズ此知事若クハ府縣參事會ノ裁決ニ不服ナルトキハ共ニ內務大臣ニ訴願スルモノトス而シテ前ニ訴願ト行政裁判トノ區別ヲ示セル時ニ權利ノ消長ニ關スル終局ノ裁決ハ之ヲ行政裁判所ニ出訴スルヲ許スモノナルコトヲ云ヘリ然レトモ此市制中ニハ特ニ明文ヲ揭ケタル場合ノミ行政裁判所ニ出訴スルコトヲ得レトモ權利ノ爭ヒナリトテ一般行政裁判所ニ出訴シ得ヘキモノニ非ス故ニ明文ナキ場合ニ終局ノ裁決ハ常ニ內務大臣ニ屬スルモノトス即チ內務大臣ニ訴願スルヲ通則トシテ行政裁判所ニ出訴スルヲ變則トナセルモノナリ而シテ此訴願若クハ出訴ヲ爲スノ法ハ第三項及ヒ第四項ニ之ヲ定メタリ第四項ハ法律ノ許シ

タル所ニ從フテ行政裁判所ニ出訴シタル場合ニ於テハ更ニ內務大臣ニ訴願スルヲ許サヽルコトヲ明示ス是レ行政裁判所ハ行政上最高ノ裁判所ニシテ此裁判ヲ覆ヘスコトヲ欲セザルヲ以テナリ本條ノ末項ノ意味ハ若シ市參事會或ハ知事府縣參事會ノ處分又ハ裁決ニ服セスシテ更ニ高等官廳ニ訴願ヲ爲シ又ハ行政裁判所ニ出訴スルトキハ特別ニ規定セラレタルコトアルカ又ハ訴願若クハ訴訟ヲ受タル官廳ニ於テ其執行ヲ停止シ置キ爲メニ市ノ公益ヲ害スヘキモノト爲スヘキニハ假令訴願訴訟中ト雖トモ處分又ハ裁決ヲ執行スルヿヲ得ルト云フナリ

第百十七條　監督官廳ハ市行政ノ法律命令ニ背戾セサルヤ其事務錯亂澁滯セサルヤ否ヲ監視スヘシ監督官廳ハ之カ爲ニ行政事務ニ關シテ報告ヲ爲サシメ豫算及決算等ノ書類帳簿ヲ徵シ竝實地ニ就テ事務ノ現況ヲ視察シ出納ヲ撿閲スルノ權ヲ有ス

（註）監督官廳即チ知事及ビ內務大臣ニ於テ市ノ行政ハ能ク法律

命令ヲ遵守スルヤ否ヤ事務ノ不整頓ナルコトハナキヤヲ監視ス此監視ヲ爲ス爲ニ市ニ命シテ必要ナル報告ヲ爲サシメ或ハ帳簿ヲ徵シ或ハ實地ノ有樣ヲ視察スルノ權アリトス而シテ豫算決算出納等ヲ檢スルハ市ノ財政ヲ檢査センカ爲ナリ本條ハ即チ監督ノ目的ヲ示セルモノニシテ本章ノ始メニ列擧セシ三ケ條ノ事ヲ明示セルモノニ外ナラス

第百十八條　市ニ於テ法律命令ニ依テ負擔シ又ハ當該官廳ノ職權ニ依テ命令スル所ノ支出ヲ定額豫算ニ載セス又ハ臨時之ヲ承認セス又ハ實行セサルトキハ府縣知事ハ理由ヲ示シテ其支出額ヲ定額豫算表ニ加ヘ又ハ臨時支出セシムヘシ市ニ於テ前項ノ處分ニ不服アルトキハ行政裁判所ニ出訴スルヿヲ得

(註)以下第百二十三條マテハ第百十七條ニ示セル監督ヲ爲ス細目ニ過キス本條ハ强テ豫算ヲ作ラシムル事ニシテ法律勅令ニ因テ其市ノ負擔スヘキモノ又ハ市ニ負擔ヲ課スヘキ當該官廳ノ職

權ニ依テ命令シタル支出即チ負擔ヲハ市ノ定額豫算ノ中ニ載セサルカ又ハ其時ニ臨ンテ其負擔ヲ承認セス又ハ其支出ノ命令ヲ實行セサルトキハ强制豫算ヲ命スルカ又ハ臨時ニ支出セシムルナリ猶ホ要言スレハ法律勅令ヲ以テ命セラレ又ハ相當官廳ヨリ命セラレタル負擔ハ之ヲ拒ムコトヲ得ズト爲スナリ若シ之ニ不服ナラハ行政裁判所ニ出訴スルコトヲ得

上班參事會代テ議決ス

第百十九條　凡市會又ハ市參事會ニ於テ議決スヘキ事件ヲ議決セサルトキハ府縣參事會代テ之ヲ議決スヘシ

（註）本條ハ市會又ハ市參事會カ議事ヲ怠タルトキハ其上班ノ行政議會即チ府縣參事會代テ議決ヲ爲シ市ヲシテ其ノ爲スヘキ事務ヲ放任スルコトナカラシムルナリ

市會解散

第百二十條　內務大臣ハ市會ヲ解散セシムルコヲ得

解散ヲ命シタル場合ニ於テハ仝時ニ三ケ月以內更ニ議員ヲ改選ス可キコトヲ命ス可シ但改選市會ノ

内務大臣ノ許可ヲ受クベキ議決

集會スル迄ハ府縣參事會市會ニ代テ一切ノ事件ヲ議決ス

（註）解散ヲ命スルハ容易ナラサルコトナルヲ以テ府縣知事ニ其權ヲ與ヘスシテ內務大臣手ヅカラ之ヲ握ルナリ解散ヲ命スルト同時ニ三ヶ月以內ニ議員ヲ改選スヘキヿヲ命シ其改選セラレタル市會ノ集會セサル間府縣參事會之ニ代ル

第百二十一條　左ノ事件ニ關スル市會ノ議決ハ內務大臣ノ許可ヲ受クルコトヲ要ス　（一）市條例ヲ設ケ並ニ改正スル事　（二）學藝美術ニ關シ又ハ歷史上貴重ナル物品ノ賣却讓與質入書入交換若クハ大ナル變更ヲ爲ス事、前項第一ノ塲合ニ於テハ勅裁ヲ經テ之ヲ許ス可シ

（註）第一ノ塲合ハ第一章第三欵ノ規定ニ基テ市條例ヲ作クリ又ハ改正スル事ニシテ內務大臣ノ許可ヲ要スルノミナラス勅裁ヲ經テ許可シ第二ノ塲合ハ學藝美術ヲ保護奬勵スルノ趣意ニ出テ

タルモノトス

第百二十二條　左ノ事件ニ關スル市會ノ議決ハ内務大臣及大藏大臣ノ許可ヲ受クルコトヲ要ス（一）新ニ市ノ負債ヲ起シ又ハ負債額ヲ增加シ及第百六條第二項ノ例ニ違フモノ但償還期限三年以内ノモノハ此限ニ在ラス（二）市特別稅並使用料手數料ヲ新設シ增額シ又ハ變更スル事（三）地租七分ノ一其他直接國稅百分ノ五十ヲ超過スル附加稅ヲ賦課スル事（四）間接國稅ニ附加稅ヲ賦課スル事（五）法律勅令ノ規定ニ依リ官廳ヨリ補助スル步合金ニ對シ支出金額ヲ定ムル事

（註）本條規定スル所特ニ大藏大臣ノ許可ヲモ要スル所以ハ市ノ歲入歲出ニ關スル事ニシテ國家ノ財政ニ影響アルヲ以テナリ第一項ニ但書ヲ加ヘタルハ市ニ於テ公債ヲ募集スルトキニ償還ノ初期ハ三年以内ト爲ス（第百六條第二項中）ヲ以テ償還期限三年以

内ノモノハ一時ノ負債ニ過キサレハナリ第二項ノ市ノ特別税並使用料手數料ノ何物タルハ既ニ第五章ニ說ケリ而メ新設トハ新タニ特別稅或ハ使用料等ヲ課ス丶キ財産又ハ稅目ヲ設クルナリ增額トハ其稅額徵收料ヲ高クスルナリ變更スルトハ稅目財産等ヲ變更スルナリ第三項ハ附加稅ノ定率ヲ示シタルモノニシテ之ヨリ多ク賦課スルトキハ特ニ當該官廳ノ許可ヲ受ケシムルハ是レ市民ヲシテ妄リニ重キ負擔ヲ蒙ムラシメンコトヲ恐レテナリ第四項ハ間接國稅ニ附加稅ヲ課スル塲合ヲ規定セルモノニシテ第九十條ニ附加稅ハ直接ノ國稅又ハ府縣稅ニ附加シトアリテ間接國稅ハ附加稅ヲ課スルヲ變則ナルガ故ニ特ニ許可ヲ受クルヲ要スルナリ第五項補助金即ヲ政府ヨリ補助スル步合金(費用ノ何割カヲ補助ス故ニ步合金ト云フ)ニ對シテ支出スヘキ金額ヲ定ムル事ハ亦許可ヲ受クルヲ要ス例ヘハ法律勅令ヲ以テ何割ノ補助金ヲ下附スヘシトスルトキハ先ツ其事業ノ支出金額ヲ定メシメ內務大臣大藏大臣ハ之ヲ撿シテ不當ノ支出高ナラサルヤ否ヤヲ

調査スル何トナレハ政府ヨリ何割ヲ出スヘシトアレハ殊更ニ其支出金額ヲ大ニシテ多クノ補助金ヲ得ントスルコトアルモ知ルヘカラサレハナリ

府縣參事會ノ許可ヲ受クル場合

第百二十三條　左ノ事件ニ關スル市會ノ議決ハ府縣參事會ノ許可ヲ受クルコトヲ要ス

一　市ノ營造物ニ關スル規則ヲ設ケ並改正スル事

二　基本財産ノ處分ニ關スル事(第八十一條)

三　市有不動産ノ賣却讓與並質入書入ヲ爲ス事

四　各個人特ニ使用スル市有土地使用法ノ變更ヲ爲ス事(第八十六條)

五　各種ノ保證ヲ與フル事

六　法律勅令ニ依テ負擔スル義務ニ非スシテ向五ヶ年以上ニ亘リ新ニ市住民ニ負擔ヲ課スル事

七　均一ノ税率ニ據ラスシテ國税府縣税ニ附加税ヲ賦課スル事(第九十條第二項)

八　第九十九條ニ從ヒ數個人又ハ市内ノ一區ニ費用ヲ賦課スル事

九　第百一條ノ準率ニ據ラスシテ夫役及現品ヲ賦課スル事

(註)本條ハ市會ニ於テ議決シ府縣參事會ノ許可ヲ受クヘキモノヲ列載セル者ニシテ皆上來ノ説明中ニ於テ其條項ノ意味ハ明瞭ニ理解セラレタルヘシト信スルヲ以テ冗言セズ

第百二十四條　府縣知事ハ市長、助役、市參事會員、委員區長其他市吏員ニ對シ懲戒處分ヲ行フコトヲ得其懲戒處分ハ譴責及過怠金トス其過怠金ハ二十五圓以下トス

追テ市吏員ノ懲戒法ヲ設クル迄ハ左ノ區別ニ從ヒ官吏懲戒例ヲ適用ス可シ

懲戒處分ヲ行フ

一　市參事會ノ懲戒處分（第六十四條第二項第五）ニ不服アル者ハ府縣知事ニ訴願シ府縣知事ノ裁決ニ不服アル者ハ行政裁判所ニ出訴スルコトヲ得

二　府縣知事ノ懲戒處分ニ不服アル者ハ行政裁判所ニ出訴スルコトヲ得

三　本條第一項ニ掲載スル市吏員職務ニ違フコト再三ニ及ヒ又ハ其情狀重キ者又ハ行狀ヲ亂リ廉恥ヲ失フ者、財產ヲ浪費シ其分ヲ守ラサル者又ハ職務擧ラサル者ハ懲戒裁判ヲ以テ其職ヲ解クコトヲ得其隨時解職スルコトヲ得可キ者ハ（第六十三條）懲戒裁判ヲ以テスルノ限ニアラス

總テ解職セラレタル者ハ自己ノ所爲ニ非スシテ職務ヲ執ルニ堪ヘサルカ爲メ解職セラ

レタル場合ヲ除クノ外退隱料ヲ受クルノ權
ヲ失フモノトス

四 懲戒裁判ハ府縣知事其審問ヲ爲シ府縣參事
會之ヲ裁決ス其裁決ニ不服アル者ハ行政裁
判所ニ出訴スルコトヲ得
市長ノ解職ニ係ル裁決ハ上奏シテ之ヲ執行
ス
監督官廳ハ懲戒裁判ノ裁決前吏員ノ停職ヲ
命シ並給料ヲ停止スルコトヲ得

(註)懲戒處分ハ市吏員ヲシテ誠實ニ且ツ熱心ニ其職務ヲ執ラシムルカ爲ニハ甚タ必要ナルモノニメ若シ夫レ此事ナカランカ假令衆望ヲ以テ推サレテ而メ其任ニ當リシ所ノ人ナリト雖トモ時ニ怠務若クハ失行ナキヲ保スヘカラス若シモ時トシテ如此キヿアランニハ人民市吏員ヲ信用スルヿ甚タ薄ク其ノ爲ス所ニ疑惧ヲ懷キ失策スルヿハナキカ怠ルヿハナキカ或ハ一已ノ私利ヲ計

ルカ如キヿハナキカト常ニ心ヲ安シテ其人々ノ為ス所ニ放任スルヿ能ハサルニ至リ竟ニ人民ト吏員トノ間ニ軋轢不和ヲ生シテ市行政ノ圓滑ナル作用ヲ妨クルニ至ルヲ免レス然レ𪜈亦タ市吏員カ其ノ職務ヲ誠實ニ行ハント欲シテ而カモ其執行上ヨリ意外ノ失策アルヿ無キニ非ルヘシト雖𪜈此ノ如キハ懲戒スヘキ限ニアラス若シ之ヲモ罰スルトキハ何人モ鋭意シテ其職ニ鞅掌スルヿ能ハサルヘキヲ以テ也故ニ其處分ヲ行フヘキ場合ハ例ヘハ不品行ニ流レ或ハ其職務ヲ怠慢ニ附シ若クハ不正ノ行為アルトキナラサル可ラス而〆此等ノ事實アリシヤ否ノ審問ハ府縣知事之ヲ為シ若シ之ニ對〆不服アレハ行政裁判ヲ仰クヲ得セシム其懲戒處分ハ譴責過怠金ノ二種ニ〆譴責トハ書面ヲ以テ其過失又ハ怠慢ノ所為ヲ擧ケ右云々ノ不都合アルヲ以テ譴責ニ附ス云々ノ申渡ヲ為シテ以テ其人ヲ責ルヲ謂ヒ過怠金トハ吏員ノ過失怠慢ヲ懲罰スル所ノ罰金ナリトス而シテ此過怠金ニハ制限アリテ二十五圓ヲ超過スルヿヲ得サル也而〆此懲戒法ハ未タ制定セラレサル

市吏員ニ對スル損害賠償

ヲ以テ當分ノ內從來ノ官吏懲戒例ヲ適用スルモノトス因テ此第三項ニ示セル塲合ニハ懲戒裁判ヲ爲セシ上解職ヲ命ス是レ所謂免職ナリ然シ始ヨリ何年間職務ヲ執ルヘシトノ規定又ハ約束アルニ非スシテ何時ニテモ解職スルヲ得ヘキモノハ懲戒裁判ヲ爲サストモ何時ニテモ解職ヲ命スルヲ得第四項中ニ市長ノ解職ニ係ル裁決ハ上奏シテ之ヲ執行スルハ始メ市長テ命スル時ニモ上奏裁可ヲ請ヒタルヲ以テナリ

第百二十五條　市吏員及使丁其職務ヲ盡サス又ハ權限ヲ越ヘタル事アルカ爲メ市ニ對シテ賠償スヘキヿアルトキハ府縣參事會之ヲ裁決ス其裁決ニ不服アル者ハ裁決書ヲ交付シ又ハ之ヲ告知シタル日ヨリ七日以內ニ行政裁判所ニ出訴スルコトヲ得但出訴ヲ爲シタルトキハ府縣參事會ハ假ニ其財產ヲ差押フルコトヲ得

（註）本條モ懲戒處分ニシテ市吏員及使丁（小使ノ如キ者）カ其怠慢

或ハ越權ノ所爲ヨリ市ニ損害ヲ負ハセタルトキハ之カ賠償ヲ爲サシムルコトヲ規定ス若シ府縣參事會ノ裁決ニ服セスシテ行政裁判所ニ出訴シタル時府縣參事會ニ於テ假ニ其財產ヲ差押ユルハ出訴中ニ其財產ヲ移轉シ或ハ隱蔽スルノ恐レアルヲ以テナリ出訴期限ハ裁決書ノ下リタル日又ハ其裁決ノ告知ヲ受ケタル日ヨリ七日以內トス

第七章　附則

（註）附則トハ本制中ニ記載スヘカラサル規則ニシテ本則ヲ實施スルニ必要ナルモノヲ云フ

第百二十六條　此法律ハ明治二十二年四月一日ヨリ地方ノ情況ヲ裁酌シ府縣知事ノ具申ニ依リ内務大臣指定スル地ニ之ヲ施行ス

（註）市制ヲ執行スヘキ市街地ヲ定ムルニハ地方ノ有樣ヲ取調ヘ果シテ市ト云フ獨立ノ自治區ヲ爲スニ足ルモノト認メタル上府縣知事ヨリ内務大臣ニ上申シ内務大臣ノ指定ニ因テ定マルモノ

府縣參事會行政裁判所

トスレトモ其實行ハ孰レモ明治二十二年四月以後タルヘシ

第百二十七條　府縣參事會及行政裁判所ヲ開設スル迄ノ間府縣參事會ノ職務ハ府縣知事、行政裁判所ノ職務ハ內閣ニ於テ之ヲ行フヘシ

(註)府縣參事會ノ開設スル迄ハ府縣知事代テ其職務ヲ行ヘ行政裁判所ノ開設セラルヽマテハ內閣ニ於テ其職務即チ行政裁判ノ事ヲ掌ドルト云フナリ

始テノ議員撰擧

第百二十八條　此法律ニ依リ初テ議員ヲ選擧スルニ付市參事會及ヒ市會ノ職務並市條例ヲ以テ定ムヘキ事項ハ府縣知事又ハ其指命スル官吏ニ於テ之ヲ施行スヘシ

(註)議員ノ撰擧ヲ為スニハ撰擧人ノ等級議員ノ定數或ハ撰擧區ノ區劃撰擧人被撰擧人ノ帳簿及ビ撰擧掛等ヲ定メサルヘカラス此等ハ市條例市參事會等ニ於テ規定調製スルコトハ第二章ニ明ラカナリ然レトモ第一着ノ撰擧ノ時ハ未タ市參事會及ヒ市會モ

社寺宗教ノ組合

成立セサルヲ以テ府縣知事又ハ府縣知事ノ命シタル官吏之ヲ施行ス

第百二十九條　社寺宗教ノ組合ニ關シテハ此法律ヲ適用セス現行ノ例規及其地ノ習慣ニ從フ

（註）社寺宗教ノ組合トハ例ヘハ出雲大社教會黒住教會等ノ名稱ヲ用ヒテ一組合ヲ爲スノ類ナレトモ此等ハ固ヨリ行政上ノ團結ニ非サルヲ以テ此法律ヲ適用スヘキモノニアラサルハ勿論ナリ

人口調査

第百三十條　此法律中ニ記載セル人口ハ最終ノ人口調査ニ依リ現役軍人ヲ除キタル數ヲ云フ

（註）人口調査ハ隨分困難ノ事ニシテ精確ナル調査ハ容易ナラス其調ブル所ノ人常ニ働キ居ルモノナル故或ハ重複シ或ハ脫漏シ之レガ爲ニ先キニ調ヘタル所ト後ニ調ベタル所ト相違アルベキハ免カレサル也從テ亦人口上ノ爭論起ルノ恐レアルヲ以テ人口ハ最終ノ人口調査ヲ正確ノモノトシテ準據シ其以前ノ調ヘハ之

レニ準據スルヲ得ス又最終ノ人口中ニハ現役軍人モアルベケレトモ現役軍人ハ公民或ハ市住民タルノ權利義務ヲ自カラ行フ能ハサルモノナルヲ以テ現役中ハ除キ置クナリ

第百三十一條 現行ノ租稅中此法律ニ於テ直接稅又ハ間接稅トスヘキ類別ハ內務大臣及大藏大臣之ヲ告示ス

(註)直接稅間接稅ノ事ハ第五章中ニ於テ之ヲ辨セリ然レトモ我國現行ノ租稅中其區別ノ判然タルモノモアレハ然ラサルモノモアルヲ以テ內務大臣及大藏大臣ヨリ其類別ヲ告示スヘシト云フナリ

本條ノ直接稅間接稅ニ關シ其後明治廿一年七月十三日ノ官報ヲ以テ左ノ如ク達セラレタレハ以テ二種租稅ノ性質ヲ知ルヿヲ得ヘシ

大藏省告示第九十五號

本年法律第一号市制第百三十一條町村制第百三十六條直接

舊制ノ廢止

間接稅ノ類別ハ左ノ諸稅ヲ以テ直接稅トシ其他ハ間接稅トス但府縣區町村ニ於テ特ニ徵收スルモノハ府縣知事ノ稟申ヲ以テ之ヲ定メ其直接トスベキモノハ府縣知事ヲシテ管內ニ告示セシム

明治廿一年七月十三日

內務大臣伯爵山縣有朋
大藏大臣伯爵松方正義

國稅
地租　所得稅
地方稅
地租割　戶數割　家屋稅　營業稅　雜種稅
區町村費
地價割　段別割　家屋割　營業割

第百三十二條　明治九年十月第百三十號布告各區町村金穀公借共有物取扱土木起工規則明治十一年七

月第十七號布告郡區町村編制法第四條明治十七年五月第十四號布告區町村會法、明治十七年五月第十五號布告、明治十七年七月第二十三號布告、明治十八年八月第二十五號布告其他此法律ニ抵觸スル成規ハ此法律施行ノ日ヨリ總テ之ヲ廢止ス

（註）凡ソ新法ヲ頒布シタル時此新法ト抵觸スル舊法ハ假令法律上ニ明示セサルモ必ズ廢止セラレタルモノトス之ヲ暗默ノ廢止ト云フ而シテ本條ノ如ク明示シテ廢止セルモノヲ明示ノ廢止ト云フ今本條ニ列擧セル諸布告規則ノ廢止セラル丶ハ此法律施行ノ日ヨリトアレハ即チ明治二十二年四月一日以後ニシテ且ツ現ニ之ヲ實行スルノ地ニ限ルヘシ

第百三十三條　內務大臣ハ此法律實行ノ責ニ任シ之カ爲メ必要ナル命令及訓令ヲ發布スヘシ

（註）內務大臣ハ內國ノ政治及行政ノ最上ニ位スル職ニシテ行政ノ機關全体ヲ運轉セシムルモノハ實ニ此內務大臣ナリ之ヲ以テ

府縣郡及市町村ノ行政ニシテ其公益ニ關スルコトハ總テ內務大臣ノ總裁スヘキモノトス之ヲ以テ知事ト云ヒ市長ト云ヒ皆內務大臣ノ下ニ就キテ其命令ヲ奉スヘキモノナリ今其關係ヲ見ルニ執行權ヲ有スルモノ即チ皇帝ヨリ命令ヲ下ストキハ內務大臣之ヲ受取リ又之ヲ府縣知事其他ニ轉送シテ之ヲ執行セシム如此ク執行權ノ次ニ內務大臣アリ次ニ府縣知事市町村長アリテ相連絡シ以テ能ク中央行政及ヒ地方行政ヲ合同シ因テ以テ全國行政トナルナリ而メ此全國行政ハ專ラ內務大臣ノ管轄トス之ヲ以テ地方行政ノ上ヨリシテ市ノ行政モ亦其管轄內ニ在リ故ニ此市制ヲ實行スルハ亦內務大臣ノ責任ナルヲ以テ之カ爲メ必要ナル命令及ヒ訓令ヲ發布スヘキモノトス

町村制

（註）町村ハ郡ノ區域ニ屬スル最下級ノ自治体ニシテ從來町ト稱シ宿驛ト稱シ來リタルモノト村落ト呼ヒタルモノトハ其性質ヲ異ニスル所ナキニ非ス例ヘハ町ハ人口稠密ニシテ村ハ人口疎濶ナリ町ハ家屋多クシテ耕作地少ナキモ村ハ家屋少クシテ耕作地其大半ヲ占ム從テ町村ノ住民ハ其生計ノ方法ヲ異ニスル所アリ例ヘハ町ノ住民ハ多クハ商業工業等ニ從事スルモ村ニ住スルモノハ殆ント皆農業ニ從事ス又町ノ區域ハ村ノ區域ニ比較スレハ大抵狹小ナリトス如此ク町ト村トハ元來人民生計ノ情態ニ於テ其趣ヲ異ニスルモノアリテ細カニ之ヲ論スレハ町村同一ノ制度ニ依ラシムル難キモノナキニ非スト雖トモ施政ノ大体ニ於テハ町ト村ト異同アルコトナシ之ヲ以テ町ト村トハ同一ノ制度ノ下ニ立タシムルモ敢テ不都合ナキハ本邦現今ノ狀況ヲ察シ舊來ノ慣習ニ照スニ其然ルヲ知ルト雖トモ曾テ說クカ如ク市ノ如キ都會輻輳ノ地ニ在リテハ大ニ人情風俗及ヒ經濟上ノ有樣ヲ異ニス

ルヲ以テ之ヲ町村ト區別シテ別ニ制度ヲ設ケタルコハ市制ニ於テ云ヘルカ如シ此市ト雖トモ其性質ハ町ノ大ナルモノニ過キサルヲ以テ其制度ノ本質ニ至テハ素ヨリ町村ト異ナル所ナシ唯其原則ヲ適用スルノ場合ニ於テ少シク區別ヲ要スルノ場合アルノミ之ヲ以テ町村制ト雖トモ市制ト其骨子ヲ同フスルハ勿論其皮肉ニ至リテモ甚タ異ナル所ナク其主意ノアル所ヲ探ルニ至テハ市町村皆同一ノ點ニ在リトス甚シキハ全ク其法文ヲモ同フシテ唯市ト町村トノ字ヲ異ニセルモノ甚タ多シ其章款條項ノ區分ノ如キモ殆ント同一ニシテ惟ダ町村制ニハ特別ニ第六章ノ町村組合アルニ過キス夫レ如此ク市制ト町村制トハ僅カニ差異ノ點アルノミニシテ全体ノ主意ハ勿論各條各項ニ至ルマテ殆ント同一ノモノナレハ市制ニ就テ説明シタル原則ハ即チ町村制ニ於テモ亦之ヲ適用シ市制ニ於テ已ニ明示シタル所ハ以テ此町村制ヲ照スヲ得ヘキヲ以テ今町村制ノ解釋ヲ下スニ當テハ市制ニ於テ解釋説明セルコトハ之ヲ省略シ以テ同一ノ言ヲ繰リ返スノ徒勞ヲ

爲サヽルヘシ尤モ少シニテモ市制ト異ナルノ點又ハ市制ニ於テ充分ノ說明ヲ要セサルカ爲ニ概言シタル者ニシテ町村制ニ於テ更ニ之ヲ詳明スルノ必要アルモノ若クハ市制ニ於テ說明ヲ漏シタルモノハ之ヲ町村制ニ於テ明ラカニスヘシ

第一章　總則

第一款　町村及其區域

町村制施行ノ地

第一條　此法律ハ市制ヲ施行スル地ヲ除キ總テ町村ニ施行スルモノトス

（註）町村制ハ町村ニ施行スルモノナレハ市ニ施行セサルコト勿論ナリ故ニ市制ヲ施行スヘキ市街地則チ市ヲ除キ總テノ町村ニ施行スルモノナリ如此市ト町村トヲ區別セル所以及ヒ町ト村トニ同一ノ制度ヲ布ク所以ハ前ニ論シタルカ如シ

町村ノ性質

第二條　町村ハ法律上一個人ト均ク權利ヲ有シ義務ヲ負擔シ凡テ町村公共ノ事務ハ官ノ監督ヲ受ケテ自ラ之ヲ處理スルモノトス

区域ノ變更

町村ノ廢置分合ノ決議

（註）此レハ町村ノ法人タルコトヲ明ラカニセルモノニシテ市制第二條ト同シ

第三條　凡ソ町村ハ從來ノ區域ヲ存シテ之ヲ變更セス但將來其變更ヲ要スルコトアルトキハ此法律ニ準據ス可シ

（註）市制第三條ト全ク仝シ

第四條　町村ノ廢置分合ヲ要スルトキハ關係アル市町村會及郡參事會ノ意見ヲ聞キ府縣參事會之ヲ議決シ内務大臣ノ許可ヲ受クヘシ

町村境界ノ變更ヲ要スルトキハ關係アル町村會及地主ノ意見ヲ聞キ郡參事會之ヲ議決ス其數郡ニ渉リ若クハ市ノ境界ニ渉ルモノハ府縣參事會之ヲ議決ス町村ノ資力法律上ノ義務ヲ負擔スルニ堪ヘス又ハ公益上ノ必要アルトキハ關係者ノ異議ニ拘ハラス町村ヲ合併シ又ハ其境界ヲ變更スルコトアル

ヘシ、本條ノ處分ニ付其町村ノ財産處分ヲ要スルト
キハ併セテ之ヲ議決ス可シ
（註）本條ハ市制第四條ヲ說明スルトキニ於テ參照トシテ說明シ
タルヲ以テ其主意ノ在ル所ハ既ニ明ラカナリ今一二法文ノ意義
ヲ解釋セソニ町村ノ廢置分合トハ町村ヲ市ニ合併シ又村ヲ町ニ
町ヲ村ニ合併シ或ハ町村ヲ割テ別ニ町或ハ村ヲ作クルコトヲ云
フ而シテ其廢置分合ヲ爲スニ當リ町村ノ境界ヲ變更スルモ其關
係ヲ及ホスモノ唯タ町村ノミナル時ハ其町村會及地主ノ意見ヲ
聞テ郡參事會ニ於テ議決ス若シ其關係數郡ニ及ヒ若クハ市ノ境
界ニ關スルトキハ府縣參事會之ヲ議決ス如此ク郡參事會ト府縣
參事會トニ於テ議決スヘキ場合ヲ異ニスル所以ノモノハ郡ハ町
村ニ對シテハ高等ナル行政區域ニシテ町村ハ郡ノ區域ニ屬スル
モノナレハ郡參事會ハ即チ町村ノ上位ナル行政議會ナルヲ以テ
事ノ町村ニ關スルモノハ郡參事會ニ於テ之ヲ議決ス而ソ數郡若
クハ市ニ關スルコトハ郡及ヒ市ノ高等自治區參事會ニ於テ議決

スルモノトス本條ノ末項ハ町村ノ廢置分合ヲ爲ストキニ當テ從來其町村ノ所有シ若クハ使用シ來リタル財產アル場合ニ之レカ處分ヲ爲スヘキ必要アラハ共ニ之ヲ議決スヘキモノタルコトヲ指示セリ

第五條　町村ノ境界ニ關スル爭論ハ郡參事會之ヲ議決ス其數郡ニ渉リ若クハ市ノ境界ニ渉ルモノハ府縣參事會之ヲ議決ス其郡參事會ノ裁判ニ不服アル者ハ府縣參事會ニ訴願シ其府縣參事會ノ裁判ニ不服アル者ハ行政裁判所ニ出訴スルコトヲ得

（註）市制第五條ト同シ本條ニ疆土ニ關スル爭論ヲ裁決スルニ郡參事會ニ於テスルモノト郡參事會ニ依ラズシテ直チニ府縣參事會ニ於テスルトノ別アルハ前條ニ云ヘル如ク上班乃チ一層上級ノ參事會ニ非サレハ下班ノ自治區ノ爭ヒヲ裁決スル能ハサルモノナルヲ以テナリ今了解ニ便セシカ爲ニ本條ニ示セル順序ヲ圖表セハ

町村ニ關スルトキハ郡參事會　府縣參事會｝行政裁判所
郡若クハ市ニ關スルトキハ　府縣參事會｝
斯ノ如クナルナリ

第二欵　町村住民及ヒ其權利義務

第六條　凡町村內ニ住居ヲ占ムル者ハ總テ其町村住民トス

凡町村住民タル者ハ此法律ニ從ヒ公共ノ營造物幷町村有財產ヲ共用スルノ權利ヲ有シ及町村ノ負擔ヲ分任スルノ義務ヲ有スルモノトス但特ニ民法上ノ權利及義務ヲ有スル者アルトキハ此限ニアラス

（註）住民トハ本籍及ヒ寄留者ノ爲ニ特ニ定メタルモノナルヿハ前既ニ之ヲ謂ヘリ而シテ此語ハ通俗ニハ必要ナルモ法律上ニハ不必要ナリ何トナレハ何所ニテモ法律命令ヲ受取ル所ハ即チ住地ニシテ其他ノ土地ハ法律上ニ關係ナキ也去レハ山口ニ本籍アリテ東京ニ寄留セハ諸布達ハ東京ニテ受取ルヿ當然ナル故法律上

ニハ東京ノ人ニシテ山口ノ人ニ非ル筈ナリ故ニ寄留地ハ即チ法律上ノ住所ナルニ之ヲ旅店ノ滯在者ノ如ク考フルハ大ナル誤リナル故宜シク之ヲ改ムベク之ヲ改ムレハ特ニ住民ナル語ヲ要セサルベキナリ

町村公民

第七條　凡帝國臣民ニシテ公權ヲ有スル獨立ノ男子二年以來(一)町村ノ住民トナリ(二)其町村ノ負擔ヲ分任シ及(三)其町村內ニ於テ地租ヲ納メ若クハ直接國稅年額二圓以上ヲ納ムル者ハ其町村公民トス其公費ヲ以テ救助ヲ受ケタル後二年ヲ經サル者ハ此限ニ在ラス但場合ニ依リ町村會ノ議決ヲ以テ本條ニ定ムル二ケ年ノ制限ヲ特免スルコトヲ得

此法律ニ於テ獨立ト稱スルハ滿二十五歲以上ニシテ一戶ヲ構ヘ且治產ノ禁ヲ受ケサル者ヲ云フ

（註）市制第七條ヲ見ヨ

町村公民ノ權利義務

第八條　凡町村公民ハ町村ノ選擧ニ參與シ町村ノ名

譽職ニ選擧セラルヽノ權利アリ又其名譽職ヲ擔任スルハ町村公民ノ義務ナリトス
左ノ理由アルニ非サレハ名譽職ヲ拒辭シ又ハ任期中退職スルコトヲ得ス
一　疾病ニ罹リ公務ニ堪ヘサル者
二　營業ノ爲メニ常ニ其町村内ニ居ルコトヲ得サル者
三　年齡滿六十歳以上ノ者
四　官職ノ爲メニ町村ノ公務ヲ執ルコトヲ得サル者
五　四年間無給ニシテ町村吏員ノ職ニ任シ爾後四年ヲ經過セサル者及六年間町村議員ノ職ニ居リ爾後六年ヲ經過セサル者
六　其他町村會ノ議決ニ於テ正當ノ理由アリト認ムル者

前項ノ理由ナクシテ名譽職ヲ拒辭シ又ハ任期中退職シ若クハ無任期ノ職務ヲ少クモ三年間擔當セス又ハ其職務ヲ實際ニ執行セサル者ハ町村會ノ議決ヲ以テ三年以上六年以下其町村公民タルノ權ヲ停止シ且同年期間其負擔ス可キ町村費ノ八分一乃至四分一ヲ增課スルヿヲ得

前項町村會ノ議決ニ不服アル者ハ郡參事會ニ訴願シ其郡參事會ノ裁決ニ不服アル者ハ府縣參事會ニ訴願シ其府縣參事會ノ裁決ニ不服アル者ハ行政裁判所ニ出訴スルコトヲ得

(註)市制第八條ヲ見ヨ公民タル義務ヲ果サヽル者ハ公民權ヲ停止スルヿ其當ヲ得タルモノニ〆其町村會ノ議決ニ不服アル時郡參事會ニ訴願シ郡參事會ノ裁決ニ不服アレハ府縣參事會ニ訴願スルノ順序ナルコトハ前ニ之ヲ説明セリ

第九條　町村公民タル者第七條ニ掲載スル要件ノ一

町村ノ條例規則ヲ設クル場合

ヲ失フトキハ其公民タルノ權ヲ失フモノトス

町村公民タル者身代限處分中又ハ公權剝奪若クハ停止ヲ附加ス可キ重輕罪ノ爲メ裁判上ノ訊問若クハ勾留中又ハ租稅滯納處分中ハ其公民タルノ權ヲ停止ス

陸海軍ノ現役ニ服スル者ハ町村ノ公務ニ參與セザルモノトス

町村公民タル者ニ限リテ任ス可キ職務ニ在ル者本條ノ場合ニ當ルトキハ其職務ヲ解ク可キモノトス

（註）市制第九條ヲ見ヨ

第三欵　町村條例

第十條　町村ノ事務及町村住民ノ權利義務ニ關シ此法律中ニ明文ナク又ハ特例ヲ設クルコトヲ許セハ事項ハ各町村ニ於テ特ニ條例ヲ設ケテ之ヲ規定スルコトヲ得

町村ニ於テハ其町村ノ設置ニ係ル營造物ニ關シ規則ヲ設クルコトヲ得

町村條例及規則ハ法律命令ニ抵觸スルコトヲ得ス且之ヲ發行スルトキハ地方慣行ノ公告式ニ依ル可シ

（註）市制第十條ヲ見ヨ

第二章　町村會

第一欵　組織及選擧

第十一條　町村會議員ハ其町村ノ選擧人其被選擧權アル者ヨリ之ヲ選擧ス其定員ハ其町村ノ人口ニ準シ左ノ割合ヲ以テ之ヲ定ム但町村條例ヲ以テ特ニ之ヲ增減スルコトヲ得、人口千五百未滿ノ町村ニ於テハ議員八人、人口千五百以上五千未滿ノ町村ニ於テハ議員十二人、人口五千以上一萬未滿ノ町村ニ於テハ議員十八人、人口一萬以上二萬未滿ノ町村ニ於

選擧權ヲ有スル者

テハ議員二十四人、人口二萬以上ノ町村ニ於テハ議員三十人

(註)町村ハ市ヨリモ人口大ニ少ナキヲ以テ從テ議員モ少ナキハ勿論ナレトモ市ニ比スレハ割合ニ多クノ議員ヲ出スヲ得蓋シ議員ハ多キニ過クレハ却テ議事ノ圓滑ヲ害スルコトアリサリトテ少ナキニ過クレハ代議ノ目的ヲ達スル能ハス之ヲ以テ市ノ如キ人口多キ處ハ人口ノ多ケレハ多キ程議員ノ數割合ニ減スルモ町村ノ如キ人口少ナキ所ハ割合ニ多クノ議員アルヲ要ス

第十二條　町村公民(第七條)ハ總テ選擧權ヲ有ス

但其公民權ヲ停止セラル丶者(第八條第三項、第九條第二項)及陸海軍ノ現役ニ服スル者ハ此限ニ在ラス

凡內國人ニシテ公權ヲ有シ直接町村稅ヲ納ムル者其額町村公民ノ最多ク納稅スル者三名中ノ一人ヨリモ多キトキハ第七條ノ要件ニ當ラスト雖トモ選擧權ヲ有ス但公民權ヲ停止セラル丶者及陸海軍ノ

現役ニ服スル者ハ此限ニ在ラス、法律ニ從テ設立シタル會社其他法人ニシテ前項ノ場合ニ當ルトキモ亦同シ

（註）市制第十二條ヲ見ヨ、本條ニ於テ法人ノ解釋ヲ明ラカニスヘシ法人トハ法律上ノ人ト云フ意味ニシテ此法人タルモノハ必ス財産所有權債主權負債主權ノ三ヲ有スルヲ得ヘキモノナラサルヘカラス市町村其外會社等モ自カラ財産ヲ所有シ之ヲ授受賣買シ他人ト契約ヲ結ヒ權利ヲ得義務ヲ負フ以上ハ一ノ法人トナル而シテ、此等ノ無形人ニシテ公益ヲ大限ロトナスモノヲ公立ト稱ス

第十三條　選擧人ハ分テ二級ト爲ス、選擧人中直接町村税ノ納額多キ者ヲ合セテ選擧人全員ノ納ムル總額ノ半ニ當ルヘキ者ヲ一級トシ爾餘ノ選擧人ヲ二級トス、一級二級ノ間納税額兩級ニ跨ル者アルトキハ一級ニ入ルヘシ又兩級ノ間ニ同額ノ納税者二名

以上アルトキハ其町村内ニ住居スル年數ノ多キ者ヲ以テ一級ニ入ル若シ住居ノ年數ニ依リ難キトキハ年齡ヲ以テシ年齡ニモ依リ難キトキハ町村長抽籤ヲ以テ之ヲ定ムヘシ選擧人每級各別ニ議員ノ半數ヲ選擧ス其被選擧人ハ同級內ノ者ニ限ラス兩級ニ通シテ選擧セラルヽコトヲ得

(註)市ニ在リテハ撰擧等級ヲ三級ニ分チ町村ニ在リテハ二級ニ分テリ如此ク區別ヲ立テタルハ市ト町村トハ人口ノ多少貧富ノ階級ニモ異ナル所アリテ町村ハ戶口少ナク從テ撰擧人モ少ナク貧富ノ等差モ多カラサルヲ以テ之ヲ三級ニ分タハ徒ラニ小階級ニ分チ過クルノ觀ナキニ非ス之ヲ以テ之ヲ二級ニ分チタルナリ然シ町村ニシテ特別ノ事情ノ存スルアラハ必スシモ此二級法ヲ用ユルニ及ハサルナリ乃ハチ撰擧人少ナキニ過キ其稅額ノ差等モ亦少ナク或ハ一二ノ非常ニ多額ノ納稅者アルカ或ハ町村ノ大ニノ人口モ多ク納稅者等差甚シキガ如ク特別ノ事情ノ存スルア

リテ二級撰擧法ヲ適當トセサル場合モアルヘシ故ニ不得已ノ事情アリテ許可ヲ受ケタル上ハ町村條例ヲ以テ三級撰擧法ヲ設クルアコトルベク或ハ等級ヲ設ケサルコトアルベク或ハ更ニ他ノ方法ヲ立ツルコトヲ得尤モ二級撰擧法ヲ以テ常例トナスカ故ニ如此キ特例ヲ設クルハ實ニ變例ノ場合ト知ルヘシ是レ本條中市制第十三條ト異ナル著ルシキ點ナリトス他ハ市制第十三條ヲ參照セハ明ラカナルヘシ而シテ市制ニ在テハ三分ノ一ノ文字ヲ用ヒタル所ヘ本制ニテハ半ノ字ヲ用ヒタリ之レ深ク意義ノアルニアラス市制ハ三級法ヲ用ヒ町村制ハ二級法ヲ用ヒタルヲ以テナリ

第十四條　特別ノ事情アリテ前條ノ例ニ依リ難キ町村ニ於テハ町村條例ヲ以テ別ニ選擧ノ特例ヲ設クルコトヲ得

（註）本條ノ趣意ハ前條中ニ論シ了リタリ

第十五條　選擧權ヲ有スル町村公民（第十二條第一項）

ハ總テ被選舉權ヲ有ス
左ニ掲クル者ハ町村會議員タルコトヲ得ス
一　所屬府縣郡ノ官吏
二　有給ノ町村吏員
三　撿察官及警察官吏
四　神官僧侶及其他諸宗教師
五　小學校教員
其他官吏ニシテ當選シ之ニ應セントスルトキハ所屬長官ノ許可ヲ受ク可シ
代言人ニ非スシテ他人ノ爲メニ裁判所又ハ其他ノ官廳ニ對シテ事ヲ辨スルヲ以テ業ト爲ス者ハ議員ニ選擧セラルヽコトヲ得ス
父子兄弟タルノ縁故アル者ハ同時ニ町村會議員タルコトヲ得ス其同時ニ選擧セラレタルトキハ投票ノ數ニ依テ其多キ者一人ヲ當選トシ若シ同數ナレ

ハ年長者ヲ當選トス其時ヲ異ニシテ選擧セラレタル者ハ後者議員タルコトヲ得ス

町村長若クハ助役トノ間父子兄弟タルノ緣故アル者ハ之ト同時ニ町村會議員タルコトヲ得ス若シ議員トノ間ニ其緣故アル者町村長若クハ助役ニ選擧セラレ認可ヲ受クルトキハ其緣故アル議員其職ヲ退ク可シ

(註)選擧權ト被選擧權トノ區域ヲ同一ニセシハ大ナル改正ナリ從來被選擧權ヲ選擧權ヨリ一層狹クスルヿ通例ナルモ此レハ誤リニシテ其實被撰擧權ハ撰擧權ヨリモ尙ホ廣クスヘキナリ何トナレハ撰擧者ニ乄利害ニ關係ナキ片ハ濫リニ投票ヲ行フヿアルモ被撰者ハ其地位ヲ重ンシテ輕々ニ事ヲ爲サス亦富者ノミ被選者トスル片ハ富人往々活潑ナラサル故其責ヲ全フセサルヿアリ之ニ反シ被撰者ハ他人ノ信用ヲ得タシト思フカ故ニ最モ擧動ヲ愼ムヘキハ勿論ナリ故ニ從前ノ府縣會規則ノ如キハ大ニ誤リニ乄

議員ノ任期及再選

補欠選擧

今回ノ制ハ甚ハタ好シトス

第十六條　議員ハ名譽職トス其任期ハ六年トシ毎三年各級ニ於テ其半數ヲ改選ス若シ各級ノ議員二分シ難キトキハ初回ニ於テ多數ノ一半ヲ解任セシム初回ニ於テ解任スヘキ者ハ抽籤ヲ以テ之ヲ定ム退任ノ議員ハ再選セラルヽコトヲ得

（註）市制第十六條ヲ見ヨ

第十七條　議員中欠員アルトキハ毎三年定期改選ノ時ニ至リ同時ニ補欠選擧ヲ行フヘシ若シ定員三分ノ一以上欠員アルトキ又ハ町村會町村長若クハ郡長ニ於テ臨時補欠ヲ必要ト認ムルトキハ定期前ト雖モ其補欠選擧ヲ行フヘシ補欠議員ハ其前任者ノ殘任期間在職スルモノトス定期改選及補欠選擧トモ前任者ノ選擧セラレタル撰擧等級ニ從テ之カ撰擧ヲ行フヘシ

選舉原簿ノ調製

（註）市制第十七條ヲ見ヨ

第十八條　町村長ハ撰舉ヲ行フ毎ニ其撰舉前六十日ヲ限リ選舉原簿ヲ製シ各選舉人ノ資格ヲ記載シ此原簿ニ據リテ選舉人名簿ヲ製スヘシ選舉人名簿ハ七日間町村役場ニ於テ之ヲ關係者ノ縦覧ニ供スヘシ若シ關係者ニ於テ訴願セントスルコトアルトキハ同期限内ニ之ヲ町村長ニ申立ツヘシ町村長ハ町村會ノ裁決（第三十七條第一項）ニ依リ名簿ヲ修正スヘキトキハ選舉前十日ヲ限リテ之ニ修正ヲ加ヘテ確定名簿トナシ之ニ登錄セラレサル者ハ何人タリトモ選舉ニ關スルコトヲ得ス本條ニ依リ確定シタル名簿ハ當選ヲ辭シ若クハ選舉ノ無効トナリタル場合ニ於テ更ニ選舉ヲ爲ストキモ亦之ヲ適用ス

（註）市制第十八條ヲ見ヨ

第十九條　選舉ヲ執行スルトキハ町村長ハ選舉ノ場

所日時ヲ定メ及選擧スヘキ議員ノ數ヲ各級ニ分チ選擧前七日ヲ限リテ之ヲ公告ス可シ各級ニ於テ選擧ヲ行フノ順序ハ先ツ二級ノ選擧ヲ行ヒ次ニ一級ノ選擧ヲ行フ可シ

(註)市制第十九條ヲ見ヨ而シテ玆ニ一言スヘキハ選擧ヲ行フノ順序ハ先ツ二級ノ選擧ヲ行ヒ次ニ一級ノ選擧ヲ行フ理由之レナリ市制ニ於テモ各級ニ於テ選擧ヲ行フノ順序ハ先ツ三級ノ選擧ヲ行ヒ次ニ二級次ニ一級ノ選擧ヲ行フコトヽス如此ク下級ヲ先ニシテ上級ヲ後ニスルハ下級ノ選擧人ヲシテ人ヲ擇フニ充分ノ區域ヲ得セシメンカ爲メナリ而シテ三級同時ニ行ハスシテ先ツ下級ノ選擧ヲ了ルノ後ニ上級ノ選擧ニ着手セシムルハ同一人ニシテ數級ノ選ニ當ルコトヲ防キ且上級ノ者ヲシテ下級ノ選擧ニ當ラサル候補者ヲ選フコトヲ得セシムル爲ナリトス人或ハ疑ヲ起シテ思フナラン如此クスレハ上級ノモノハ下級ノ良人物ヲ撰ミ盡シタル殘物ノ中ヨリ撰擧スルノ有樣ナレハ適當ナル人物ハ

先キニ下級ノモノニ取ラレ終ルナラント然レトモ其實然ラス却テ上級ノ者ヲシテ下級者ノ智見足ラスシテ未タ撰ヒ出サヽリシ人物ヲ撰ミ出サシムルノ便アルヘシ然ルヲ却テ上級ヲ先キニセシカ少數ナル有力者ハ初メニ尤物ヲ拔キ取リテ多數ナル下級ノ撰擧者ハ却テ人ヲ撰フノ區域狹キカ爲ニ適當ナル人ヲ撰擧スル能ハスシテ常ヨリ勢力ノ薄キ多數ハ益々其代議ノ便ヲ失ハントス之ヲ以テ議員ヲ出スノ數ノ上ニ於テハ上級ノモノニ特權ヲ與フルノ代リニ撰擧ノ順序ニ於テハ下級ニ便利ヲ與ヘタルナリ

第二十條　選擧掛ハ名譽職トシ町村長ニ於テ臨時ニ選擧人中ヨリ二名若クハ四名ヲ選任シ町村長若クハ其代理者ハ其掛長トナリ選擧會ヲ開閉シ其會場ノ取締ニ任ス

（註）市制第二十條ヲ見ヨ

第二十一條　選擧開會中ハ選擧人ノ外何人タリトモ選擧會場ニ入ルコトヲ得ス選擧人ハ選擧會場ニ於

テ協議又ハ勸誘ヲ爲スコトヲ得ス

（註）市制第二十一條ヲ見ヨ

投票

第二十二條　選擧ハ投票ヲ以テ之ヲ行フ投票ニハ被選擧人ノ氏名ヲ記シ封緘ノ上選擧人自ヲ掛長ニ差出ス可シ但選擧人ノ氏名ハ投票ニ記入スルコトヲ得ス選擧人投票ヲ差出ストキハ自己ノ氏名及住所ヲ掛長ニ申立テ掛長ハ選擧人名簿ニ照シテ之ヲ受ケ封緘ノ儘投票函ニ投入スヘシ但投票函ハ投票ヲ終ルマテ之ヲ開クコトヲ得ス

（註）市制第二十二條ヲ見ヨ

投票ノ効力

第二十三條　投票ニ記載ノ人員其選擧スヘキ定數ニ過キ又ハ不足アルモ其投票ヲ無効トセス其定數ニ過クルモノハ末尾ニ記載シタル人名ヲ順次ニ棄却ス可シ、左ノ投票ハ之ヲ無効トス（一）人名ヲ記載セス又ハ記載セル人名ノ讀ミ難キモノ（二）被選擧人ノ何人タルヲ確認シ難キモノ(三)被選擧權ナキ人名ヲ記載スルモノ(四)被選擧人氏名ノ外他事ヲ記入スルモノ投票ノ受理幷効力ニ關スル事項ハ選擧掛假ニ之ヲ議決ス可否同數ナルトキハ掛長之ヲ決ス

（註）市制第二十三條ヲ見ヨ

第二十四條　選擧ハ選擧人自ラ之ヲ行フヘシ他人ニ托シテ投票ヲ差出スコトヲ許サス第十二條第二項ニ依リ選擧權ヲ有スル者ハ代人ヲ出シテ選擧ヲ行フコトヲ得若シ其獨立ノ男子ニ非サル者又ハ會社其他法人ニ係ルトキハ必ス代人ヲ以テス可シ其代人ハ內國人ニシテ公權ヲ有スル獨立ノ男子ニ限ル但一人ニシテ數人ノ代理ヲ爲スコトヲ得ス且代人ハ委任狀ヲ選擧掛ニ示シテ代理ノ證トスヘシ

(註)市制第二十四條ヲ見ヨ

第二十五條　町村ノ區域廣濶ナルトキ又ハ人口稠密

ナルトキハ町村會ノ議決ニ依リ區畫ヲ定メテ選擧分會ヲ設クルコトヲ得但特ニ二級選擧人ノミ此分會ヲ設クルモ妨ナシ

分會ノ選擧掛ハ町村長ノ選任シタル代理者ヲ以テ其長トシ第二十條ノ例ニ依リ掛員二名若クハ四名ヲ選任ス選擧分會ニ於テ爲シタル投票ハ投票函ノ儘本會ニ集メテ之ヲ合算シ總數ヲ以テ當選ヲ定ム

選擧分會ハ本會ト同日時ニ之ヲ開ク可シ其他選擧ノ手續會場ノ取締等總テ本會ノ例ニ依ル

（註）本條ハ選擧ヲ行フノ際便宜ノ爲ニ設ケタル特例ニシテ市制第十四條ニ於テ選擧區ヲ設ケタルト同一趣意ナリ卽チ町村ノ區域廣キトキハ遠方ヨリ態々選擧ニ來ラサルヲ得サルヲ以テ大ニ選擧者ノ不便ヲ來スコアリ又人口稠密ナルトキハ一場ニ於テ多人數投票ヲ爲スハ甚タ煩雜ニ渉ルコアリ此故ニ便宜ヲ謀リ選擧分會ヲ設クルコトヲ許シタルモノニシテ町村制第十四條ニ所謂

町村條例ヲ以テ別ニ選擧ノ特例ヲ設クルモノナリトス而シテ此選擧分會ハ固ヨリ市ノ撰擧區ノ如ク獨立シタルモノニ非サルヲ以テ選擧分會ニ於テ自カラ投票ヲ數ヘ當選者ヲ定ムル能ハサルハ勿論ナリ要スルニ分會ハ本會ノ出張所ニシテ投票取纒所ト云フニ過キス此取纒所ニ於テ分會地ノ投票ヲハ投票函ノ儘之ヲ本會ニ持參シテ全町村ノ分ト合算シ其總數ヲ以テ當選ヲ定ム其撰擧ノ時日手續等ハ悉ク本會ト同フスヘシ之ヲ以テ撰擧區ノ如ク其區ヨリ議員ヲ出スノ塲合トハ大ニ異ルナリ

第二十六條　議員ノ選擧ハ有效投票ノ多數ヲ得ル者ヲ以テ當選トス投票ノ數相同キモノハ年長者ヲ取リ同年ナルトキハ掛長自ラ抽籤シテ其當選ヲ定ム同時ニ補闕員數名ヲ選擧スルトキハ（第十七條）投票數ノ最多キ者ヲ以テ殘任期ノ最モ長キ前任者ノ補闕ト爲シ其數相同キトキハ抽籤ヲ以テ其順序ヲ定ム

（註）市制第二十五條ヲ見ヨ

第二十七條　選擧掛ハ選擧錄ヲ製シテ選擧ノ顚末ヲ記錄シ選擧ヲ終リタル後之ヲ朗讀シ選擧人名簿其他關係書類ヲ合綴シテ之ニ署名ス可シ

投票ハ之ヲ選擧錄ニ附屬シ選擧ヲ結了スルニ至ル迄之ヲ保存スヘシ

（註）市制第二十六條ヲ見ヨ

第二十八條　選擧ヲ終リタル後選擧掛長ハ直ニ當選者ニ其當選ノ旨ヲ告知ス可シ其當選ヲ辭セントスル者ハ五日以內ニ之ヲ町村長ニ申立ツ可シ

一人ニシテ兩級ノ選擧ニ當リタルトキハ同期限內何レノ選擧ニ應ス可キコトヲ申立ツ可シ其期限內ニ之ヲ申立テサル者ハ總テ其選擧ヲ辭スル者トナシ第八條ノ處分ヲ爲ス可シ

（註）市制第二十七條ヲ見ヨ

第二十九條　選擧人選擧ノ効力ニ關シテ訴願セントスルトキハ選擧ノ日ヨリ七日以内ニ之ヲ町村長ニ申立ツルコトヲ得（第三十七條第一項）町村長ハ選擧ノ終リタル後之ヲ郡長ニ報告シ郡長ニ於テ選擧ノ効力ニ關シ異議アルトキハ訴願ノ有無ニ拘ラス郡參事會ニ付シテ處分ヲ行フコトヲ得選擧ノ定規ニ違背スルコトアルトキハ其選擧ヲ取消シ又被選擧人中其資格ノ要件ヲ有セサル者アルトキハ其人ノ當選ヲ取消シ更ニ選擧ヲ行ハシム可シ

（註）此事ニ附テハ既ニ市制第二十八條ニ説明シタルカ猶一應再説スヘシ第二十三條ニモ示セル如ク投票ノ効力ニ關スル事項ハ選擧掛假ニ之ヲ議決スルモ固ヨリ假議決ノ事ナレハ後ニ至リ選擧ノ無効ヲ申立ツルモノアラハ之ヲ裁決スル官廳ニ於テハ前ノ議決ニ拘ハラス至當ノ裁決ヲ爲スヘキハ當然ノ事ニシテ假令訴

願スルモノナクトモ郡長ニ於テ選擧ノ報告ヲ見テ不都合ノ廉アリト認ムルトキハ郡參事會ニ附シテ處分ヲ行ハシムルコトヲ得ルナリ

當選ノ効力ヲ失フ事

第三十條　當選者中其資格ノ要件ヲ有セサル者アルコトヲ發見シ又ハ就職後其要件ヲ失フ者アルトキハ其人ノ當撰ハ效力ヲ失フモノトス其要件ノ有無ハ町村會之ヲ議決ス

（註）市制第二十九條ヲ見ヨ

町村公民ノ總會

第三十一條　小町村ニ於テハ郡參事會ノ議決ヲ經町村條例ノ規定ニ依リ町村會ヲ設ケス撰擧權ヲ有スル町村公民ノ總會ヲ以テ之ニ充ツルコトヲ得

（註）町村ノ小ニシテ人口モ少ナク區域モ狹キ地ニ在リテハ必スシモ代議者ヲ撰フコトヲ要セス事ノ議スヘキモノアラハ其町村内ノ者一堂ニ會合シ議事ヲ爲ス方却ツテ便利ナルモノアラン元來代議者ヲ撰ンテ議決ニ與カラシムルハ多人數一同ニ會合シテ

事ヲ議セハ衆言纏マリ難キノ不都合多ク且ツ數千ノ人民一同ニ會合シテ相談ヲ爲サンコトハ實際行ハルヘキモノニ非サルヲ以テ代議ノ必要モ生シタルナリト雖トモ若シ代理者ノ力ヲ藉ラスシテ町村ノ公民悉ク議決ニ與カルノ便アラハ却テ勝レリト謂フヘシ之ヲ以テ小町村ニ在リテハ必スシモ町村會ヲ設ケス選擧權ヲ有スル町村公民ノ總會ヲ以テ議政ノ機關ニ充ツルヲ許セリ或ハ疑フテ曰ク町村ニシテ左程小ナルモノタラハ何ソ他ノ町村ト合併シテ其力ヲ大ニセサルト然レトモ地勢上ヨリ往々小區域ヲ爲シ他ノ町村ト連合ノ便ナキモノ或ハ利害ノ懸隔甚シクシテ近隣ノ町村ト相一致セサル場合ナキニ非ス例ヘハ山間僻陬ノ村落ノ如キ之レナリ

第二款　職務權權及處務規程

第三十二條　町村會ハ其町村ヲ代表シ此法律ニ準據シテ町村一切ノ事件幷從前特ニ委任セヲレ又ハ將來法律勅令ニ依テ委任セヲルヽ事件ヲ議決スルモ

ノトス

（註）市制第三十條ヲ見ヨ

町村會ノ議決スヘキ事件

第三十三條　町村會ノ議決スヘキ事件概目左ノ如シ

（一）町村條例及規則ヲ設ケ幷改正スル事、（二）町村費ヲ以テ支辨ス可キ事業但シ第六十九條ニ掲クル事務ハ此限ニ在ラス、（三）歳入出豫算ヲ定メ豫算外ノ支出及豫算超過ノ支出ヲ認定スル事、（四）決算報告ヲ認定スル事、（五）法律勅令ニ定ムルモノヲ除クノ外使用料、手數料、町村税及夫役現品ノ賦課徵收ノ法ヲ定ムル事、（六）町村有不動產ノ賣買交換讓受讓渡幷質入書入ヲ爲ス事、（七）基本財產ノ處分ニ關スル事、（八）歳入出豫算ヲ以テ定ムルモノヲ除クノ外新ニ義務ノ負擔ヲ爲シ及權利ノ棄却ヲ爲ス事、（九）町村有ノ財產及營造物ノ管理方法ヲ定ムル事、（十）町村吏員ノ身元保證金ヲ徵シ竝其金額ヲ定ムル事、（十一）町村ニ係ル訴訟及

和解ニ關スル事、

町村吏員ノ選擧

第三十四條　町村會ハ法律勅令ニ依リ其職權ニ屬スル町村吏員ノ撰擧ヲ行フ可シ

（註）市制第三十一條ヲ見ヨ

町村事務ノ監査

第三十五條　町村會ハ町村ノ事務ニ關スル書類及計算書ヲ撿閱シ町村長ノ報告ヲ請求シテ事務ノ管理議決ノ施行並收入支出ノ正否ヲ監査スルノ職權ヲ有ス、町村會ハ町村ノ公益ニ關スル事件ニ付意見書ヲ監督官廳ニ差出スコトヲ得

（註）市制第三十二條ヲ見ヨ

官廳ノ諮問ニ應スル事

第三十六條　町村會ハ官廳ノ諮問アルトキハ意見ヲ陳述ス可シ

（註）市制第三十三條ヲ見ヨ

訴願

第三十七條　町村住民及公民タル權利ノ有無撰擧權

及被撰擧權ノ有無撰擧人名簿ノ正否並其等級ノ當否代理ヲ以テ執行スル撰擧權(第十二條第二項)及町村會議員撰擧ノ効力(第二十九條)ニ關スル訴願ハ町村會之ヲ裁決ス、前項ノ訴願中町村住民及公民タル權利ノ有無並撰擧權ノ有無ニ關スルモノハ町村會ノ設ケナキ町村ニ於テハ町村長之ヲ裁決ス町村會若クハ町村長ノ裁決ニ不服アル者ハ郡參事會ニ訴願シ其郡參事會ノ裁決ニ不服アル者ハ府縣參事會ニ訴願シ其府縣參事會ノ裁決ニ不服アル者ハ行政裁判所ニ出訴スルコトヲ得本條ノ事件ニ付テハ町村長ヨリモ亦訴願及訴訟ヲ爲スコトヲ得、本條ノ訴願及訴訟ノ爲メニ其執行ヲ停止スルコトヲ得ス但判決確定スルニ非サレハ更ニ撰擧ヲ爲スコトヲ得ス

（註）市制三十五條ヲ見ヨ、本條ニ於テ市制第三十五條ト異ナル所

ハ第一項ニ在リ此第一項ハ第卅一條ニ示セル小町村ニシテ町村會ヲ設ケサル場合ナリトス然シ前項ノ訴願中云々トアルヲ見レハ町村住民及公民タル權利ノ有無並選擧權ノ有無ニ關スルモノヽ外ハ町村長之ヲ裁決スル能ハザルカ如シ然ラハ其外ノ事ニ關スル訴願ハ其始メ何レニ於テ裁決スヘキカノ疑ヒ生スルヿアルヘシ然レトモ第卅一條ニアル如ク町村會ヲ設ケサル時ハ選擧權ヲ有スル町村公民ノ總會ヲ以テ之ニ充ツルカ故ニ被選權ノ有無選擧人名簿ノ正否並其等級ノ當否代理ヲ以テ執行スル選擧權及町村會議員選擧ノ効力ニ關スル訴願ハ起ルヘキ筈ナシ

議員ノ不羈

第三十八條　凡議員タル者ハ撰擧人ノ指示若クハ委屬ヲ受ク可ラサルモノトス

(註)市制第卅六條ヲ見ヨ本條ノ如キハ固トヨリ當然ノヿニシテ法律ヲ以テ規定スルヲ要セサル性質ノモノナレ𪜈今日我國ノ實際ニハ之ヲ規定スル未タ無用ニ非ルヘシ

町村會ノ議長

第三十九條　町村會ハ町村長ヲ以テ其議長トス若シ

町村長故障アルトキハ其代理タル町村助役ヲ以テ之ニ充ツ

（註）市制ニ於テハ市會ノ議長及其代理者各一名ヲ互選ス（市制第三十七條）然ルニ町村ニ於テハ町村長ヲ以テ議長トス而シテ町村助役ハ副議長ノ地位ニ任リ如此ク市制ト町村制ノ間ニ區別ヲ爲シタル所以ハ町村ニ在テハ議員モ少ナク人物モ少ナク町村長及ヒ助役ノ外事務ニ熟練スル者多カラス從テ議長ノ任ニ堪フヘキ者甚タ少ナキヲ以テナリ且町村ノ行政ハ之ヲ町村長一人ニ任シ之カ補助者數名ヲ置クノミナレトモ市ニ於テハ市參事會ニ於テ市ノ行政ヲ主トリ市長ハ其會員ノ一人ニシテ其會ノ事務ヲ統理シ外ニ對シテハ參事會ヲ代表スルモノナリ即チ市ハ集議制ニ依ルモノナルニ町村ハ特任制ニ依リテ一人一個ノ責任ヲ有シ行政ノ全体ニ任スルモノナルヲ以テ成ルヘク議員ト密接ノ關係ヲ有セシメサレハ町村長ハ行政ヲ爲スニ當テ町村會ノ議決ノ趣旨ニ背キ又町村會議員ハ町村長ノ抱ク所ノ町村行政ノ希望ヲ明ラカ

ニスル能ハス議政ト施政トノ一致ヲ妨クルニ至ルヘシ故ニ議政者ト施政者トノ關係ヲ密接ナラシメンカ爲ニ町村長ヲシテ町村會ノ議長ヲ兼ヲシムルノ必要アルナリ

議長ニ故障アル場合

第四十條　會議ノ事件議長及ヒ其父母兄弟若クハ妻子ノ一身上ニ關スル事アルトキハ議長ニ故障アルモノトシテ其代理者之ニ代ル可シ議長代理者共ニ故障アルトキハ町村會ハ年長ノ議員ヲ以テ議長ト爲ス可シ

（註）市制第三十八條ヲ見ヨ

町村長及助役ノ議事辨明

第四十一條　町村長及助役ハ會議ニ列席シテ議事ヲ辨明スルヿヲ得

（註）市制第三十九條ニハ市參事會員ハ云々トアリ本條ハ町村長及助役ハ云々トアリ其名ハ異ナリト雖トモ共ニ行政ノ事務ヲ執ルモノナリ施政者ハ議政者ニ向テ議事ヲ辨明シ施政上都合ヨキ議決ヲ求ムルハ固ヨリ必要ノ事ナリ又議員ニ於テ疑惑ヲ抱クノ

點アラハ之ヲ說明辨解シテ行政上實際ノ便否如何ヲ明白ナラシメ或ハ議案ノ性質ヲ知ラシムルハ行政者ノ責任ナリトス此場合ニハ會議ニ列席シテ議員ヲ兼ヌルモノナルヲ以テ議決權ヲ有スルハ固ヨリナリカヽル場合ト第四十四條ヲ除クノ外ハ町村長及助役ハ議決權ヲ有スルヲ得サルモノトス

議員ノ招集

第四十二條　町村會ハ會議ノ必要アル毎ニ議長之ヲ招集ス若シ議員四分ノ一以上ノ請求アルトキハ必ス之ヲ招集ス可シ其招集並會議ノ事件ヲ告知スルハ急施ヲ要スル場合ヲ除クノ外少クモ開會ノ三日前タルヘシ但町村會ノ議決ヲ以テ豫メ會議日ヲ定ムルモ妨ケナシ

（註）市制第四十條ヲ見ヨ

議決スヘキ議員ノ定數

第四十三條　町村會ハ議員三分ノ二以上出席スルニ非サレハ議決スルコトヲ得ス但同一ノ議事ニ付招集再回ニ至ルモ議員猶三分ノ二ニ滿タサルトキハ

此限ニ在ラス

（註）市制第四十一條ト仝シ而シテ三分ノ二ハ嚴ニ過グ寧ロ過半數即ハチ二分ノ一以上トセハ如何

議決

第四十四條　町村會ノ議決ハ可否ノ多數ニ依リ之ヲ定ム可否同數ナルトキハ再議議決ス可シ若シ猶同數ナルトキハ議長ノ可否スル所ニ依ル

（註）市制第四十二條ヲ見ヨ

議員ノ忌避

第四十五條　議員ハ自己及其父母兄弟若クハ妻子ノ一身上ニ關スル事件ニ付テハ町村會ノ議決ニ加ハルコトヲ得ス

議員ノ數此除名ノ爲メニ減少シテ會議ヲ開クノ定數ニ滿タサルトキハ郡參事會町村會ニ代テ議決ス

（註）市制第四十三條ヲ見ヨ

町村吏員ノ選擧

第四十六條　町村會ニ於テ町村吏員ノ選擧ヲ行フトキハ其一名毎ニ匿名投票ヲ以テ之ヲ爲シ有効投票

ノ過半數ヲ得ル者ヲ以テ當撰トス若シ過半數ヲ得ル者ナキトキハ最多數ヲ得ル者二名ヲ取リ之ニ就テ更ニ投票セシム若シ最多數ヲ得ル者三名以上同數ナルトキハ議長自ラ抽籤シテ其二名ヲ取リ更ニ投票セシム此再投票ニ於テモ猶過半數ヲ得ルモノナキトキハ抽籤ヲ以テ當撰ヲ定ム其他ハ第二十二條第二十三條第二十四條第一項ヲ適用ス

前項ノ撰擧ニハ町村會ノ議決ヲ以テ指名推撰ノ法ヲ用フルコトヲ得

（註）市制第四十四條ヲ見ヨ

町村會ハ公會

第四十七條　町村會ノ會議ハ公開ス但議長ノ意見ヲ以テ傍聽ヲ禁スルコトヲ得

（註）市制第四十五條ヲ見ヨ

議長ノ職權

第四十八條　議長ハ各議員ノ事務ヲ分課シ會議及撰擧ノ事ヲ總理シ開會閉會幷延會ヲ命シ議場ノ秩序

ヲ保持ス若シ傍聽者ノ公然贊成又ハ擯斥ヲ表シ又喧擾ヲ起ス者アルトキハ議長ハ之ヲ議場外ニ退出セシムルコトヲ得

（註）市制第四十六條ヲ見ヨ

議事錄

第四十九條　町村會ハ書記ヲシテ議事錄ヲ製シテ其議決及撰擧ノ顚末幷出席議員ノ氏名ヲ記錄セシム可シ議事錄ハ會議ノ末之ヲ朗讀シ議長及議員二名以上之ニ署名ス可シ

町村會ノ書記ハ議長之ヲ撰任ス

（註）市制第四十七條ト仝シ而シテ該條ニハ第一項ニ市會ハ議事錄ノ謄寫又ハ原書ヲ以テ其議決ヲ市長ニ報告ス可シトノ一項アルモ本條ニ之レナキ所以ハ町村長ハ議長トシテ議事ニ關スルヲ以テナリ

會議細則及過怠金

第五十條　町村會ハ其會議細則ヲ設ク可シ其細則ニ違背シタル議員ニ科ス可キ過怠金二圓以下ノ罰則

町村總會ニ町村會ノ規則適用

ヲ設クルコトヲ得

（註）市制第四十八條ヲ見ヨ

第五十一條　第三十二條ヨリ第四十九條ニ至ルノ規定ハ之ヲ町村總會ニ適用ス

（註）第三十一條ニ示セル小町村ニ於ケル町村公民ノ總會ハ即チ町村會ト異ナラス唯一ハ代議者ヲ用ユルト一ハ公民自身ニ出席スルトノ差異アルノミ職務權限及處務規程ニ至テハ敢テ異ナル所ナシ

第三章　町村行政

（註）屢々説クカ如ク町村ハ無形ノ法人ニシテ自ラ意見ヲ述ベ亦自ラ之ヲ行フコ能ハサルモノナルヲ以テ町村會ヲ置キテ其思想ヲ發露セシメ行政機關ヲ設ケテ町村會ノ決議ヲ執行セシメサル可ラス而メ町村會ノコハ第二章ニ詳述シタルヲ以テ本條ニハ只町村行政ノ機關ノミヲ示セルナリ

第一款　町村吏員ノ組織撰任

(註)本款ハ町村ノ行政ヲ行フ處ノ吏員ハ如何ナル人ヲ以テ之ニ充ツルヤ其撰擧ハ如何ナル方法ヲ以テスルヤヲ示シタルナリ

第五十二條　町村ニ町村長及町村助役各一名ヲ置クヘシ但町村條例ヲ以テ助役ノ定員ヲ增加スルヿヲ得

(註)市制第四十九條ニ詳述シタルカ如ク市ノ行政ハ集議制ナリト雖町村ノ行政ハ特任制ニシテ町村長一人ノ專決スル處ニ任シタリ故ニ其責任ノ如キモ亦タ町村長一人ニアルヲ以テ集議制ニ比シ大ニ錯綜ノ弊ヲ避クルヿヲ得ルナリ畢竟地方ノ自治行政ニハ集議制ヲ以テスルニ如カスト雖町村ノ行政ハ勉メテ簡易ノ編制法ニヨルヲ必要トシ且ツ多數ノ名譽職員ヲ撰擧セントスルモ其適任ノ人物ニ乏キカ故ニ今日ニ於テハ町村ノ行政ヲ特任制トナスヲ以テ便利ナリトナサヽル可ラサル也

町村長ハ町村ノ統轄者ニシテ一方ニ於テハ町村固有ノ事務ヲ管理

シ一方ニ於テハ法律ノ範圍內ニ於テ且ツ官廳ヨリ發シタル命令ノ範圍內ニ於テ百般ノ事項ニ涉リ町村ノ安寧幸福ヲ增進保護スルヲ以テ務メトナスノ外ニ亦町村ノ名ヲ以テ委任ノ强制權ヲ執行スル者トス例之ハ町村稅ヲ定期內ニ收メサルモノヲ督促シ且完納セサルモノヲ處分スルノ類ナリ而メ町村固有ノ事務ニ付テハ町村會カ其權限內ニテ法律ニ背戾スルコトナク議決シタル事項ハ是非ヲ論セス之ヲ執行スルノ義務ヲ有ス尤モ此等ノ執行ニ付テハ一人ヲ以テ其責任ニ當ルヘキモノナレハ議決ニ對メ不同意ナル時ハ第六十八條ノ手續ヲナスヲ得ルナリ而メ町村長ハ無論一人ツヽニシテ其理由ハ前ニモ述ヘタルカ如ク特任制ナルカ故ナリ是レ議政者ハ宜ロシク數人ナルヘク執政者ハ必ス一人ナルヘシノ原則ニ基キ政令ノ二途ニ分カルヽカ如キコトナカラシメンカ爲メ且ツハ執政者ノ間ニ軋轢等ノ生スルカ如キコトナカラシメンカ爲メ斯ク一人トナシタルナリ

助役モ各町村一名ツヽヲ定員トスレトモ各地方ノ需用ニ應メ或ハ

之ヲ増加スルヲ得セシメンカ為メ町村條例ノ定ムル處ニ任シタルナリ而メ助役ハ町村長ニ屬スルモ是レハ集議躰ヲ為スニアラス町村役塲ノ事務ハ皆前ニ述ヘタルカ如ク町村長一人ノ専決ニ任カセ其責任モ又町村長一人ニ屬スルカ故ニ助役ハ只ニ其補助員タルニ過キス万事其指揮ニ從ヒ之ヲ補佐スルモノトス

町村長資格ノ撿束

第五十三條　町村長及助役ハ町村會ニ於テ其町村公民中年齢滿三十歳以上ニシテ撰擧權ヲ有スル者ヨリ之ヲ撰擧ス町村長及助役ハ第十五條第二項ニ掲載スル職ヲ兼ヌルコトヲ得ス父母兄弟タルノ縁故アルモノハ同時ニ町村長及助役ノ職ニアルコトヲ得ス若シ其縁故アルモノ助役ノ撰擧ニ當ルトキハ其當撰ヲ取消シ其町村長ノ撰擧ニ當リテ認可ヲ得ルトキハ其縁故アル助役ハ其職ヲ退クヘシ

(註)町村長及助役ハ第五十五條ニモアル如ク名譽職ナルヲ以テ從テ之レニ撰擧セラルヘキモノハ町村ノ公民ニアラサル可ラス

町村長ノ撰擧及任期

且町村公民ハコノ職ニ任スヘキ義務ヲ有スルモノナルカ故ニ町村長助役ハ町村會ニ於テ町村公民中三十歳以上ニシテ撰擧權ヲ有スルモノヨリ撰擧スルコトセル也而シテコノ町村長及助役ハ第十五條第二項ニ列記セル職務ヲ兼ヌルヲ得ス是レ蓋シ其事務ヲ輕忽ニ附シ去ルノ恐レアルカ故ナルヘシ其他ハ市制第五十五條ノ説明ニ用ヒタル道理ト同シケレハ今之ヲ述ヘス

第五十四條　町村長及助役ノ任期ハ四年トス、町村長及助役ノ撰擧ハ第四十六條ニ由テ行フヘシ但投票同數ナルトキハ抽籤ノ法ニヨラス郡參事會之ヲ決スヘシ

(註)任期短カケレハ人民ハ公務ニ練習スルノ遑ナキノ恐レアリ去リトテ任期長カケレハ多數ノ人民カ公務ニ練習スル能ハサルノ恐レアリ故ニ町村長及助役ハ四年ヲ以テ任期トセリ思フニ市長及助役ハ其年限六ケ年ナリト雖此等ハ公民中ヨリ撰擧スヘキモノニモアラス有給ノ專務吏員タルニ過キサレハ従テ此等ノ必

要ナシト雖町村長及助役ハ名譽職ナルカ故ニ之ニ任スルハ公民ノ權利ニシテ且義務ナルヲ以テ成ルヘク多クノ人ヲシテ此義務ト權利ヲ行フコトヲ得セシムルコト最モ肝要ナルカ故ニ市長及助役ハ六ケ年ノ年限ナルニモ係ハラス町村長及其助役ハ四ケ年ヲ以テ任期ト定メタルナリ

選擧ノ手續方法ハ第四十六條ノ規定スルカ如シ但シ其投票數ノ同キ時ハ郡參事會ノ決スルトコロニ任シ抽籤ノ法ヲ用ヒサルナリ是レ市制ト異ル所ニシテ而シテ實際上策ノ得タルモノナラン

第五十五條　町村長及助役ハ名譽職トス但第五十六條ノ有給町村長及有給助役ハコノ限ニアラス、町村長ハ職務取扱ノタメニ要スル實費辨償ノ外勤務ニ相當スル報酬ヲ受クルヿヲ得助役ニシテ行政事務ノ一部ヲ分掌スル塲合(第七十條第二項)ニ於テモ亦同シ

(註)市制ニ於テモ述ヘタルカ如ク自治ノ制度ヲ完全ナラシメン

ニハ主トシテ名譽職ヲ擴張セザル可ラス故ニ町村長及助役ハ無給名譽職ト定メタリト雖町村ノ情況ニヨリ有給吏トナサヽル可ラサルヿアリ故ニ此場合ニハ名譽職ニアラサルモノトス而メ右ノ如ク町村長ヲ名譽職ト定ムルモ場合ニヨリテハ事務ノ多端ナルカタメ其ノ本業ヲ妨害セラルヽヿナシトセスカヽル場合ニ當リテ職務上ノ實費辨償ノ外相當ノ報酬ヲ與ヘサルトキハ第一實業家ヲメ町村長ノ職ニ就クヲ欲セサラシムルノ恐アリ故ニ此損害ヲ償ヒ得ル丈ケノ報酬金ヲ與フルヿトセシナリ去レハ助役ニメ行政事務ノ一部ヲ分掌スル場合モ亦之ヲ與フルヲ得ルナリ

有給町村長及助役

第五十六條 町村ノ情況ニヨリ町村條例ノ規定ヲ以テ町村長ニ給料ヲ給スルヿヲ得又大ナル町村ニ於テハ町村條例ノ規定ヲ以テ助役一名ヲ有給吏員トナスヿヲ得有給町村長及有給助役ハ其町村公民タル者ニ限ラス但當撰ニ應シ認可ヲ得ルトキハ其公民タルノ權ヲ得

（註）町村ノ情況殆ント市ト同ク從テ其事務モ繁多ナル片ハ到底專務ノ吏員ニアラサレハ此任ニ當ル可ラサルカ故ニカヽル場合ニハ町村長及助役一人ヲ有給吏員トナスヿヲ得ルナリ其理由ハ市制第五十條ニ於テ説明シタル處ノ如シ且本條第二項ノヿハ市制第五十三條ニ於テ説明シタルトコロト同シ原則ニ基クモノナレハ宜シク參照スベシ

有給町村長及助役ノ退職

第五十七條　有給町村長及有給助役ハ三ヶ月前ニ申立ツル片ハ隨時退職ヲ求ムルヿヲ得此場合ニ於テハ退隱料ヲ受クルノ權ヲ失フモノトス

（註）本條ハ市制第五十五條ノ末項ニ於テ説明セル處ト同一ノ理由ニ基キタルモノト知ルヘシ

有給町村長及助役ノ檢束

第五十八條　有給町村長及有給助役ハ他ノ有給ノ職務ヲ兼任シ又ハ株式會社ノ社長及重役トナルヿヲ得ス其他ノ營業ハ郡長ノ認可ヲ得ルニアラサレハ之ヲ爲スヿヲ得ス

撰擧ノ認許

（註）本條ノ理由ハ市制第五十六條ニ附テ見ルヘシ

第五十九條　町村長及助役ノ撰擧ハ府縣知事ノ認可ヲ受クヘシ

（註）町村長ハ町村ノ機關トモナリ又國ノ機關トモナルヿ第五十二條ニ於テ述ヘタルカ如シ再述スレハ町村長ハ町村固有ノ事務ヲ管理スルノ外ニ又國政ニ屬スル事務ヲ其委任セラレタル範圍內ニ在テ專決スルモノナリ故ニ町村長ノナス處ノ事務ハ一般ノ施政ニ關係ヲ及シ國家ノ利害ニ影響スルヿ少ナカラサルヲ以テ町村會カ之ヲ撰擧セシ上ハ一ト先ツ府縣知事ノ認可ヲ受ケサル可ラス助役ニ於テモ亦同シ

撰擧不認可ノ場合

第六十條　府縣知事前條ノ認可ヲ與ヘサルトキハ府縣參事會ノ意見ヲ聞クヿヲ要スモシ府縣參事會同意セサルモ猶府縣知事ニ於テ認可スヘカラストナストキハ自己ノ責任ヲ以テ之ニ認可ヲ與ヘサルヿヲ得、府縣知事ノ不認可ニ對シ町村長又ハ町村會ニ於テ

不服アル𪜈ハ内務大臣ニ具申シテ認可ヲ乞フコトヲ得

（註）府縣知事カ認可ヲ拒マントスル𪜈ハ其ノ公平ヲ失フノ弊ヲ防カンカタメ且ツハ偏私ノ誹ヲ免レンカタメ府縣參事會ノ同意ヲ得ルヲ要スルナリ而ソ府縣知事カ之ヲ拒絶スル𪜈ハ理由ヲ示スヘシトナサヽリシハ徒ラニ其活動ヲ牽制セラレンコトヲ恐ルレハナリ且又府縣參事會カ同意セサル𪜈ニ當リテモ尙ホ府縣知事ニ於テ認可ヲ拒ムヘキモノト見認ル𪜈ハ直ニ之ヲ認可セザルコトヲ得ルト雖苟モ斯ノ如キ塲合ニ於テハ之ヨリ生スル百般ノ結果ニ就キ總テ府縣知事自ラ其責任ヲ帶ハサル可ラサルハ當然ナリ又府縣知事ノ認可ヲ拒メルコトニツキ町村長又ハ町村會ニ於テ不服アル𪜈ハ更ニ一歩ヲ進メテ内務大臣ノ認可ヲ請求スルヿヲ得是レ其ノ公益ニ關スル重大ノ事件ナレハナリ

第六十一條　町村長及助役ノ撰擧其認可ヲ得サルトキハ再撰擧ヲ爲ス可シ

再撰擧ニシテ猶其認可ヲ得サルトキハ追テ撰擧ヲ行ヒ認可ヲ得ルニ至ルノ間認可ノ權アル監督官廳ハ臨時ニ代理者ヲ撰任シ又ハ町村費ヲ以テ官吏ヲ派遣シ町村長及助役ノ職務ヲ管掌セシム可シ

（註）本條ハ第六十條ノ規定ニ關シテ其結局ノ處分法ヲ定メタルモノニシテ別ニ說明ヲ要セス

第六十二條　町村ニ收入役一名ヲ置ク收入役ハ町村長ノ推撰ニ依リ町村會之ヲ撰任ス

收入役ハ有給吏員ト爲シ其任期ハ四年トス

收入役ハ町村長及助役ヲ兼ヌルコトヲ得ス其他第五十六條第二項、第五十七條及第七十六條ヲ適用ス

收入役ノ撰任ハ郡長ノ認可ヲ受ク可シ若シ認可ヲ與ヘサルトキハ郡參事會ノ意見ヲ聞クコトヲ要ス郡參事會之ニ同意セサルモ猶郡長ニ於テ認可ス可カラスト爲ストキハ自己ノ責任ヲ以テ之ニ認可ヲ

與ヘサルコトヲ得其他第六十一條ヲ適用ス
郡長ノ不認可ニ對シ町村長又ハ町村會ニ於テ不服アルトキハ府縣知事ニ具申シテ認可ヲ請フコトヲ得
收入支出ノ寡少ナル町村ニ於テハ郡長ノ許可ヲ得テ町村長又ハ助役ヲシテ收入役ノ事務ヲ兼掌セシムルコトヲ得

（註）本條ハ別ニ詳カナル說明ヲ要セス第一項第三項及第四項ノ上部ハ市制第五十八條ト同一ノ理由ニ基ケルモノニメ其第四項ノ下部及第五項ハ町村制第六十條ノ說明ヲ適用スレハ足レリ且其第六項ノ如キハ收入支出ノ少キ小町村ノ便宜ノ爲メ明示セル條文ナリト知ルヘシ

第六十三條　町村ニ書記其他必要ノ附屬員並使丁ヲ置キ相當ノ給料ヲ給ス其人員ハ町村會ノ議決ヲ以テ之ヲ定ム但町村長ニ相當ノ書記料ヲ給與シテ書

記ノ事務ヲ委任スルコトヲ得
町村附屬員ハ町村長ノ推撰ニ依リ町村會之ヲ撰任シ使丁ハ町村長之ヲ任用ス
（註）本條ハ市制第五十九條ノ道理ヲ適用シテ説明スルヲ得ヘシ其但書ノ場合ノ如キハ事務ノ繁多ナラサル小町村ノ便宜ノタメ設ケタル條文ニシテ第二項ハ別ニ説明ヲ要セス只小使ハ町村長ノ專斷ヲ以テ之ヲ任用スルヲ得レ𪜈其他ハ市會ノ承諾ヲ經ルヲ要スルヿヲ知レハ可ナリ

第六十四條　町村ノ區域廣濶ナルトキ又ハ人口稠密ナルトキハ處務便宜ノ爲メ町村會ノ議決ニ依リ之ヲ數區ニ分チ毎區區長及代理者各一名ヲ置クコトヲ得區長及其代理者ハ名譽職トス
區長及其代理者ハ町村會ニ於テ其町村ノ公民中撰擧權ヲ有スル者ヨリ之ヲ撰擧ス區會（第百十四條）ヲ設クル區ニ於テハ其區會ニ於テ之ヲ撰擧ス

（註）本條ハ市制第六十條ト同一ノ理由ヲ適用シテ說明スルヲ得ヘシ只ニ三ノ市制ニ異ルトコロヲ左ニ述フヘシ

市ニハ斯ヽル制限ナシト雖町村ニテハ區域ノ廣濶ナル時又ハ人口稠密ナル時ニアラサレハ區ヲ設クルヲ得ス且之ヲ設クルニ當テ市ニ在テハ行政機關ナル市參事會ノ意見ヲ以テ之ヲ設クルヲ得レ𪜈町村ニアリテハ議政機關ナル町村會ノ議決ナケレハ之ヲ設クルヲ得ス是レ町村ハ特任制ナルカ故ナリ且市制ニ在テハ其撰擇ノ區域ヲ限リテ其區若クハ隣區ノ公民中撰擧權ヲ有スルモノヽ中ヨリ撰擧スヘシトナシタレ𪜈町村制ハ尚一段ヲ廣メテ其町村ノ公民中トナセリ是レ町村ハ都會ノ地ニ比シテ適任ノ人物少キカ故ナリ

第六十五條　町村ハ町村會ノ議決ニ依リ臨時又ハ常設ノ委員ヲ置クコトヲ得其委員ハ名譽職トス

委員ハ町村會ニ於テ町村會議員又ハ町村公民中撰擧權ヲ有スル者ヨリ撰擧シ町村長又ハ其委任ヲ受

ケタル助役ヲ以テ委員長トス

常設委員ノ組織ニ關シテハ町村條例ヲ以テ別段ノ規定ヲ設クルコトヲ得

（註）本條ハ市制第六十一條ト同一ノ原則ニ基ク者ナレハ說明ノ要ナシ只町村ノ行政ハ特任制ナルカ故ニ委員ヲ組織スル元素中ニ參事會ノ如キモノナキノミ

區長委員ノ報酬

第六十六條　區長及委員ニハ職務取扱ノ爲メニ要スル實費辨償ノ外町村會ノ議決ニ依リ勤務ニ相當スル報酬ヲ給スルコトヲ得

（註）市制第六十二條ヲ見ヨ

町村吏員再選

第六十七條　町村吏員ハ任期滿限ノ後再撰セラルヽコトヲ得

町村吏員及使丁ハ別段ノ規定又ハ規約アルモノヲ除クノ外隨時解職スルコトヲ得

（註）市制第六十三條ヲ見ヨ

町村長ノ擔任事務

第二欵　町村吏員ノ職務權限

（註）本欵ハ町村吏員ハ如何ナル職務ヲ行ヒ且ツ之ヲ行フニハ如何ナル權限ヲ有スルカヲ定テ以テ其行政機關ヲ運轉スル方法ヲ規定シタルモノナリ

第六十八條　町村長ハ其町村ヲ統轄シ其行政事務ヲ擔任ス

町村長ノ擔任スル事務ノ概目

一　町村會ノ議事ヲ準備シ及其議決ヲ執行スル事若シ町村會ノ議決其權限ヲ越エ法律命令ニ背キ又ハ公衆ノ利益ヲ害スト認ムルトキハ町村長ハ自已ノ意見ニ依リ又ハ監督官廳ノ指揮ニ依リ理由ヲ示シテ議決ノ執行ヲ停止シ之ヲ再議セシメ猶其議決ヲ更メサルトキハ郡參事會ノ裁決ヲ請フ可シ其權限ヲ越エ又ハ法律勅令ニ背クニ依テ議決ノ執行ヲ停止シタル場合ニ

於テ府縣參事會ノ裁決ニ不服アル者ハ行政裁判所ニ出訴スルコトヲ得

二　町村ノ設置ニ係ル營造物ヲ管理スル事若シ特ニ之カ管理者アルトキハ其事務ヲ監督スル事

三　町村ノ歳入ヲ管理シ歳入出豫算表其他町村會ノ議決ニ依テ定マリタル收入支出ヲ命令シ會計及出納ヲ監視スル事

四　町村ノ權利ヲ保護シ町村有ノ財産ヲ管理スル事

五　町村吏員及ヒ使丁ヲ監督シ懲戒處分ヲ行フ事其ノ懲戒處分ハ譴責及ヒ五圓以下ノ過怠金トス

六　町村ノ諸證書及公文書類ヲ保管スル事

七　外部ニ對シテ町村ヲ代表シ町村ノ名義ヲ以テ其訴訟并和解ニ關シ又ハ他廳若クハ人民ト商

議スル事

八　法律勅令ニ依リ又ハ町村會ノ議決ニ從テ使用料、手數料町村稅及ヒ夫役現品ヲ賦課徵收スル事

九　其他法律命令又ハ上司ノ指令ニ依テ町村長ニ委任シタル事務ヲ處理スル事

（註）本條ノ各項ハ市制第六十四條ニ於テ說明シタル處ノ道理ト同一ノ原則ニ基キタルモノナレハ只同條ノ說明中市會トアルヲ町村會トシ市參事會トアルヲ町村長トシ市トアルヲ町村ト改ムレハ可ナリトス尤モ市ト町村トハ行政機關ニ多少ノ異同アレハ從テ一二ノ異ルトコロアルヘシト雖是等ハ讀者ノ推察ニ任ス

第六十九條　町村長ハ法律命令ニ從ヒ左ノ事務ヲ管掌ス

一　司法警察補助官タルノ職務及法律命令ニ依テ其管理ニ屬スル地方警察ノ事務但別ニ官署ヲ

設ケテ地方警察事務ヲ管掌セシムヘキトキハ此限ニ在ラス
二　浦役場ノ事務
三　國ノ行政並府縣郡ノ行政ニシテ町村ニ屬スル事務但別ニ吏員ノ設ケアルトキハ此限ニ在ラス
右三項中ノ事務ハ監督官廳ノ許可ヲ得テ之ヲ助役ニ分掌セシムルコトヲ得
本條ニ掲載スル事務ヲ執行スルカ爲メニ要スル費用ハ町村ノ負擔トス
（註）市制第七十四條ヲ參照セヨ

町村助役ノ事務

第七十條　町村助役ハ町村長ノ事務ヲ補助ス
町村長ハ町村會ノ同意ヲ得テ助役ヲシテ町村行政事務ノ一部ヲ分掌セシムルコトヲ得
助役ハ町村長故障アルトキ之ヲ代理ス其助役數名ア

ルトキハ其上席者之ヲ代理スヘシ

（註）前來遞ヘタルカ如ク町村助役ハ町村長ノ補助員タルニ過キスシテ共ニ集議体ヲ搆造スルモノニアラサルヲ以テ通常町村役場ノ事務ハ町村長ノ專決スルトコロトナシ其責任モ又町村長一身ニ屬スルモノト知ルヘシサレハ町村長カ町村固有ノ事務ノ一部ヲ助役ニ分掌セシメントスルトキハ町村トイヘル無形人ヲ代表スル町村會ノ同意ヲ得サル可ラサルコ當然ナリ故ニ此場合及ヒ町村長ノ代理ヲナス場合ニハ助役ト雖自ラ責任ヲ負ハサル可カラサルナリ

収入役ノ職務

第七十一條　町村收入役ハ町村ノ收入ヲ受領シ其費用ノ支拂ヲ爲シ其他會計事務ヲ掌ル

（註）字面ノ如クナルヲ以テ別ニ説明ヲ要セス

書記ノ事務

第七十二條　書記ハ町村長ニ屬シ庶務ヲ分掌ス

（註）同上

區長及其代理者ノ事務

第七十三條　區長及其代理者ハ町村長ノ機關トナリ

其指揮命令ヲ受ケテ區內ニ關スル町村長ノ事務ヲ補助執行スルモノトス

（註）市制第七十二條ト同シ道理ナリ

第七十四條　委員（第六十五條）ハ町村行政事務ノ一部ヲ分掌シ又營造物ヲ管理シ若クハ監督シ又ハ一時ノ委托ヲ以テ事務ヲ處辨スルモノトス

委員長ハ委員ノ議決ニ加ハルノ權ヲ有ス助役ヲ以テ委員長ト爲ス場合ニ於テモ町村長ハ隨時委員會ニ出席シテ其委員長ト爲リ幷其議決ニ加ハルノ權ヲ有ス

常設委員ノ職務權限ニ關シテハ町村條例ヲ以テ別段ノ規定ヲ設クルコトヲ得

（註）本條ノ大体ハ市制第七十三條ト同シ道理ナリ其他市制ト異ルノ點多少コレアリト雖別ニ說明スルノ要ナキカ如シ

第三欵　給料及給與

名譽職事務取扱費

第七十五條　名譽職員ハ此法律中別ニ規定アルモノヲ除クノ外職務取扱ノ爲メニ要スル實費ノ辨償ヲ受クルコトヲ得

實費辨償額、報酬額及書記料ノ額（第六十三條第一項）ハ町村會之ヲ議決ス

（註）本條ハ市制第七十五條ヲ見ルヘシ

有給吏員ノ給料

第七十六條　有給町村長有給助役其他有給吏員及使丁ノ給料額ハ町村會ノ議決ヲ以テ之ヲ定ム

町村會ノ議決ヲ以テ町村長及助役ノ給料額ヲ定ムルトキハ郡長ノ許可ヲ受クルコトヲ要ス郡長ニ於テ之ヲ許可ス可カラスト認ルトキハ郡參事會ノ議決ニ付シテ之ヲ確定ス

（註）本條ハ市制第七十六條ヲ見ヨ

退隱料

第七十七條　町村條例ノ規定ヲ以テ有給吏員ノ退隱料ヲ設クルコトヲ得

給與ニ關スル異議

（註）本條ハ市制第七十七條ヲ見ヨ

第七十八條　有給吏員ノ給料退隱料其他第七十五條ニ定ムル給與ニ關シテ異議アルトキハ關係者ノ申立ニ依リ郡參事會之ヲ裁決ス其郡參事會ノ裁決ニ不服アル者ハ府縣參事會ニ訴願シ其府縣參事會ノ裁決ニ不服アル者ハ行政裁判所ニ出訴スルコトヲ得

退隱料給與ノ停止又ハ廢止

（註）本條ハ市制第七十八條ヲ見ヨ

第七十九條　退隱料ヲ受クル者ハ官職又ハ府縣郡市町村及公共組合ノ職務ニ就キ給料ヲ受クルトキハ其間之ヲ停止シ又ハ更ニ退隱料ヲ受クルノ權ヲ得ルトキハ其額舊退隱料ト同額以上ナルトキハ舊退隱料ハ之ヲ廢止ス

町村ノ負擔

（註）本條ハ市制第七十九條ヲ見ヨ

第八十條　給料退隱料報酬及辨償等ハ總テ町村ノ負

擔トス

(註)本條ハ市制第八十條ヲ見ヨ

第四章　町村有財産ノ管理

(註)本章ハ市制第四章ト全ク仝一性質ニシテ第一款第二款ノ大体ハ固ヨリ論ナク其第八十一條ヨリ第百十一條ニ至ルマテハ實ニ町村ハ二字ト市ノ一字トヲ變更シ市參事會ヲ町村長ト爲シタル外ハ僅カニ第百五條ノ第二項ニ於テ市ノ場合ニハ市税ノ賦課及ヒ市ノ營造物市有財産並其所得ヲ使用スル權利ニ關スル訴願ニツ市參事會ノ裁決ニ服セサル片ハ直ニ府縣參事會ニ訴願スヘキモノヲ町村ニ於テハ町村長ノ裁決ニ服セサル片ハ郡參事會ニ訴願シ其郡參事會ノ裁決ニ不服ナル片始メテ府縣參事會ニ訴願スルノ別ヲ設ケタルニ過キス是レ屢々説クカ如ク市ハ其位置町村ト同一ナルモノナレ圧充分獨立ノ勢力ヲ有スルカ故ニ郡ト離レテ直チニ府縣ノ下ニ屬スルヲ以テ一面ハ町村ト同ク一面ハ郡ト其等級ヲ

同フスルニ由ル其他第百十二條ニ至リテ微ニ異ル所アリ且ツ市制ノ第五章ハ第百十二條マテナレ𪜈町村制ハ特ニ第百十三條ノ設ケアルヲ以テ此二條ハ特別ニ解釋スルノ必要アレトモ其他ハ毫モ特別ニ説クノ必要ナク毎條之ヲ市制ノ解釋ニ參照セハ充分ナルヘシト信スルカ故ニ故サラニ贅言ヲ費ヤサヽルヘシ勿論市ノ有スル財產及ヒ營造物ニハ町會所橋梁書籍館公園地消毒薰蒸室等ノ如キ性質ノ者或ハ公債證書等ノ類多カルヘク町村ニハ田畑山林若クハ鎭守社境內ノ老杉等ノ類多カルヘク其附加税特別税ヲ賦課スヘキ品目モ一方ハ商賈職工等ヨリ多ク成リ立ツヲ以テ所得税等其多キヲ占メ一方ハ地主農夫ヨリ成リ立ツヲ以テ地租其大部ヲ占ルノ差違ナキニ非ルヘシト雖𪜈町村ノ內ニモ市街地ハ商賈多ク市ノ內ニモ場末ニ至レハ農夫ナキニ非サルヲ以テ此法律ハ市ニモ町村ニモ適用セラルヘキ樣ニ編纂セラレ其法文ノ如キモ亦二者ノ間ニ殆ト差違ナキモノヽ如シ

第一款　町村有財産及町村税

基本財産

第八十一條　町村ハ其不動産積立金穀等ヲ以テ基本財産ト爲シ之ヲ維持スルノ義務アリ臨時ニ收入シタル金穀ハ基本財産ニ加入スヘシ
但寄附金等寄附者其使用ノ目的ヲ定ル者ハ此限ニ在ラス

（註）前ニ説クカ如キ理由ナルヲ以テ本條以下第百十一條マテハ凡テ同條ノ市制ニ參照スヘシ

町村有財産ノ管理及共用

第八十二條　凡町村有財産ハ全町村ノ爲メニ之ヲ管理シ及共用スルモノトス但特ニ民法上ノ權利ヲ有スル者アルトキハ此限ニ在ラス

舊慣ニヨリ特權ヲ有スルモノアル卉

第八十三條　舊來ノ慣行ニ依リ町村住民中特ニ其町村有ノ土地物件ヲ使有スル權利ヲ有スル者アルトキハ町村會ノ議決ヲ經ルニ非サレハ其舊慣ヲ改ムルコトヲ得ス

町村有財産專用

第八十四條　町村住民中特ニ其町村有ノ土地物件ヲ使用スル權利ヲ得ントスル者アルトキハ町村條例ノ規定ニ依リ使用料若クハ一時ノ加入金ヲ徴收シ又ハ使用料加入金ヲ共ニ徴收シテ之ヲ許可スルコトヲ得但特ニ民法上使用ノ權利ヲ有スル者ハ此限ニ在ラス

使用者ノ特ニ擔任スル費用

第八十五條　使用權ヲ有スル者(第八十三條第八十四條)ハ使用ノ多寡ニ準シテ其土地物件ニ係ル必要ナル費用ヲ分擔ス可キモノトス

使用權取上ケ又ハ制限

第八十六條　町村會ハ町村ノ爲メニ必要ナル場合ニ於テハ使用權(第八十三條第八十四條)ヲ取上ケ又ハ制限スルコトヲ得但特ニ民法上使用ノ權利ヲ有スル者ハ此限ニ在ラス

公ケノ入札

第八十七條　町村有財産ノ賣却貸與又ハ建築工事及物品調達ノ請負ハ公ケノ入札ニ付ス可シ但臨時急

施ヲ要スルトキ及入札ノ價額其費用ニ比シテ得失相償ハサルトキ又ハ町村會ノ認許ヲ得ルトキハ此限ニ在ラス

町村ノ支出及收入

第八十八條　町村ハ其必要ナル支出及從前法律命令ニ依テ賦課セラレ又ハ將來法律勅令ニ依テ賦課セラルヽ支出ヲ負擔スルノ義務アリ
町村ハ其財產ヨリ生スル收入及使用料手數料（第八十九條）幷科料、過怠金其他法律勅令ニ依リ町村ニ屬スル收入ヲ以テ前項ノ支出ニ充テ猶不足アルトキハ町村稅（第九十條）及夫役現品（第百一條）ヲ賦課徵收スルコトヲ得

使用料及手數料

第八十九條　町村ハ其所有物及營造物ノ使用ニ付又ハ特ニ數個人ノ爲メニスル事業ニ付使用料又ハ手數料ヲ徵收スルコトヲ得

町村稅ノ課目

第九十條　町村稅トシテ賦課スルコトヲ得可キ目左

ノ如シ

一　國稅府縣稅ノ附加稅

二　直接又ハ間接ノ特別稅

附加稅ハ直接ノ國稅又ハ府縣稅ニ附加シ均一ノ稅率ヲ以テ町村ノ全部ヨリ徵收スルヲ常例トス特別稅ハ附加稅ノ外別ニ町村限リ稅目ヲ起シテ課稅スルコトヲ要スルトキ賦課徵收スルモノトス

第九十一條　此法律ニ規定セル條項ヲ除クノ外使用料手數料（第八十九條）特別稅（第九十條第一項第二）及從前ノ町村費ニ關スル細則ハ町村條例ヲ以テ之ヲ規定スヘシ其條例ニハ科料一圓九十五錢以下ノ罰則ヲ設クルコトヲ得

科料ニ處シ及之ヲ徵收スルハ町村長之ヲ掌ル其處分ニ不服アル者ハ令狀交付後十四日以內ニ司法裁判所ニ出訴スルコトヲ得

課税スヘキ人

第九十二條　三ケ月以上町村內ニ滯在スル者ハ其町村稅ヲ納ムルモノトス但其課稅ハ滯在ノ初ニ遡リ徵收ス可シ

課稅スヘキ物

第九十三條　町村內ニ住居ヲ搆ヘス又ハ三ケ月以上滯在スルコトナシト雖モ町村內ニ土地家屋ヲ所有シ又ハ營業ヲ爲ス者（店舖ヲ定メサル行商ヲ除ク）ハ其土地家屋營業若クハ其所得ニ對シテ賦課スル町村稅ヲ納ムルモノトス其法人タルトキモ亦同シ但郵便電信及官設鐵道ノ業ハ此限ニ在ラス

課稅控除

第九十四條　所得稅ニ附加稅ヲ賦課シ及町村ニ於テ特別ニ所得稅ヲ賦課セントスルトキハ納稅者ノ町村外ニ於ケル所有ノ土地家屋又ハ營業（店舖ヲ定メサル行商ヲ除ク）ヨリ收入スル所得ハ之ヲ控除ス可キモノトス

課稅分割

第九十五條　數市町村ニ住居ヲ搆ヘ又ハ滯在スル者

ニ前條ノ町村稅ヲ賦課スルトキハ其所得ヲ各市町村ニ平分シ其一部分ニノミ課稅スヘシ但土地家市又ハ營業ヨリ收入スル所得ハ此限ニ在ラス

免稅スヘキ人

第九十六條　所得稅法第三條ニ揭クル所得ハ町村稅ヲ免除ス

免稅スヘキ物

第九十七條　左ニ揭クル物件ハ町村稅ヲ免除ス

一　政府、府縣郡市町村及公共組合ニ屬シ直接ノ公用ニ供スル土地營造物及家屋

二　社寺及官立公立ノ學校病院其他學藝美術及慈善ノ用ニ供スル土地、營造物及家屋

三　官有ノ山林又ハ荒蕪地但官有山林又ハ荒蕪地ノ利益ニ係ル事業ヲ起シ內務大臣及大藏大臣ノ許可ヲ得テ其費用ヲ徵收スルハ此限ニ在ラス

新開地及開墾地ハ町村條例ニ依リ年月ヲ限リ免稅

スルコトヲ得

免税スヘキ人

第九十八條　前二條ノ外町村税ヲ免除スヘキモノハ別段ノ法律勅令ニ定ムル所ニ從フ皇族ニ係ル町村税ノ賦課ハ追テ法律勅令ヲ以テ定ムル迄現今ノ例ニ依ル

特別ニ課税スヘキ者

第九十九條　數個人ニ於テ專ヲ使用スル所ノ營造物アルトキハ其修築及保存ノ費用ハ之ヲ其關係者ニ賦課スヘシ

町村內ノ一部ニ於テ專ラ使用スル營造物アルトキハ其部內ニ住居シ若クハ滯在シ又ハ土地家屋ヲ所有シ營業(店舖ヲ定メサル行商ヲ除ク)ヲ爲ス者ニ於テ其修築及保存ノ費用ヲ負擔スヘシ但其一部ノ所有財產アルトキハ其收入ヲ以テ先ツ其費用ニ充ツヘシ

納税義務ノ起滅

第百條　町村税ハ納税義務ノ起リタル翌月ノ初ヨリ

免税理由ノ生シタル月ノ終迄月割ヲ以テ之ヲ徴收スヘシ會計年度中ニ於テ納税義務消滅シ又ハ變更スルトキハ納税者ヨリ之ヲ町村長ニ屆出ツヘシ其屆出ヲ爲シタル月ノ終迄ハ從前ノ税ヲ徴收スルコトヲ得

夫役及現品ノ賦課

第百一條　町村公共ノ事業ヲ起シ又ハ公共ノ安寧ヲ維持スルカ爲メニ夫役及現品ヲ以テ納税者ニ賦課スルコトヲ得但學藝美術及手工ニ關スル勞役ヲ課スルコトヲ得ス

夫役及現品ハ急迫ノ場合ヲ除クノ外直接町村税ヲ準率ト爲シ且之ヲ金額ニ算出シテ賦課スヘシ

夫役ヲ課セラレタル者ハ其便宜ニ從ヒ本人自ラ之ニ當リ又ハ適當ノ代人ヲ出スコトヲ得又急迫ノ場合ヲ除クノ外金圓ヲ以テ之ニ代フルコトヲ得

課税怠納處分

第百二條　町村ニ於テ徴收スル使用料手數料(第八十

九條)町村稅(第九十條)夫役ニ代フル金圓(第百一條)共有物使用料及加入金(第八十四條)其他町村ノ收入ヲ定期內ニ納メサルトキハ町村長ハ之ヲ督促シ猶之ヲ完納セサルトキハ國稅滯納處分法ニ依リ之ヲ徵收スヘシ其督促ヲ爲スニハ町村條例ノ規定ニ依リ手數料ヲ徵收スルコトヲ得

納稅者中無資力ナル者アルトキハ町村長ノ意見ヲ以テ會計年度內ニ限リ納稅延期ヲ許スコトヲ得其年度ヲ越ユル場合ニ於テハ町村會ノ議決ニ依ル

本條ニ記載スル徵收金ノ追徵期滿特免及先取特權ニ付テハ國稅ニ關スル規則ヲ適用ス

地租ノ賦課稅及其他ノ土地ニ賦課スル町村稅

第百三條　地租ノ附加稅ハ地租ノ納稅者ニ賦課シ其他土地ニ對シテ賦課スル町村稅ハ其所有者又ハ使用者ニ賦課スルコトヲ得

課稅ニ對スル訴願期限

第百四條　町村稅ノ賦課ニ對スル訴願ハ賦課令狀ノ

交付後三ヶ月以内ニ之ヲ町村長ニ申立ツヘシ此期限ヲ經過スルトキハ其年度內減稅免稅及償還ヲ請求スルノ權利ヲ失フモノトス

第百五條　町村稅ノ營造物町村有ノ財產幷其所得ヲ使用スル權利ニ關スル訴願ハ町村長之ヲ裁決ス但民法上ノ權利ニ係ルモノハ此限ニ非ラス

前項ノ裁決ニ不服アル者ハ郡參事會ニ訴願シ其郡參事會ノ裁決ニ不服アル者ハ府縣參事會ニ訴願シ其府縣參事會ノ裁決ニ不服アル者ハ行政裁判所ニ出訴スルコトヲ得

本條ノ訴願及訴訟ノ爲メニ其處分ノ執行ヲ停止スルコトヲ得ス

第百六條　町村ニ於テ公債ヲ募集スルハ從前ノ公債元額ヲ償還スル爲メ又ハ天災時變等已ムヲ得サル支出若クハ町村永久ノ利益トナル可キ支出ヲ要ス

ルニ方リ通常ノ歳入ヲ增加スルトキハ其町村住民ノ負擔ニ堪ヘサルノ場合ニ限ルモノトス
町村會ニ於テ公債募集ノ事ヲ議決スルトキハ併セテ其募集ノ方法利息ノ定率及償還ノ方法ヲ定ム可シ償還ノ初期ハ三年以內ト爲シ年々償還ノ歩合ヲ定メ募集ノ時ヨリ三十年以內ニ還了ス可シ
定額豫算內ノ支出ヲ爲スカ爲メ必要ナル一時ノ借入金ハ本條ノ例ニ依ラス其年度內ノ收入ヲ以テ償還ス可キモノトス

第二款　町村ノ歲入出豫算及決算

（註）本款ノ理由モ凡テ市制ノ場合ニ詳述シタル所ト毫モ異ルコナキヲ以テ多言セス

第百七條　町村長ハ每會計年度收入支出ノ豫知シ得可キ金額ヲ見積リ年度前二ヶ月ヲ限リ歲入出豫算表ヲ調製ス可シ但町村ノ會計年度ハ政府ノ會計年

度ニ同シ

内務大臣ハ省令ヲ以テ豫算表調製ノ式ヲ定ムルコトヲ得

豫算表提出

第百八條　豫算表ハ會計年度前町村會ノ議決ヲ取リ之ヲ郡長ニ報告シ幷地方慣行ノ方式ヲ以テ其要領ヲ公告スヘシ

豫算表ヲ町村會ニ提出スルトキハ町村長ハ併セテ其町村事務報告書及財産明細表ヲ提出スヘシ

豫算額不足

第百九條　定額豫算外ノ費用又ハ豫算ノ不足アルトキハ町村會ノ認定ヲ得テ之ヲ支出スルコトヲ得

定額豫算中臨時ノ場合ニ支出スルカ爲メニ豫備費ヲ置キ町村長ハ豫メ町村會ノ認定ヲ受ケスシテ豫算外ノ費用又ハ豫算超過費用ニ充ツルコトヲ得但町村會ノ否決シタル費途ニ充ツルコトヲ得ス

豫算表議決後ノ手續

第百十條　町村會ニ於テ豫算表ヲ議決シタルトキハ

町村長ヨリ其謄寫ヲ以テ之ヲ收入役ニ交付スヘシ其豫算表中監督官廳若クハ參事會ノ許可ヲ受ク可キ事項アルトキハ(第百廿五條ヨリ第百廿七條ニ至ル)先ツ其許可ヲ受クヘシ

收入役ハ町村長(第六十八條第二項第三)又ハ監督官廳ノ命令アルニ非サレハ支拂ヲ爲スコトヲ得ス又收入役ハ町村長ノ命令ヲ受クルモ其支出豫算表中ニ豫定ナキカ又ハ其命令第百九條ノ規定ニ依ラサルトキハ支拂ヲ爲スコトヲ得ス

前項ノ規定ニ背キタル支拂ハ總テ收入役ノ責任ニ歸ス

第百十一條　町村ノ出納ハ毎月例日ヲ定メテ檢査シ及毎年少クモ一回臨時檢査ヲ爲ス可シ例月檢査ハ町村長又ハ其代理者之ヲ爲シ臨時檢査ハ町村長又ハ其代理者ノ外町村會ノ互撰シタル議員一名以上

ノ立會ヲ要ス

第百十二條　決算ハ會計年度ノ終ヨリ三ヶ月以内ニ之ヲ結了シ證書類ヲ併セテ收入役ヨリ之ヲ町村長ニ提出シ町村長ハ之ヲ審査シ意見ヲ附シテ之ヲ町村會ノ認定ニ付スヘシ第六十二條第六項ノ場合ニ於テハ前例ニ依リ町村長ヨリ直ニ之ヲ町村會ニ提出スヘシ其町村會ノ認定ヲ經タルトキハ町村長ハ之ヲ郡長ニ報告ス可シ

（註）本條ハ少シク市制ト其趣ヲ異ニセリ即チ市ノ決算ハ收入役ヨリ之ヲ參事會ニ提出シ市參事會ハ之ヲ審査シテ所謂裁判會計ヲ行ヒ然ル後其意見ヲ附シテ市會ノ認定ニ附シ其市會ノ認定ヲ經タル片ハ市長ヨリ府縣知事ニ報告スルノ順序ナレ圧町村ノ場合ニハ先ツ收入役ヨリ町村長ニ提出スルハ畢竟町村長ト市參事會ハ仝等ノモノナルヲ以テノ故ナレハ別ニ說明ヲ要セス亦町村長カ其收入役ノ報告ヲ審査シタル後意見ヲ附シテ町村會ノ認定

ヲ經乃チ前ニ自ラ會計審查ヲ爲シタル後更ニ議會ニ向テ行政審查ヲ求ルハ市ト同一ノ順序ナレ圧町村ニ限リ第六十二條ノ第五項ニ規定スルカ如ク收入支出ノ寡少ナル町村ニ於テ町村長又ハ助役ヲメ收入役ノ事務ヲ兼子テ掌ラシムルトキハ他ニ收入役ナキヲ以テ町村長直チニ町村會ニ決算書ヲ提出ス故ニ此場合ニハ會計審查ト行政審查トヲ混シテ一回ニテ濟マスナリ

第百十三條　決算報告ヲ爲ストキハ第四十條ノ例ニ準シテ議長代理者共ニ故障アルモノトス

(註)町村制ニテハ本條ヲ斯ク特ニ一ケ條トシタレ圧市制ニハ第百十二條ノ末項ニ附屬セシメタリ而メ其性質ハ二者稍異ニメ市ノ場合ハ市參事會裁判會計ノ法官ト爲テ收入役ノ決算ヲ審查スレ圧町村ニテハ町村會之ヲ爲スカ故ニ町村會ノ議長又ハ其代理者ニメ收入役又ハ町村長又ハ助役ト父母兄弟妻子ノ關係アルトキハ假令私曲アルモ之ヲ保庇シテ公正ニ審查シカタキヲ慮リ故障アルモノトメ一時其任ヲ避ケシムル也

第五章　町村各部ノ行政

（註）嘗テ市制第五章ニ於テ設ケルカ如ク市又ハ町村内ノ一部ニ於テ特別ニ財産ヲ有スルカ或ハ營造物ヲ設ケ若クハ別ニ一區域ヲ爲シ或ル特殊ノ事務ニ附テ獨立シテ全市又ハ町村ト分離セントヲ欲スル者アラハ之ヲ許サヽル可ラス勿論此法律ノ目的ハ市又ハ町村内ハ成ルヘク統一ヲ望ムニアリト雖ト其内ニ事情ヲ異ニシ到底統一シ難キモノヲ強ヒテ統一セントスルトキハ一町村ノ内ニモ軋轢不和ヲ來タシテ却テ統一ノ目的ヲ誤ルヿアリ又自治ノ大主義ニモ戾ルヲ以テ此等ハ前ニ一區域ヲ爲シ其區域内ノ特別ナル行政ヲ設ケサルヘカラサル所以ニシテ此區域ハ其特別ニ設ケタル財産營造物ニ對シ其區域限リノ權利ヲ負ヒ義務ヲ擔フモノ也此レモ亦一ノ無形人ナリ乃ハチ屢々說クカ如ク無形人タルニハ財産又ハ營造物ヲ有シテ其權利ヲ行フヿト及ヒソレニ對スル義務ヲ負擔スルノ資格完備スルヲ要シ之ヲ法律上ヨリ認許セラレタルモノハ一己ノ人ト異ルヿナキ也

第百十四條　町村内ノ區(第六十四條)又ハ町村内ノ一部若クハ合併町村(第四條)ニ〆別ニ其區域ヲ存シテ一區ヲ爲スモノ特別ニ財産ヲ所有シ若クハ營造物ヲ設ケ其一區限リ特ニ其費用(第九十九條)ヲ負担スルトキハ郡參事會ハ其町村會ノ意見ヲ聞キ條例ヲ發行シ財産及營造ニ關スル事務ノ爲〆區會又ハ區總會ヲ設クルヿヲ得其會議ハ町村會ノ例ヲ適用スルヿヲ得

(註)既ニ第六十四條ニ於テ町村ノ區域又ハ人口稠密ナルトキハ別ニ區ヲ設ケテ特別ニ行政ヲ爲スヿヲ得ヘキコトヲ規定シタレハ之ニ相應スル行政法モ亦規定セサルヘカラス假令區ヲ設ルニ至ラサルモ町村ノ一部ニ於テ特別ニ入合山トカ共有地トカ云フ土地又ハ町會所水火防器或ハ瓦斯管水道等ノ一部限リノ共有財産ヲ有スルヿ實際ニ於テ屢々ニ〆亦從來ノ一町村ニテモ三戸カ五戸ノ小部落ニテ舊時ハ名主庄屋ヲ置キ村名ヲ稱シタルモ今日自

ラ一村トシテ獨立スルニ堪ヘサル爲メ數町村合併シテ戸長役場ヲ設クルコト各地一般ノ實況ナル故此等ノ獨立ニ堪ヘサルモノハ皆廢置分合スルヲ得ルコハ第四條ニ規定スル所ナルヲ以テ其町村内一般ノ行政ニハ合同一致スルモ特別ノ事業ニ關シテ分離獨立スルコアルヘキハ勿論ナリ凡テ此等ノ場合ニハ其一階級上部ナル郡參事會ノ意見ヲ聞キ特別ニ町村内限リノ條例ヲ發シテ其事務ノ執行及其財産營造物ノ管理ニ關スルコヲ議定スルコヲ得セシメ之カ爲ニ開クヘキ會議ハ町村會ノ例ニ依準スルコヲ得ルト云フニアリ

各部又ハ區ノ行政

第百十五條　前條ニ記載スル事務ハ町村ノ行政ニ關スル規則ニ依リ町村長之ヲ管理ス可シ但區ノ出納及會計ノ事務ハ之ヲ分別スヘシ

（註）既ニ前條ニ說クカ如ク特別ノ財産又ハ營造物等ニ關シ一部分限リノ區域ヲ設ケテ其處分方ヲ議定スト雖氏其議定スル所ニ隨テ其事務ヲ取扱フコハ別段各部ニ於テ之ヲ爲スノ繁ヲ避ケ單ニ

町村長ニ委チテ其議決チ執行セシムルチ以テ最モ便利トスヘシ然レ𪜈出納會計ノヿハ是レ實ニ特別ニ分離獨立シタル大眼目ナルチ以テ各區自ラ之チ擔任スヘキハ凡テ市制ノ塲合ト異ルヿナシ

第六章　町村組合

前章ハ町村ノ區域廣濶人口等稠密ノ爲メ又ハ特ニ財產營造物チ所有スルカ爲メ一町村內ニ於テ行フヘキ特別行政ノヿチ規定シ本章ハ數部落ノ町村相集ツテ一ノ事務チ行フ爲メニ組織スル所ノ組合ニ關スル規定ニシテ數多ノ町村互ニ其利害チ同フスル者團結スルノ適例ハ今日ニテハ水利土功會衞生組合學校組合等ノ類ナリ水利土功ノ如キハ素ヨリ一町村ノ力チ以テ爲シ能フ所ニアラスメ必ス河川沿岸ノ町村聯合シテ事チ爲サヽルヘカラス其他學校チ設ケ病院チ建テ又ハ流行病豫防ノ爲ニ施行スル方法ノ如キ皆一町村ノ獨力チ以テ爲シ能ハサルモノ多シ此等ノヿハ皆本章ノ規定ニ隨ヒ數町村ノ組合チ設ケテ處分スヘキモノトス

組合ヲ設クルコトヲ得ヘキ場合

第百十六條　數町村ノ事務ヲ共同處分スル爲メ其協議ニ依リ監督官廳ノ許可ヲ得テ其町村ノ組合ヲ設ルコトヲ得法律上ノ義務ヲ負担スルニ堪フヘキ資力ヲ有セサル町村ニシテ他ノ町村ト合併（第四條）スルノ協議整ハス又ハ其事情ニ依リ合併ヲ不便トナストキハ郡參事會ノ議決ヲ以テ數町村ノ組合ヲ設ケシムルコトヲ得

（註）數町村ノ事務ヲ共同處分スルトハ乃チ水利土功會又ハ舊時ノ衞生委員學務委員等ノ爲セシ事務ノ如キ類ナリ又自ラ町村役場ヲ設ケ獨立シテ法律上ノ義務即チ政府ヨリ命令セラレ又ハ委任セラレタル所ノ事務ヲ擧行スルニ堪ヘサル町村ヲ云フナリ從來村名ヲ異ニシ舊時ハ各名主庄屋ヲ異ニシ時トシテハ町村ト町村ノ間ニ於テ訴訟ヲ起シタルコトナドモアリテ人心一致セサルカ如キ事情アリ又合併セントスル町村ハ遠隔シテ往來ニ不便ナレトモ元ト山間ノ僻陬ニシテ其他ノ町村ニハ尙ホ一層不便ナリ去レハト

テ獨立スルコモ亦能ハスト云カ如キ場合ニ於テハ亦組合ヲ設ケテ協議執行スルコヲ得セシムル也

組合組織ノ規定

第百十七條　町村組合ヲ設クルノ協議ヲ爲スキハ(第百十六條第一項)組合會議ノ組織事務ノ管理方法幷其費用ノ支辨方法ヲ併セテ規定ス可シ前條第二項ノ場合ニ於テハ其關係町村ノ協議ヲ以テ組合費用ノ分擔法等其他必要ノ事項ヲ規定スヘシ若シ其協議整ハサルキハ郡參事會ニ於テ之ヲ定ムヘシ

(註)既ニ前條乃チ第百十六條ノ第一項ニ於テ利害ヲ同フスル數多町村相合メ組合ヲ爲スキハ屢々集ツテ會議セサルヘカラス此會議ハ如何ナル人ヲ以テ議員トシ各村ヨリ出ス議員ノ數ハ如何ナル割合ニヨルカ亦其會議ニ於テノ事務ハ如何ナル方法ニ於テ管理スルカ亦其會議入費ハ如何ナル方法ヲ以テ收入及ヒ支辨スルカ此等ノ事項ヲ定メ置カサルヘカラス又同條第二項ノ慣習風俗又ハ感情ノ同シカラサルカ爲メ又ハ不便ノ爲ニ宜ロシク合併

スヘキモノナカラ合併スル能ハサル場合ニ組合ヲ形作リタルトキモ亦豫メ關係アル町村協議シテ組合入費ノ分擔方法等ヲ定メ置カサルヘカラス而メ此時ニハ舊來不和ノ爲ニ合併スル能ハサル等ノ事情アルモノアルヲ以テ協議ノ整ハサルヿナシトセサルヘシ斯カル𪜈ニハ郡參事會ニ於テ之ヲ定ムヘシト云フナリ故ニ通常ノ場合ハ關係町村之ヲ定メ惟タ協議ノ整ハサル𪜈ノミ郡參事會之ヲ定ムル也

第百十八條　町村組合ハ監督官廳ノ許可ヲ得ルニ非レハ之ヲ解クヿヲ得ス

（註）第百十六條ニ組合ヲ設ル𪜈ハ監督官廳ノ許可ヲ得ヘキヿヲ規定シタレハ之ヲ解クニモ亦其許可ヲ得サルヘカラス若シ其許可ナクシテ組織シ又ハ解散スルモノハ法律上組合タルノ効力ナキ也

第七章　町村行政ノ監督

第百十九條　町村ノ行政ハ第一次ニ於テ郡長之ヲ監

督シ第二次ニ於テ府縣知事之ヲ監督シ第三次ニ於テ内務大臣之ヲ監督ス但法律ニ指定シタル場合ニ於テ郡參事會及府縣參事會ノ參與スルハ別段ナリトス

（註）市制第百十五條ヲ見ヨ雖市制ト異ナル所ハ監督官廳ノ三段アルコト之レナリ今圖式ヲ以テ町村ト市トノ監督官廳ヲ指示スレハ左ノ如シ

町村　（三）内務大臣……（二）知事……（一）郡長

市　（二）内務大臣……（一）知事

第百二十條　此法律中別段ノ規定アル場合ヲ除クノ外凡町村ノ行政ニ關スル郡長若クハ郡參事會ノ處分若クハ裁決ニ不服アル者ハ府縣知事若クハ府縣參事會ニ訴願シ其府縣知事若クハ府縣參事會ノ裁決ニ不服アル者ハ内務大臣ニ訴願スルコトヲ得

町村ノ行政ニ關スル訴願ハ處分書若クハ裁決書ヲ

交付シ又ハ之ヲ告知シタル日ヨリ十四日以内ニ其理由ヲ具シテ之ヲ提出ス可シ但此法律中別ニ期限ヲ定ムルモノハ此限ニ在ラス

此法律中ニ指定スル場合ニ於テ府縣知事若クハ府縣參事會ノ裁決ニ不服アリテ行政裁判所ニ出訴セントスル者ハ裁決書ヲ交付シ又ハ之ヲ告知シタル日ヨリ二十一日以内ニ出訴ス可シ

行政裁判所ニ出訴スルコトヲ許シタル場合ニ於テハ内務大臣ニ訴願スルコトヲ得ス

訴願及訴訟ヲ提出スルトキハ處分又ハ裁決ノ執行ヲ停止ス但此法律中別ニ規定アリ又ハ當該官廳ノ意見ニ依リ其停止ノ爲メニ町村ノ公益ニ害アリト爲ストキハ此限ニ在ラス

（註）此法律中別段ノ規定アル場合トハ町村制第八條第四項第二十九條第三十七條第六十八條第一七十八條第百五條第百二十八

條ナリトス餘ハ市制第百十六條ヲ見ルヘシ但シ町村ハ監督官廳三段アルヲ以テ訴願ヲ爲スノ場所モ三段アリ市ニ於テハ二段ナルヲ以テ訴願ヲ爲スノ場所モ亦二段ニ過キサルナリ

監督ノ目的

第百二十一條　監督官廳ハ町村行政ノ法律命令ニ背戾セサルヤ其事務錯亂澁滯セサルヤ否ヲ監視ス可シ監督官廳ハ之カ爲メニ行政事務ニ關シテ報告ヲ爲サシメ豫算及決算等ノ書類帳簿ヲ徵シ並實地ニ就テ事務ノ現況ヲ視察シ出納ヲ撿閱スルノ權ヲ有ス

（註）市制第百十七條ヲ見ヨ

強制豫算

第百二十二條　町村又ハ其組合ニ於テ法律勅令ニ依テ負擔シ又ハ當該官廳ノ職權ニ依テ命令スル所ノ支出ヲ定額豫算ニ載セス又ハ臨時之ヲ承認セス又ハ實行セサルトキハ郡長ハ理由ヲ示シテ其支出額ヲ定額豫算表ニ加ヘ又ハ臨時支出セシム可シ

町村又ハ其組合ニ於テ前項ノ處分ニ不服アルトキハ府縣參事會ニ訴願シ其府縣參事會ノ裁決ニ不服アルトキハ行政裁判所ニ出訴スルコトヲ得

（註）本條ノ理由ハ市制第百十八條ニ說明セシト雖𪜈猶玆ニ補說セン市町村ニ於テ其自治區內ノ行政事務ニ在リテハ自カラ適宜執行スルヲ得ヘキモノナレトモ若シ市町村ニ於テ故意ヲ以テスルカ或ハ不注意ニ依リ宜シク施爲セサルヘカラサル事務ヲ放棄シテ顧ミサルノ場合ナキニ非ス例ヘハ入費ヲ厭フテ敎育衞生ノ事務ヲ粗略ニシ若クハ一國ノ公益上ニハ必要ナルモ其市町村自体ニ取テハ直接ノ利害アラサルヲ以テ之ヲ注意ノ外ニ措クコトモナシトセサルヘシカヽル場合ニ在リテハ之カ監督官廳ニ於テハ强ヒテ之ヲ行ハシメサルヘカラス如此キ强制ハ甚タ好マシカラヌ事ナレトモ人民未タ自治ニ慣レス行政上ノ必要ヲ明ラカニセス或ハ私利ニノミ偏向シテ他ノ利害ハ顧ミサルノ時ニ在リテハ此强制ノ必要ナキニ非ス例ヘハ水利土功ノ事ニ關シテ各町

村ニ負擔ヲ課スルニ際シ或ル町村ハ其水利土功ニ關係ヲ有スルコト薄キヲ以テ其負擔ヲ承認セス又ハ課セラレタル入費ヲ出スコトヲ猶豫スルコトアラハ强制シテ其支出ヲ爲サシメサルヘカラス

上班ノ議決

第百二十三條　凡町村會ニ於テ議決ス可キ事件ヲ議決セサルトキハ郡參事會代テ之ヲ議決ス可シ

（註）市制第百十九條ヲ見ヨ

町村會解散

第百二十四條　內務大臣ハ町村會ヲ解散セシムルコトヲ得解散ヲ命シタル場合ニ於テハ同時ニ三ケ月以內更ニ議員ヲ改撰ス可キコトヲ命ス可シ但改撰町村會ノ集會スル迄ハ郡參事會町村會ニ代テ一切ノ事件ヲ議決ス

（註）市制第百二十條ヲ見ヨ

內務大臣ノ許可

第百二十五條　左ノ事件ニ關スル町村會ノ議決ハ內務大臣ノ許可ヲ受クルコトヲ要ス

一　町村條例ノ設ケ並改正スル事

二　學藝、美術ニ關シ又ハ歷史上貴重ナル物品ノ賣却讓與質入書入交換若クハ大ナル變更ヲ爲ス事

前項第一ノ場合ニ於テ人口壹萬以上ノ町村ニ係ルトキハ勅裁ヲ經テ之ヲ許可ス可シ

（註）本條ノ理由ハ市制第百二十一條ヲ參照スヘシ而シテ町村條例ヲ設ケ又ハ改正スルニ當テ人口壹萬以上ノ町村ニ係ルトキハ勅裁ヲ經テ之ヲ許可スヘシトナシタルハ凡ソ自主ノ權ナルモノハ國權ノ一部ヲ割テ特ニ市町村ニ附托シタルモノナレハ此自主ノ權ヲ與フルニ當リテハ最モ注意ヲ要スルモノニシテ漫然自主ノ權ヲ與フルトキハ地方ト中央トノ權力ノ平均ヲ保ツ能ハサルニ至ルモ知ルヘカラス假令此憂ヒナシトスルモ地方人民ニシテ未タ自カラ法規ヲ立ツルノ力ナキニ自主權ヲ與ヘハ却テ自治ノ利ヲ害スルニ至ルコトアランノ之ヲ以テ自主權委任ノ範圍ハ古來

ノ沿革及人民政治上ノ敎育ノ度ニ伴フヘキモノニシテ其範圍ノ廣狹ニ因テ利害ノ分ルヽ所最モ注意セサルヘカラス而シテ其利害ノ影響スル處町村ノ大ナレハ大ナル程亦人口ノ多ケレハ多キ程大ナリト雖トモ人口ノ少ケレハ少ナキ程亦町村ノ小ナレハ小ナル程其利害ノ影響モ小ナルヘシ之ヲ以テ人口壹萬以上ノ町村ニ在リテハ其自主權ヲ使用セシムルノ際特ニ注意ヲ要スヘシ又自主權ニシテ國權ノ一部ヲ割テ付托シタルモノトセハ其本元ナル執行權者ニ於テ一々之ヲ監視セサルヘカラサルカ如シト雖トモ小町村ニ至ルマテモ之ヲ監視センカ爲ニ勅裁ヲ仰クトセハ却テ煩雜ヲ增スノミニシテ其必要小ナルヲ以テ人口壹萬以下ノ町村ニ在リテハ單ニ内務大臣ニ於テ之ヲ許可スルノミニテ勅裁ヲ仰カサルモノトス

内務大臣大藏大臣ノ許可

第百二十六條　左ノ事件ニ關スル町村會ノ議決ハ内務大臣及大藏大臣ノ許可ヲ受クルコトヲ要ス

一　新ニ町村ノ負債ヲ起シ又ハ負債額ヲ增加シ及

郡參事會ノ許可

第百六條第二項ノ例ニ違フモノ但償還期限三年以內ノモノハ此限ニ非ラス

二　町村特別税並使用料、手數料ヲ新設シ増額シ又ハ變更スル事

三　地租七分ノ一其他直接國税百分ノ五十ヲ超過スル附加税ヲ賦課スル事

四　間接國税ニ附加税ヲ賦課スル事

五　法律勅令ノ規定ニ依リ官廳ヨリ補助スル歩合金ニ對シ支出金額ヲ定ムル事

（註）市制第百二十二條ヲ見ヨ

第百二十七條　左ノ事件ニ關スル町村會ノ議決ハ郡參事會ノ許可ヲ受クルコトヲ要ス（一）町村ノ營造物ニ關スル規則ヲ設ケ並改正スル事（二）基本財産ノ處分ニ關スル事（第八十一條）（三）町村有不動産ノ賣却讓與幷質入書入ヲ爲ス事（四）各個人特ニ使用スル町村

有土地使用法ノ變更ヲ爲ス事(第八十六條)(五)各種ノ保證ヲ與フル事(六)法律勅令ニ依テ負擔スル義務ニ非スシテ向五ヶ年以上ニ亘リ新ニ町村住民ニ負擔ヲ課スル事(七)均一ノ税率ニ據ラスシテ國税府縣税ニ附加税ヲ賦課スル事(第九十條第二項)(八)第九十九條ニ從ヒ數個人又ハ町村内ノ一部ニ費用ヲ賦課スル事(九)第百一條ノ準率ニ據ラスシテ夫役及現品ヲ賦課スル事

(註)市制第百二十三條ヲ見ヨ

第百二十八條　府縣知事郡長ハ町村長助役委員區長其他町村吏員ニ對シ懲戒處分ヲ行フコトヲ得其懲戒處分ハ譴責及過怠金トス郡長ノ處分ニ係ル過怠金ハ十圓以下府縣知事ノ處分ニ係ルモノハ二十五圓以下トス、追テ町村吏員ノ懲戒法ヲ設クル迄ハ左ノ區別ニ從ヒ官吏懲戒例ヲ適用ス可シ(一)町村長ノ懲戒處分(第六十八條第二項第五)ニ不服アル者ハ郡長ニ訴願シ其郡長ノ裁決ニ不服アル者ハ府縣知事ニ訴願シ其府縣知事ノ裁決ニ不服アル者ハ行政裁判所ニ出訴スルコトヲ得(二)郡長ノ懲戒處分ニ不服アル者ハ府縣知事ニ訴願シ府縣知事ノ懲戒處分及其裁決ニ不服アル者ハ行政裁判所ニ出訴スルコトヲ得(三)本條第一項ニ掲載スル町村吏員職務ニ違フコト再三ニ及ヒ又ハ其情狀重キ者又ハ行狀ヲ乱リ廉恥ヲ失フ者財產ヲ浪費シ其分ヲ守ヲサル者又ハ職務擧ラサル者ハ懲戒裁判ヲ以テ其職ヲ解クコトヲ得其隨時解職スルコトヲ得ヘキ者ハ(第六十七條)懲戒裁判ヲ以テスルノ限リニ在ラス、總テ解職セラレタル者ハ自己ノ所爲ニ非スシテ職務ヲ執ルニ堪ヘサルカ爲ニ解職セヲレタル場合ヲ除クノ外退隱料ヲ受クルノ權ヲ失フモノトス(四)懲戒裁判ハ郡長其審問ヲ爲シ郡參事會之ヲ裁決ス其裁決ニ不服アル者ハ府縣參事會ニ訴願シ其府縣參事會ノ裁決ニ不服アル者ハ行政裁判所ニ出訴スルコトヲ得監督官廳ハ懲戒裁判ノ裁決前吏員ノ停職ヲ命シ幷給料ヲ停止スルコトヲ得

（註）市制第百二十四條ヲ見ヨ

損害賠償

第百二十九條　町村吏員及使丁其職務ヲ盡サス又ハ權限ヲ越エタル事アルカ爲メ町村ニ對シテ賠償ス可キコトアルトキハ郡參事會之ヲ裁決ス其裁決ニ不服アル者ハ裁決書ヲ交付シ又ハ之ヲ告知シタル日ヨリ七日以內ニ府縣參事會ニ訴願シ其府縣參事會ノ裁決ニ不服アル者ハ行政裁判所ニ出訴スルコトヲ得但訴願ヲ爲シタルトキハ郡參事會ハ假ニ其財產ヲ差押フルコトヲ得

（註）市制第百二十五條ヲ見ヨ

郡參事會府縣參事會行政裁判所

第七章　附則

第百三十條　郡參事會府縣參事會及行政裁判所ヲ開設スル迄ノ間郡參事會ノ職務ハ郡長府縣參事會ノ職務ハ府縣知事行政裁判所ノ職務ハ内閣ニ於テ之ヲ行フ可シ

（註）市制第百二十七條ト同樣ナリ

議員ノ初選擧

第百三十一條　此法律ニ依リ初テ議員ヲ選擧スルニ付町村長及町村會ノ職務並町村條例ヲ以テ定ム可キ事項ハ又ハ其指命スル官吏ニ於テ之ヲ施行ス可シ

（註）市制第百二十八條ヲ見ヨ

町村制ヲ施行セサル地

第百三十二條　此法律ハ北海道、沖繩縣其他勅令ヲ以テ指定スル嶋嶼ニ之ヲ施行セス別ニ勅令ヲ以テ其制ヲ定ム

（註）本條ハ此町村制ヲ施行セサル例外ノ地ヲ示セルモノニシテ

町村條規ノ中止

北海道沖繩縣ノ如キハ本州ト其沿革情勢ヲ異ニシ爲ニ特別ノ施政ヲ要スルノ地ナレハナリ、其他勅令ヲ以テ指定スル島嶼例ヘハ伊豆ノ七島小笠原島等ニハ此法律ヲ施行セスト指定セラレタルトキハ別ニ勅令ヲ以テ特別ノ制度ヲ定ムルモノトス其特別ノ島嶼ハ必ス他日勅令ヲ以テ公布セラルベシ而メ本條ノ規定ヲ市制ノ附則中ニ設ケスシテ特ニ町村制ニノミ加ヘタル所以ハ斯ル特別地ニハ市トナルヘキ充分ノ市街地ナキモノト見做シタル故ナルヘシ

第百三十三條　前條ノ外特別ノ事情アル地方ニ於テハ町村會及町村長ノ具申又ハ郡參事會ノ具申ニ依リ勅令ヲ以テ此法律中ノ條規ヲ中止スルコトアル可シ

（註）本條モ亦町村制ノミニ限リテ揭ケタルモノニシテ市制ニナキ所ナリ前條ハ全ク特別ノ施政ヲ要スルノ地ニハ此町村制ヲ施行セザルコトヲ示シタルモノナルガ本條ハ特別ノ事情アリテ此

法律中實施スヘカラサル箇條アリタル時其特別ノ事情ノ去ルマテノ間其箇條ヲ中止シテ施行セサルコトヲ示セリ例ヘハ第十條ニ於テ町村條例ヲ設クルノ自主權ヲ與ヘタルモ若シ山間海濱僻陬ノ町村ニ在リテ住民皆ナ無學曚昧政治ノ何物タルカ自治ノ如何ナル事タルカヲモ知ラサル者ノミニシテ到底自カラ條例規則ヲ設クル能ハサル地方アリトセハ此等ノ町村ニ對シテハ暫ク自主權ヲ實行セシムルコトヲ止メ人民ノ開發スル所アルニ及ンテ初メテ自主權ヲ與ヘ條例規則ヲ設クルコトヲ得セシメントスルノ主旨ナリ

社寺宗教ノ組合

第百三十四條　社寺宗教ノ組合ニ關シテハ此法律ヲ適用セス現行ノ例規及其地ノ習慣ニ從フ

（註）市制第百二十九條ヲ見ヨ

人口調査

第百三十五條　此法律中ニ記載セル人口ハ最終ノ人口調査ニ依リ現役軍人ヲ除キタル數ヲ云フ

（註）市制第百三十條ヲ見ヨ

直接税間接税ノ区別

第百三十六條　現行ノ租税中此法律ニ於テ直接税又ハ間接税トス可キ類別ハ内務大臣及大藏大臣之ヲ告示ス

（註）市制第百卅一條ニ當ル

此直接税間接税ノ類別ニ關シ其後大藏省告示第九十五号ヲ以テ達セラレタル法文ハ既ニ市制第百三十一條ノ下ニ附記セル所ノ如シ

實施ノ期

第百三十七條　此法律ハ明治二十二年四月一日ヨリ地方ノ情況ヲ裁酌シ府縣知事ノ具申ニ依リ内務大臣ノ指揮ヲ以テ之ヲ施行ス可シ

（註）市制第百二十六條ヲ見ヨ

既往ノ法令廢止

第百三十八條　明治九年十月第百三十號布告各區町村金穀公借共有物取扱土木起功規則、明治十一年七月第十七號布告郡區町村編制法第六條及第九條但書明治十七年五月第十四號布告區町村會法、明治十

七年五月第十五號布告、明治十七年七月第二十三號布告、明治十八年八月第二十五號布告其他此法律ニ抵觸スル成規ハ此法律施行ノ日ヨリ總テ之ヲ廢止ス

（註）市制第百三十二條ヲ見ルヘシ

第百三十九條　內務大臣ハ此法律實行ノ責ニ任シ之カ爲メ必要ナル命令及訓令ヲ發布スヘシ

（註）市制第百三十三條ヲ見ルヘシ

○市制町村制理由

本制ノ旨趣ハ自治及分權ノ原則ヲ實施セントスルニ在リテ現今ノ情勢ニ照シ程度ノ宜キニ從ヒ以テ立法上其端緒ヲ開キタルモノナリ此法制ヲ施行セントスルニハ必先ツ地方自治ノ區ヲ造成セサル可カラス地方ノ自治區ハ特立ノ組織ヲ爲シ公法民法ノ二者ニ於テ共ニ一個人民ト權利ヲ同クシ之カ理事者タルノ機關ヲ有スルモノナリ其機關ハ法制ノ定ムル所ニ依テ組織シ自治体ハ即チ之ニ依テ其意想ヲ表發シ之ヲ執行スルコトヲ得ルモノトス故ニ自治區ハ法人トシテ財產ヲ所有シ之ヲ授受賣買シ他人ト契約ヲ結ヒ權利ヲ得義務ヲ負ヒ又其區域內ハ自ラ獨立シテ之ヲ統治スルモノナリ然リト雖モ其區域ハ素ト國ノ一部分ニシテ國ノ統轄ノ下ニ於テ其義務ヲ盡サヽルヲ得ス故ニ國ハ法律ヲ以テ其組織ヲ定メ其負擔ノ範圍ヲ設ケ常ニ之ヲ監督ス可キモノトス

國內ノ人民各其自治ノ團結ヲ爲シ政府之ヲ統一シテ其機軸ヲ執ルハ國家ノ基礎ヲ鞏固ニスル所以ナリ國家ノ基礎ヲ固クセントセハ地方ノ區畫ヲ以テ自治ノ機体ト爲シ以テ其部內ノ利害ヲ負擔セシメサル可カラス

現今ノ制ハ府縣下ノ郡區町村アリ區町村ハ稍自治ノ体ヲ存スト雖モ未タ完全ナル自治ノ制アルヲ見ス郡ノ如キハ全ク行政ノ區畫タルニ過キス府縣ハ素ト行政ノ區畫ニシテ幾分カ自治ノ制ヲ兼ヲ有セルカ如シト雖モ是亦全ク自治ノ制アリト謂フ可カラス今前述ノ理由ニ依リ此區畫ヲ以テ悉ク完全ナル自治体トナスヲ必要ナリトス即府縣郡町村ヲ以テ三階級ノ自治体ト爲サントス此階級ヲ設クルハ分權ノ制ヲ施スニ於テモ亦緊要ナリトス蓋自治區ニハ其自治体共同ノ事務ヲ任スヘキノミナラス一般ノ行政ニ屬スル事ト雖モ全國ノ統治ニ必要ニシテ官府自ラ處理スヘキモノヲ除クノ外之ヲ地方ニ分任スルヲ得策ナリトス故ニ其町村ノ力ニ堪フル者ハ之ヲ其負擔トシ其力ニ堪ヘサル者ハ之ヲ郡ニ任シ郡ノ力ニ及ハサル者ハ之ヲ府縣ノ負擔トス可シ是階級ノ重複スルヲ厭ハスシテ却テ利益アリト爲ス所以ナリ

維新ノ後政務ヲ集攬シテ一ニ之ヲ中央ノ政府ニ統ヘ地方官ハ各其職權アリト雖モ政府ノ委任ニ依テ代テ事ヲ處スルニ過キス今地方ノ制度ヲ改ムルハ即チ政府ノ事務ヲ地方ニ分任シ又人民ヲシテ之ニ參與セシメ以テ政府ノ繁雜ヲ省キ併セテ人民ノ本務ヲ盡サシメントスルニ在リ而シテ政府ハ政治ノ大綱ヲ握

リ方針ヲ授ケ國家統御ノ實ヲ擧クルヲ得可ク人民ハ自治ノ責任ヲ分チ以テ專ラ地方ノ公益ヲ計ルノ心ヲ起スニ至ル可シ蓋人民參政ノ思想發達スルニ從ヒ之ヲ利用シテ地方ノ公事ニ練習セシメ施政ノ難易ヲ知ラシメ漸ク國事ニ任スルノ實力ヲ養成セントス是將來立憲ノ制ニ於テ國家百世ノ基礎ヲ立ツルノ根源タリ

故ニ分權ノ主義ニ依リ行政事務ヲ地方ニ分任シ國民ヲシテ公同ノ事務ヲ負擔セシメ以テ自治ノ實ヲ全カラシメントスルニハ技術專門ノ職若クハ常職トシテ任ス可キモノヲ除クノ外職務ヲ概テ地方ノ人民ヲシテ名譽ノ爲メ無給ニシテ其職ヲ執ラシムルヲ要ス而シテ之ヲ擔任スルハ其地方人民ノ義務ト爲ス是國民タル者國ニ盡スノ本務ニシテ丁壯ノ兵役ニ服スルト原則ヲ同クシ更ニ一步ヲ進ムルモノナリ然レトモ人民ヲシテ普ク此義務ヲ帶シムルトキハ其任又輕シト爲サス故ニ一朝ニシテ此制ヲ實行セントスルハ頗ル難事ニ屬スト雖トモ其目的タル國家永遠ノ計ニ在リテ效果ヲ速成ニ期セス漸次參政ノ道ヲ擴張シテ公務ニ練熟セシメントスルニ在リテ是ヲ以テ力メテ多ク地方ノ名望アル者ヲ擧ケテ此任ニ當ラシメ其地位ヲ高クシ待遇ヲ厚クシ無用ノ勞費ヲ負ハ

シメス倦怠ノ念ヲ生セサラシムルトキハ漸ク其責任ノ重キヲ知リ参政ノ名譽タルヲ辨スルニ至ラントス且本邦舊來ノ制ヲ考フルニ無給職ニシテ町村ノ事務ニ任スルノ例アリ各地方ノ習慣固ヨリ一定ナルニ非ス且維新後數次ノ變革ニ依テ頗ル此習慣ヲ破リタリト雖モ今日ニ及テ之ヲ襲用スルコト猶難カラサル可シ是此制ヲ實施スルニ方テ多少ノ困難アルニ拘ラス漸次其目的ヲ達センコトヲ期シテ疑ハサル所以ナリ

然レトモ他ノ一方ヨリ之ヲ見ルトキハ又地方ノ情況ニ依リ多少ノ酌量ヲ加ヘサルヲ得サルモノアリ是ヲ以テ町村長ハ公選ト爲スト雖モ其選擧宜キヲ得サルトキハ臨時官選ヲ許シ或ハ官吏ヲ派遣シテ其事務ヲ執ラシムルノ例アリ又島嶼ノ地其他特別ノ事情アリテ此制ヲ實施シ難キ地方ニハ之ヲ行ハサルヲ許スノ例アリ（町村制第六十一條第百三十二條第百三十三條）其他十分ニ實地活用ノ方ヲ與ヘタレハ各地ノ實況ニ照シテ之ニ應スルノ便アルヲ信ス固ヨリ此等ノ法令ハ人民ノ情態ニ依リ智識ノ度ニ應シテ宜キヲ取ラサルヲ得ス徒ニ自治ノ理論ニ據テ俄ニ其完備ヲ求ムルカ如キハ立法者ノ愼重ヲ加フ可キ所ナリトス是本制多少ノ斟酌ナキヲ得サル所以ナリ

本制ヲ施行スルニ付テハ漸ヲ以テ郡府縣ノ制度ノ改正ニ及ハサルヲ得サルモノアリ今其概略ヲ擧クレハ郡ニ郡長ヲ置キ府縣ニ府縣知事ヲ置キ其選任組織等固ヨリ舊ノ如クシテ之ヲ改メスト雖モ府縣會ノ外新ニ郡會ヲ開キ府縣郡ニ各參事會ヲ設ケサルヲ得ス然レトモ是等ノ事ハ府縣郡制ノ制定アルヲ待テ始メテ定マル可キ事ニシテ只今之ヲ以テ本制ノ參考ニ供スルノミ

本制ニ制定スル市町村ハ共ニ最下級ノ自治体ニシテ市ト云ヒ町村ト云ヒ都鄙ノ別ニ依テ其名ヲ異ニスルニ過キス其制度ヲ立ツルノ原質ニ至テハ彼此相異ナル所ナシ元來町ト村トハ人民生計ノ情態ニ於テ其趣ヲ同クセサルモノアリテ細カニ之ヲ論スレハ均一ノ準率ニ依リ難キモノナキニ非スト雖モ本邦現今ノ狀況ヲ察シ舊來ノ慣習ニ依テ之ヲ考フルニ都會輻輳ノ地ヲ除クノ外宿驛ト稱シ町ト稱スルモノ施政ノ大體ニ於テ村落ト異同アルコトナシ故ニ今之ヲ一制度ノ下ニ立タシメントス其施治ノ細目ニ至テハ或ハ多少ノ差異ヲ見ルコトアルヘシト雖モ此等ハ制度ノ範圍內ニ於テ執行者ノ處分斟酌宜キヲ得ルト否トニ在ル可キモノトス然レトモ都會ノ地ニ至テハ大ニ人情風俗ヲ異ニシ經濟上自ラ差別アリ故ニ之ヲ分離シテ別ニ市制ヲ立テ機關ノ組織及行政監督ノ例

ヲ異ニセリ是固ヨリ町村制ト其性質ヲ異ニスルニ非ス其市民ノ便益ト實際ノ必要トニ出テ然ラサルヲ得サルナリ即現行ノ區制ニ繼續スル所ノモノナリト雖モ從來ノ區ハ郡ノ疆域ヲ離レスシテ行政上別ニ吏員ヲ置キ事務ヲ處理スルニ過キサリシモ今改メテ獨立分離セシメ從來區ノ下ニ町アリシモ之ヲ改メテ市ヲ最下級ノ自治体ト爲サントス而シテ三府市街ノ如キハ其情況又他ノ都會ノ地ト同シカラサルモノアルヲ以テ市制中機關ノ組織等ニ於テ二三ノ特例ヲ設クルモノアリ今此市制ヲ施行セントスルモノハ三府其他人口凡二萬五千以上ノ市街地ニ在リトス尤郡制制定ノ時ニ至テ其要件ヲ確定スルコトアル可シト雖モ今內務大臣ノ定ムル所ニ從テ之ヲ施行セントス區ノ名稱ヲ改メテ市ト爲スハ三府ノ如キ一府內ノ區ト混同スルヲ避クルナリ町村ハ通シテ其組織ヲ同ス可キハ前述ノ如シト雖モ其大小廣狹ニ依リ又ハ貧富繁閑ニ依リテ自ラ事情ヲ異ニスルモノナキニ非ス故ニ或ハ一定ノ例規ヲ適用シ難キモノアリ是亦酌量ヲ加ヘ法律ノ範圍ヲ廣クシテ地方ノ便宜ヲ與ヘントスルナリ（町村制第十一條、第十四條、第二十五條、第三十一條、第五十二條、第五十六條、第十九條、第六十三條、第六十四條、第百三十三條）

市制町村制第一章　總則

凡市町村ハ他ノ自治區ト同ク二箇ノ元素ヲ存セサル可カラス即チ疆土ト人民ト是ナリ此二者其一ヲ欽クトキハ市町村ノ自治体ヲ爲スニ足ラサルナリ而シテ市町村ノ制度ハ法律ヲ以テ之ヲ定ムト雖モ或ル界限内ニ在テ市町村ニ自主ノ權ヲ付與スルモノトス是ヲ市町村ノ基礎トス

第一欵ハ市制町村制ヲ施行スルノ地ヲ定メ(市制町村制第一條)法律上市町村ノ性質ヲ明ニシ(市制町村制第二條)次テ第一元素タル疆土ニ關スル條件ヲ定ム(市制町村制自第三條至第五條)

第二欵ハ第二元素ニ關スル條件、住民權公民權ノ得喪及住民公民權ヨリ生スル權利義務ヲ規定ス(市制町村制自第六條至第九條)

第三欵ハ市町村ニ付與スル自主權ノ範圍ヲ示ス(市制町村制第十條)

第一欵　市町村及其區域

市町村ノ區域ハ一方ニ在テハ國土分畫ノ最下級ニシテ即國ノ行政區畫タリ一方ニ在テハ獨立シタル自治体ノ疆土タリ其疆土ハ自治体カ公法上ノ權利ヲ執行シ義務ヲ踐行スルノ區域ナリ

故ニ市町村ノ區域ハ從來ノ成立ヲ存シテ之ヲ變更セサルヲ以テ原則トス然レトモ町村ノ力貧弱ニシテ其負擔ニ堪ヘス自ラ獨立シテ其本分ヲ盡スコト能ハサルモノアリ是其町村自己ノ不利タルノミナラス國ノ公益ニ非サルナリ是ヲ以テ有力ノ町村ヲ造成シ維持スルハ國ノ利害ニ關スル所ニシテ町村ノ廢置分合若クハ區域ノ變更等ニ付キ國ノ干渉ヲ要スルコト明ナリ固ヨリ關係アル土地ノ所有主及自治區ヲシテ利害ノ關スル所ニ依テ各其意見ヲ達スルノ市會ヲ得セシメ其意見一般ハ公益ヲ任セサル限リハ之ヲ採用セサル可カラス尤他ノ一方ヨリ論スルトキハ其關係者タルモノハ動モスレハ自己ノ利害ニ偏シ永遠ノ得失ヲ顧サルカ如キコトアルヲ免レス故ニ一ニ其承諾ニ依テ決スルコトヲ得ス假令其承諾ナキモ之ヲ斷行スルノ權力アルヲ要ス然レトモ此等ノ處置タルヤ地方ノ情況ノ通曉スルヲ處シ且公平ヲ示サンカ爲メニ高等自治區參事會ノ決議ニ任スルヲ至當トス(市制町村制第四條)

本制ハ町村ノ分合ニ就テ詳細ナル規則ヲ設ケス各地ノ情況ヲ斟酌スルノ餘地ヲ存スルナリ唯十分ノ資力ヲ有セサル町村ハ比隣相合併ス可キノ例ヲ設ク此ノ如キ町村ハ獨立ヲ有タシムルコトヲ得サルヲ以テ假令其承諾ナキモ他ノ町

村ニ合併シ又ハ數箇相合シテ新町村ヲ造成セサル可カラス固ヨリ本制ニ定ムルカ如ク各市町村從前ノ區域ヲ變更セサルハ其原則ナリト雖モ現今各町村ノ大半ハ狹小ニ過キ本制ニ據テ獨立町村タル資格ヲ有スルヲ得サルモノ蓋少カラス故ニ合併ノ處分ヲ爲スモ亦已ムヲ得サル所ナリ然レトモ分合ノ例規ハ詳ニ之ヲ法律ニ制定セス其緩急ヲ行政廳ノ見ル所ニ任スルモノハ各地ノ地形人情及古來ノ沿革ヲ參酌スルノ自由ヲ得セシメントスルニ在リ若シ其實行ニ方テ執行者ノ標準ヲ定ムルカ如キハ時ニ臨テ訓令ヲ發スルコトアル可シ之ヲ要スルニ町村ハ舊來ノ區域ヲ存シテ改メサルヲ原則トシ資力ナキモノハ之ヲ合併シテ以テ法律ノ冀望スル有力ノ町村ヲ造成センコトヲ期スルニ在リ又合併ノ爲メニ其區域廣濶ニ過キテ地形人情ノ自然ヲ失ヒ共有物ノ區域ヲ混シ其使用ノ便ヲ害スル等ノ事ナキヲ要ス然レ𪜈今日ニ在テハ事情已ムヲ得サルモノアリテ十全ノ合併ヲ爲スコトヲ得ス又ハ合併ヲ以テ不便ト爲スカ如キコトアルヘシ故ニ町村制第百十六條ニ於テ町村組合ヲ設クルノ便法ヲ存セリ其組合町村ハ各獨立ヲ保チ而シテ共同シテ一定ノ事務ヲ處辨スルモノナリ其共同事務ノ範圍等ハ實地ノ需用ニ依テ便宜之ヲ議定スルニ任ス

凡區域ヲ變更スルニ方テハ必關係者ノ協議ヲ以テ財產處分又ハ費用ノ分擔ヲ定ムルヲ要ス是亦一定ノ規例ヲ示サス蓋此等ノ處分ハ強チ法理ニ泥マス專ラ情義ニ依ルヲ以テ穩當トス但其專斷偏私ノ弊ナカラシメンカ為メ其處分ヲ參事會ニ決セリ而シテ其參事會ノ議決ニ對シテハ司法ノ裁判ヲ仰クヲ許サス
市町村經界ノ爭論ハ公法上ノ權利ノ廣狹ニ關スルヲ以テ公法ニ屬セリ故ニ此類ノ爭論ハ司法裁判ヲ求ムルヲ許サスシテ參事會ノ裁決ニ付シ終審ニ於テハ行政裁判所ノ判決ニ任セリ(市制町村制第五條)若シ之ニ反シテ民法上ノ所有權若クハ使用權ニ關スル爭論ハ固ヨリ司法裁判ニ屬スヘキヲ以テ其爭論者ノ一方若クハ雙方トモ市町村ニ係ルト雖モ參事會ノ裁決ニ付セス行政裁判ニ屬セサルハ勿論ナリ

第二款　市町村住民籍及公民權

町村ト人民トノ關係ハ現行ノ法ニ於テ本籍寄留ノ別アリ現實ノ住居地ハ必シモ本籍地ナラス本籍ハ殆ント虛名ヲ存スルニ過キサルモノアリ而シテ府縣會議員ノ撰擧ノ如キ公法上ノ權利ハ本籍ニ屬シテ寄留地ニ屬セサルモノアリ甚タ事實ト相適セス蓋公法上ノ權利ヲ行フハ現實ノ利害ニ基ク可クシテ虛名ニ

依ルカラス故ニ本制ニ於テハ現行本籍寄留ノ法ニ依ラス凡市町村内ニ住居ヲ定ムル者ハ即市町村住民ニシテ本籍寄留ノ別アルコトナシ尤市町村住民籍即屬籍ノ例規ハ別ニ法令ヲ以テ之ヲ制定センコトヲ期ス故ニ玆ニ之ヲ詳述セスト雖モ要スルニ本制ノ行ハルヽ日ヨリ人民ト町村トノ關係即町村ノ屬籍ニ付テハ從來本籍寄留ノ例ヲ一變スルモノナリ但戸籍上ノ事即戸主家族ノ關係ニ於テハ之ト相關スルコトナク從前ノ戸籍法ヲ存シテ之ヲ變更セサルナリ
市町村住民ノ權利ハ市町村ノ營造物ヲ共用シ其財産所得ノ使用ニ參與スルニ在リ但法律及市町村ノ條例規則ニ據ル可キハ固ヨリ言ヲ俟タス其義務ハ市町村ノ負擔ヲ分任スルニ在リ其義務ノ生スルハ即市町村ニ住居ヲ定メ住民ト爲リシ時ニ起ル但シ市町村内ニ住居ヲ定メス一時滯在スル者即其市町村住民ニ非サル者ト雖モ其滯在ノ久キニ至テハ市町村ノ負擔ニ任セシムルヲ當然トス

(市制町村制第九十二條)

故ニ身羇旅ニ在ル者ト一時ノ滯在者トヲ除クノ外凡市町村内ニ住居ヲ定ムル者ハ即皆市町村住民タリ軍人官吏ノ如キモ亦皆然リ然リト雖モ軍人官吏ハ公民權ヲ行ヒ及市町村ノ負擔ヲ分任スル上ニ於テ例外ニ置クヲ必要ト爲スノ條

件アリ即市制第八條、第九條、第十二條、第十五條、第五十五條、第九十六條、町村市制第八條、第九條、第十二條、第十五條、第五十三條、第九十六條ニ定ムル所ノ如シ又皇族ハ市町村ノ屬籍外タルコト勿論ナレハ敢テ本制ニ掲載セス
市町村住民中公務ニ參與スルノ權アリ又義務アル者ハ別ニ要件ヲ定メテ其資格ニ適フ者ニ限ル之ヲ公民トス(市制町村制第七條)
公民ハ住民中ニ在テ特別ノ權利ヲ有シ重大ノ負擔ヲ帶ヒタル者トス其資格ノ要件ハ自ラ民度風俗ニ從ヒ各地方ノ情況ヲ酌ミ以テ其宜ヲ制スルヲ便ナリトス故ニ市町村ノ自主ノ權ニ任セ適宜之ヲ制定セシム可キカ如シト雖𪜈又一方ヨリ考フレハ各地方區々ニ出テヽ權利上公平ヲ失スルノ恐ナキ能ハス各國ノ例ヲ案スルニ是亦同異アリテ一定セス今本制ハ本邦ノ民度情体ヲ察シ併セテ各國ノ制ヲ參酌シ之ヲ制定セリ
各國ノ例ヲ案スルニ大略二類アリ一ハ即市町村住民ニシテ法律上ノ要件ニ適スルトキハ直ニ公民トナルノ法トシ一ハ則特別ノ手續ニ依テ公民權ヲ得ルノ法トス今第一ノ例ヲ以テ適當ト爲ス故ニ本制ハ市町村住民中市制町村制第七條ニ規定シタル要件ニ適スルトキハ直チニ公民タルヲ得ルモノトス

外國人及公權ヲ有セサル者ニハ公民權ヲ與フ可カラサルコト疑ヲ容レス本制ニ於テハ婦人及獨立セル者モ亦皆公民外ニ置クヲ通例トス但市制町村制第十二條第二十四條ニ於テハ之ニ撰擧權ヲ與フルノ特例アリ官府其他總テ法人タル者モ亦之ニ準ス其他ハ一般ニ二年以來市制町村制第七條ニ列記シタル要件ヲ有スルヲ要ス然ルニ一般ニ二年以上ノ制限アルハ或ハ不公平ヲ生スルノ恐アリト雖モ市町村會ニ於テ之ヲ特免スルノ權利ヲ有スルヲ以テ其甚シキニ至ラサル可シ其他多額ノ納稅者ニ就テモ亦之ニ類スル特例ヲ設ク市制町村制第十二條甲市町村ノ住民ニシテ乙市町村內ニ土地ヲ所有シ若クハ營業ヲ爲スカ爲メニ市制町村制第九十三條ニ從ヒ市町村稅ヲ負擔スル者アリ此ノ如キ者ニハ固ヨリ完全ノ公民權ヲ與ヘスト雖モ市制町村制第十二條ニ從テ特ニ選擧權ヲ行ハシムルモノトス蓋本制ニ定ムル要件中納稅額ノ制限ヲ設クル所以ハ市町村ヲ以テ其盛衰ニ利害ノ關係ヲ有セサル無智無產ノ小民ニ放任スルコトヲ欲セサルカ爲メナリ然レトモ本制ニハ二級若クハ三級選擧法ヲ行フニ依テ幸ニ小民ノ多數ヲ以テ資產者ヲ抑壓スルノ患ヲ免ル可キカ故ニ其制限ハ之ヲ低度ニ定ムルモ妨ケナシ元來選擧權ヲ擴充シ以テ細民不滿ノ念ヲ絕タンコトヲ期

スルハ此選擧法ノ他ニ優レリトスル所ナリ故ニ本制ニ於テハ二年以來町村內ニ於テ地租ヲ納ムル者ハ其制限額ヲ設ケス其ノ他納稅者ハ二圓以上トセリ而シテ其稅額直接國稅ヲ標準ト爲シ市制町村制第十二條、第十三條ノ場合ノ如ク市町村稅ヲ標準トセサル所以ノモノハ現今町村費ノ賦課法タル各地方異同アリテ未タ完全ノ域ニ達セサルヲ以テ町村稅ニ依リ其標準ヲ立ツルハ頗ル難事ニ屬スルヲ以テナリ

公民權ヲ得ルノ條件アル以上ハ其條件ヲ失フ者ハ又其權ヲ喪フ可シ（市制町村制九條）即公民權ハ左ノ事件ト共ニ消滅スルモノトス

一國民籍ヲ失フ事

二公權ヲ失フ事

三市町村內ニ住居セサル事則住民權ヲ失フ事

四公費ヲ以テ救助ヲ受ル事

五獨立ヲ失フ事即一戶ヲ搆フルコトヲ止メ又ハ治産ノ禁ヲ受クル事

六市町村負擔ノ分任ヲ止ムル事

七市町村內ノ所有地ヲ他人ニ讓リ又ハ直接國稅貳圓以上ヲ納メサル事

租税滞納處分中ノ者ハ公民權ヲ喪失スルニアラスシテ停止セラルヽモノナリ其他市制町村制第九條第二項ニ記載セル場合ハ總テ之ニ同シ喪失ト停止トノ區別ハ停止ノ時ハ其權利ヲ存シテ只法律ニ定メタル事由ノ存スル間之カ執行ヲ止ムルニ在リ

公民權ヲ有スル者ハ一方ニ在テハ選擧被選擧ノ權利ヲ有シ一方ニ在テハ市町村ノ代議及行政上ノ名譽職ヲ擔任ス可キ義務ヲ負フモノトス此義務ハ渾テ法律上ノ義務ニ於ケルカ如ク强制シテ之ヲ履行セシメサル可カラス固ヨリ直接ニ之ヲ强制スルヲ得スト雖モ故ナク名譽職ヲ拒辭シ退職シ又ハ實際執務セサル者ヲ懲罰スルニ公務ニ參與スルノ權ヲ停止シ並市町村税ヲ增課スルノ例アルハ卽間接ノ裁制ヲ存スル所以ナリ（市制町村制第八條）

其裁制ヲ行フノ權ハ之ヲ市町村會ニ付與シ住民權公民權ノ有無等ニ關スル爭論モ亦之ヲ市町村會ノ議決ニ任シ（市制第三十五條町村制第三十七條）之ニ關スル訴願ハ參事會ノ議決ニ付シ行政裁判所ニ出訴スルヲ許シテ以テ其權利ヲ保護スルハ皆本制大体ノ精神ヨリ出ツル所ナリ

第三欵　自主ノ權

自主ノ權トハ市町村等ノ自治体ニ於テ其內部ノ事務ヲ整理スルカ爲メニ法規ヲ立ツルノ權利ヲ謂フ所謂自治ノ義ト混同ス可カラス自治トハ國ノ法律ニ遵依シ名譽職ヲ以テ事務ヲ處理スルヲ謂フ元來法規ヲ立ツルハ國權ニ屬スルモノナリト雖モ或ル範圍內ニ於テ之ヲ自治區ニ付與スル所以ノモノハ一國ノ立法權ヲ以テ周ク地方ノ情況ヲ酌量シ其特殊ノ需要ニ應スルコト能ハサルニ因ル固ヨリ市町村ノ法規ハ其市町村ノ區域內ニ限リ且國ノ法律ヲ以テ其自主權ニ任シタル事件ニ限リ効力アルモノトス其委任ノ範圍ノ如キハ古來ノ沿革及人民政治上ノ敎育ノ度ニ伴隨ス可キモノニシテ其範圍ノ廣狹ニ從テ利害ノ分ルヽ所立法官タル者最愼マサル可カラス今本邦各地方ノ情況ヲ裁酌シ自主ノ權ヲ適實ニ施行ス可キノ望ナキモノハ法律ヲ以テ之ヲ規定シ或ハ法律ヲ以テ模範ヲ示シ猶地方ノ情況ニ依リ自主ノ權ヲ以テ之ヲ增減斟酌スルヲ許サントス

市町村ノ自主ノ權ヲ以テ設クル所ノ法規ニ條例及規則ノ別アリ規則トハ市町村ノ營造物(瓦斯局、水道、病院ノ類)ノ組織及ヒ其使用ヲ規定スルモノヲ謂ヒ條例トハ市町村ノ組織又ハ市町村ト其住民トノ關係即市町村ノ組織中ニ在テ權利義務ヲ規定スルモノヲ謂フ其法律命令ニ抵觸スルヲ得サルハ二者共ニ相同シ但條例ニ在テハ此外猶制限アリ即法律ニ明文ヲ掲ケテ特例ヲ設クルコトヲ許シ或ハ法律ノ明條ナクシテ自主ノ權ヲ許シタル場合ニ限ルモノトス明文ヲ以テ條例ヲ設クルコトヲ許シタル場合ヲ列擧スレハ市制ニ在テハ第十一條、第十四條第四十九條第六十一條、第六十九條、第七十三條、第七十七條、第八十四條、第九十一條、第九十七條、第百二條、第百十三條、町村制ニ在テハ第十一條、第十四條、第三十一條、第五十二條、第五十六條、第六十五條、第七十四條、第七十七條、第八十四條、第九十一條、第九十七條、第百二條、第百十四條トス其他本制ニ於テ條例ト謂ハスシテ條例ニ均シキ規定ヲ許シタル場合モ亦少カラス其條例ト明言セサル所以ハ專ラ許可ヲ要セサルニ在リ(市制第四十條、第四十八條、第六十條、町村制第四十二條、第五十條、第六十四條)

條例規則ヲ新設改正スルハ市町村會之ヲ議決シ(市制第三十一條第一村制第三十三條第一)市制第百二十一條第一及第百二十三條第一町村制第百二十五條第一及第百二十七條第一ニ依リ許可ヲ受クヘキモノトス但町村制第三十一條及第百十四條ニ於テハ特例トシテ之ヲ郡參事會ノ議決ニ委任セリ是町村會ニ於

テ此議決ヲ爲スヲ得ス又其議決ノ偏頗ニ失スルノ恐アルヲ以テナリ又本制施行ノ當初未タ市町村會ヲ召集セザル間ニ於テ市例ヲ以テ規定ス可キ事項ノ處分法ハ市制第百二十八條及町村制第百三十一條ニ依ル其他條例規則ヲ論セス公布ヲ竢テ初メテ他人ニ對シテ効力ヲ有スルハ一般ノ法理ニ照シテ疑ナキ所ナリ

市制町村制第二章　市會町村會

市町村ハ法人タル者ナレハ之ニ代テ思想ヲ發露シ之ニ代テ業務ヲ行フ所ノ機關ナカル可カラス其機關ニ代議ノ機關ト行政ノ機關トノ二者アリ代議ノ機關トハ即市會町村會ニシテ其沿革ノ詳ナルハ今姑ク措キ往時町村ノ寄合ト稱セシモノニ起リ維新後ニ至テ府縣會ト同ク各地方ニ町村會ヲ開キタリ然レトモ其法律ヲ以テ制定シタルハ即明治十三年ノ區町村會法ヲ創始トシ其後明治十七年ノ改正ヲ經テ今日ニ及ヘリ然レトモ其法律ハ會議ノ大則ヲ定メタルニ過キスシテ餘ハ之ヲ各地方ノ適宜定ムル所ニ任セタリ又全國ノ町村盡ク之ヲ開設スルニ非ス小町村ノ如キ會議ヲ設ケサルモ亦少シトセス今之ヲ改メテ會議ノ規則ヲ制定スト雖モ猶多少ノ酌量ヲ地方ニ任セ且小町村ノ如キハ代議會ヲ設ケサルヲ許シ代フルニ選擧人ノ總會ヲ以テセリ

第一款　組織及選擧

代議機關ハ完全ナル權利ヲ有セス市町村民ノ選擧ニ出ツルモノトス其組織ノ方法ニ至テハ外國ノ例ヲ參考スルニ各多少ノ異同アリ蓋國ノ情況ニ適合スル完備ノ法ヲ立ツルハ易カラサル所ナリト雖モ今古來ノ沿革時勢人情ヲ考察シ傍ラ外國ノ例ヲ參酌シテ以テ其宜ヲ制定ス其要點左ノ如シ

一　選擧權

選擧權ハ素ヨリ完全ナル權利ヲ有スル公民ニ限リテ之ヲ有ス可シ然ルニ此權利ヲ擴張シ特例トシテ之ヲ公民ナラサル者ニ與フルコトアリ（市制町村制第十二條）是其人ノ利害ニ關スル所最厚ク且市町村税負擔ノ最重キカ故ナリ此點ハ上ニ之ヲ詳述セリ

二　被選擧權

被選擧權ハ選擧權ヲ有スル者ニ限リテ之ヲ有ス可シト雖モ其市町村ノ公民ニ非サル者ニ至テハ假令選擧權ヲ有スルモ被選擧權ヲ有セス其他被選擧權ノ要件ヲ選擧權ノ要件ニ同クシテ別ニ之カ制限ヲ設ケサルハ適任ノ人物ヲ選擇スルノ區域ヲ徒ニ減縮セサランカ爲メナリ被選擧權ヲ與ヘサル制限ハ或ハ外國

ノ例ヲ參酌シテ之ヲ取ルモノアリ或ハ地方ノ情況ニ照シテ已ムヲ得サルモノアリ又本制ニ於テハ無給ノ市町村吏員ニ被選擧權ヲ與ヘタリ市町村ノ行政事務ヲ掌ル名譽職ヲ擔任シ公共事務ニ從事スル者ヲ代議會ニ加フルヲ許スハ穩當ナラサルカ如シト雖モ地方ニ依リテハ多ク適任ノ人ヲ得可カラサルヲ以テナリ行政ト代議ト最利害ノ抵觸シ易キ場合ニ關シテハ市制第三十八條第四十三條第六十六條第百十二條町村制第四十條第四十五條第百十三條等ニ於テ豫メ之ニ處スルノ法ヲ設ケタリ

三　選擧等級

本制ニ於テハ納稅額ニ依テ選擧人ノ等級ヲ立テ選擧權ヲ以テ市町村稅負擔ノ輕重ニ伴隨セシム蓋名譽職ニ任スルハ町村公民ノ輕カラサル義務ナレハ資產アル者ニ非サレハ之ニ任スルコト能ハス又其稅額ノ多寡ハ姑ク之ヲ論セサルモ其專ラ自治ノ義務ヲ負擔スル者ニ相當ノ權力ヲ有セシムルハ固ヨリ當然ノ理ナリ今等級選擧法ヲ以テ常例トセルハ即此要旨ニ外ナラス等級選擧ノ例ハ本邦ニ於テハ創始ニ屬スト雖モ之ヲ外國ノ實例ニ照スニ明ニ其良結果アルヲ徵スルニ足ル本制被選擧權ノ資格ヲ廣クシテ而シテ其流弊ナキヲ信スル所以

ノモノハ即此撰擧法ニ依テ以テ細民ノ多數ニ制セラルヽノ弊ヲ防クニ足ルヘキヲ以テナリ
各地方ノ狀況ヲ見ルニ都鄙ニ依テ貧富ヲ異ニシ地形ニ依テ產業ニ別アリ故ニ各地ニ適スル一定ノ税額ヲ設ケテ等級ヲ分ツコトヲ得ス又單ニ土地ノ所有ヲ以テ選擧權ノ標準ト爲スコトヲ得ス是ヲ以テ等級法ヲ立テントスルニハ市町村內ニ於テ徵收スル市町村税ノ總額ヲ標準トシ各自納税額ノ多寡ニ依テ其順序ヲ定メ等級ヲ立ツルノ外他ニ良法アルヲ知ラス然ルニ市ハ通シテ三級トシ町村ハ單ニ二級トセルハ市民ハ戶口多ク貧富ノ階級アルコト町村民ノ等差少キカ如キニ非サルヲ以テナリ(市制町村制第十三條)但町村ニシテ特別ノ事情アルモノアリ例ヘハ選擧人寡少ニシテ其税額ノ等差モ亦少ク或ハ一二ノ納税者アリテ非常ニ多額ノ税ヲ納ムルカ或ハ大町村ニ於テ其納税者ノ等差極メテ甚キノ類ニシテ二級選擧法ヲ適當トセサル場合モアル可シ此場合ニ於テハ町村條例ヲ以テ三級選擧法ヲ設クルコトアル可ク或ハ等級ヲ設ケス或ハ更ニ他ノ方法ヲ立ツルコトヲ得セシメントス尤二級若クハ三級選擧法ヲ以テ常例ト爲スカ故ニ不得已ノ事情アリテ許可ヲ受クルニ非サレハ此特例ヲ設クルコト

ヲ得サル可シ
被選擧人ハ其區內級內ノ者ニ限ラスト爲スハ(市制第十三條、第十四條、町村制第十三條)市町村會ノ議員ハ全市町村ノ代表者タルノ原則ヨリ出ツルモノニシテ是亦實際ノ便宜トスル所ナリ

四　選擧手續

選擧ノ事務タル其關スル所輕カラサルヲ以テ其細則ニ至ルマテ法律ヲ以テ之ヲ規定スルヲ要ス其單ニ手續ニ屬スル事項ト雖モ力メテ法律ニ之ヲ制定スル所以ノモノハ選擧ノ公平確實ナルコトヲ保シ行政廳ノ干涉ヲ防キ或ハ干涉ノ疑ヲ避ケンカ爲メナリ其順序大略左ノ如シ
選擧ハ通例三年每ニ之ヲ行フ之ヲ定期選擧トシ議員ノ半數ヲ改選ス其半數ヲ改選スルハ事務ニ熟練セル議員ヲ存續セシメンカ爲メナリ但解散ノ塲合ハ此ノ如クスルヲ得ス又此法律施行ノ當初ニ於テ選擧セラレタル議員ハ初回ノ改選ニ方リ抽籤ヲ以テ半數ヲ退任セシムルニ依リ其半數ハ三年間在職スルモノトス此二箇ノ塲合ヲ除キ議員ハ總テ六年間在職スルモノトス若シ議員任期中ニ死亡シ若クハ退職スルトキハ直ニ補闕員ヲ選擧シ前任者ノ任期ヲ襲カシメ

サル可カラス之ヲ補闕選擧トス然レトモ屢選擧ヲ行フトキハ其煩ニ堪ヘサルカ故ニ補闕選擧ハ定期選擧ヲ待テ之ト同時ニ行フヲ通例トス假令一二ノ闕員アルモ事務ニ支障ナカルヘキヲ以テナリ然レ𪜈若シ數多ノ議員退任スル等已ムヲ得ス補闕員ヲ選擧スルノ必要アルトキハ市制町村制第十七條ニ於テ之レカ便法ヲ設ク

選擧ヲ爲スノ準備ニ屬スル事ハ之ヲ行政機關即町村長若クハ市長及市參事會ニ委任セリ而シテ其事務ハ選擧ノ基礎タル選擧名簿ヲ調製スルヲ以テ第一トス本制ハ所謂永續簿ノ法ニ依ラス選擧ヲ行フ毎ニ名簿ヲ新タニスルノ法ヲ取レリ(市制町村制第十八條)其調製シタル名簿ハ選擧前數日間關係者ノ縱覽ニ供シ異議アル者ハ市町村長ニ申立テ又ハ訴願若クハ行政訴訟ノ手續(市制第三十五條町村制第三十七條)ヲ以テ誤ヲ正ス可キ便利ヲ與ヘタリ此名簿ノ調制ハ選擧ヨリ數日前ニ終結スヘキカ故ニ其結了ノ時ニ行ヒタル裁決ハ之ヲ執行スヘシト雖モ各訴願ノ頴定終局ニ至ル迄荏苒日ヲ曠クスルヲ得ス撰擧ノ期日ニ至レハ其訴願ニ拘ラス之ヲ執行ス若シ名簿ニ錯誤アルカ爲メ選擧ノ無効ニ歸スルコトアレハ更ニ之ヲ申立ツルコトヲ得可シ又被選人當選ヲ辭シ或ハ選擧ヲ

無効ナリト斷定セラレタル時ト雖モ更ニ名簿ヲ調制スルヲ要セス判決ニ準據シテ舊名簿ヲ訂正シタル上之ヲ用フルモノトシ之カ爲メニ更ニ關係人ノ縱覽ニ供シテ正誤申立ノ時間ヲ與フルニアラス唯名簿全体ノ不正ナルカ爲メ全選擧ヲ無効ナリトシタル時ニ至テハ新簿ヲ調制スルコト已ムヲ得サルナリ選擧ノ期日ハ町村長市參事會之ヲ定ム本制ニ依レハ選擧人ヲ召喚スルニハ公告ヲ以テ足レリトスト雖モ實際市町村ノ便宜ニ依リ各選擧人ニ對シ特ニ召集狀ヲ送付スルコトアルモ妨ケナシ其他投票時間ヲ定ムルハ市長町村長ニ任シタルヲ以テ市長町村長ハ選擧人ノ多寡及地形等ヲ參酌シテ之ヲ定ム可シ選擧事務ノ統計ハ之ヲ自治ノ吏員ニ委任シ(市制町村制第二十條)監督官廳ハ特ニ之カ監督ヲ爲ス可キノミ(市制第二十八條町村制第二十九條)而シテ選擧掛ハ集議体ニ編制セリ撰擧掛ハ選擧人代理者ノ許否投票ノ効力等直ニ之ヲ裁決セサルヲ得スシテ此ノ如キハ一個ノ委員ニ委任スルコトヲ得サルヲ以テナリ固ヨリ撰擧掛ニ於テ右等ノ事件ヲ議決スト雖モ後ニ至リ撰擧ノ無効ヲ申立ツル者アルトキハ之ヲ裁決スル官廳ニ於テハ右議決ニ拘ラス至當ノ裁決ヲ爲スヘキモノトス

選擧會ハ選擧人ニ取リテハ公會ナリト雖モ(市制町村制第二十一條)其選擧ハ全ク秘密投票ノ法ヲ以テス即選擧掛ハ勿論其他何人ニテモ投票者ニ於テ何人ヲ選擧セントスルカヲ知ラシメサルモノトス故ニ選擧ノ際ハ投票ヲ用ヒ票中ニ投票者ノ氏名ヲ記載セス又之ニ調印セシメス封緘シテ之ヲ差出サシム(市制町村制第二十二條、第二十三條)元來公選擧ト秘選擧トノ別アリ其利害得失ニ就テハ互ニ論アリト雖モ今特ニ地方自治區ノ選擧ニ就テ之ヲ考フルニ町村ノ事情タル居民常ニ相密接スルモノナレハ選擧ノ自由ヲ妨ケサランカ爲メニ寧ロ秘密選擧ヲ以テ良法ト爲ス而シテ選擧權ヲ有セサル者ノ投票又ハ重複ノ投票ヲ防カンカ爲メニハ選擧人自ラ出頭スルノ例アリ(市制町村制第二十四條)又名簿ニ照シテ之ヲ受クルノ法(市制町村制第二十二條)アリ選擧人自ラ出頭シテ選擧ヲ行フノ例ヲ設クルハ毫モ選擧ノ利害ニ關セサル輩ノ勸告ニ依テ之ニ投票ヲ託セントスルカ如キ者ヲ排除シ選擧ノ自由ヲ保護スル所以ナリ但市制町村制第二十四條第二項ニ掲クルモノハ已ムヲ得サルノ特例ナリトス選擧ヲ行フニ下級ヲ先キニシ上級ヲ後ニスルハ(市制町村制第十九條)下級ノ選擧人ヲシテ人ヲ擇フニ充分ノ區域ヲ得セシメンカ爲メナリ而シテ先ツ下級ノ選擧ヲ了ルノ後ニ上級ノ撰擧ニ着手セシム可シ是一人ニシテ數級ノ撰ニ當ルコトヲ防キ且上級ノ者ヲシテ下級ノ撰擧ニ當ラサル候補者ヲ撰擇スルコトヲ得セシムルモノナリ撰擧ノ結果ヲ證スルカ爲メニ撰擧錄ヲ製スルノ例(市制第二十六條町村制第二十七條)アルハ撰擧ノ効力ヲ裁決スル證憑ヲ備ヘンカ爲メナリ

當選ノ認定ハ議員ノ撰擧ニハ比較多數ノ法ヲ取リ(市制第二十五條、町村制第二十六條)市町村吏員ノ撰擧ニハ過半數ノ法ヲ用フ(市制第四十四條、町村制第四十六條)元來總テ過半數ヲ以テスルヲ正則トスレトモ事宜ヲ計リテ便法ヲ設ケタルナリ

撰擧ノ効力ニ關シ異議ヲ申立ツルノ權利ハ撰擧人及市長町村長ノ外公益上ヨリシテ其効力ヲ監査スルカ爲メニ郡長及府縣知事モ亦此權利ヲ有ス撰擧人及市長町村長ノ異議アルモノハ市町村會ノ裁決ニ任シ郡長府縣知事ノ異議アルモノハ參事會ノ裁決ニ任シ其郡參事會ノ裁決ニ不服アルトキハ府縣參事會ニ訴願スルコトヲ得其府縣參事會ノ裁決ニ不服アルトキハ行政裁判所ニ出訴スルコトヲ得ルモノトス是實ニ利害上ノ爭ニアラスシテ權利ノ消長ニ關スレハナリ(市制第二十八條、町村制第二十九條、第三十七條)

一旦選擧ヲ有效ト定メ或ハ其效力ニ異議ナクシテ經過シタル後ト雖モ當選者被選擧權ノ要件ヲ選擧ノ當時ニ有セサリシコトヲ發覺シ或ハ其當時有シタル要件ヲ失フコトアル可シ斯ル場合ニ於テハ固ヨリ市制第二十九條町村制第三十條ノ結果ヲ生ス可シ其裁決ノ手續ハ市制第三十五條町村制第三十七條ニ據ル

五　名譽職

市制町村制第十六條第二十條第七十五條ニ依リ名譽職ヲ置クハ本制大体ノ原則ニ出ツルナリ

第二款　職務權限及處務規程

市會町村會ハ市町村ノ代表者ナリ其權限ハ市町村ノ事務ニ止マリ其他ノ事務ハ從來ノ委任ニ依リ又ハ將來法律勅令ニ依テ特ニ委任スル事項ニ限リテ參與スルモノトス若シ大政ニ論及スル等凡ソ此界限ヲ踰ユルモノハ則法律ニ悖戾スルモノナレハ法律上ノ權力ヲ以テ(市制第六十條第二項第一、第百二十條町村制第六十八條第二項第一、第百二十四條)之ヲ制セサル可カラス其他市制第百十八條、第百十九條、町村制第百二十二條、第百二十三條ハ皆市會町村會ノ怠慢ヲ防

制スルノ權力ナリトス

市會町村會ハ代表機關ト爲スト雖モ(市制第三十條、町村制第三十二條)外部ニ對シテ市町村ヲ代表スルハ行政機關ノ任トス(市制第六十四條、第二項第七、町村制第六十八條第二項第七)即市會町村會ハ專ラ行政機關ニ對シテ市町村ヲ代表スルモノナリ市制第三十一條以下及町村制第三十三條以下ニ列載シタル職務ハ皆此地位ニ依テ生スルモノトス

一 市會町村會ハ條例規則、歲計豫算、決算報告、市町村稅賦課法及財產管理上ノ重要事件等ヲ議決ス市制第百十八條第百十九條、町村制第百二十二條第百二十三條ノ場合ヲ除クノ外行政機關ハ議會ノ議決ニ依テ方針ヲ取ラサルヲ得ス但其議決上司ノ許可ヲ得可キモノハ市制第百二十一條ヨリ第百二十三條ニ至リ及町村制第百二十五條ヨリ第百二十七條ニ至ルノ各條ニ依ル

二 市會町村會ノ執行ス可キ選擧ハ載セテ市制第三十七條第五十一條、第五十八條第六十條第六十一條及町村制第五十三條、第六十二條、第六十三條、第六十四條、第

六十五條ニ在リ

三 市會町村會ハ市町村ノ行務ヲ監査スルノ權利ヲ有ス其監査ノ方法ハ書類及計算書ヲ撿閲シ町村長若クハ市參事會ニ對シテ事務報告ヲ要求スルノ類是ナリ此權利ニ對シテ町村長若クハ市參事會ハ之ニ應スルノ義務アリ若シ市會町村會ニ於テ意見アルトキハ之ヲ官廳ニ具狀スルコトヲ得可シ

四 市會町村會ニ於テ官廳ノ諮問ヲ受クルトキハ之ニ對シテ意見ヲ陳述スルハ其義務ナリトス

五 其他市會町村會ハ或場合ニ於テ公法上ノ爭論ニ付始審ノ裁決ヲ爲スノ權アリ(市制第三十五條、町村制第三十七條)

市會町村會ノ議員ハ其職務ヲ執行スルニ當テハ法令ヲ遵奉シ其範圍內ニ於テ不覊ノ精神ヲ以テ事ヲ評議ス可シ決シテ選擧人ノ指示若クハ委囑ヲ受ク可キモノニアラス(市制第三十六條、町村制第三十八條)是固ヨリ法理ニ於テ明ナル所ナリト雖モ議員ノ職務ヲ以テ選擧人ノ委任ニ出ツルモノヽ如ク視做シ議員ハ選擧人ノ示シタル條件ヲ恪遵ス可キモノト爲スノ誤ヲ來サヽランカ爲メニ特ニ其明文ヲ掲ケルナリ

處務規程ハ市制第三十七條ヨリ第四十七條ニ至リ町村制第三十九條ヨリ第四十九條ニ至ルノ各條ニ於テ之ヲ設ク此條規ハ概ネ説明ヲ要セサル可シ只茲ニ一言ス可キハ町村會ハ通例町村長若クハ其代理者タル助役ヲ以テ議長トシ(町村制第三十九條)市會ハ別ニ互選シテ議長ヲ置ク(市制第三十七條)此區別ヲ爲シタル所以ハ町村ニ在テハ町村長及助役ノ外事務ニ熟練スル者多カラスシテ殊ニ議長ノ任ニ堪フル者ハ概ネ少ク且一人一個ノ責任ヲ以テ行政ノ全体ニ任スル場合ニ於テハ成ル可ク議員ト密接ノ關係ヲ有セシムルコト必要ナレハナリ町村制第四十四條ノ場合ヲ除クノ外町村長及助役ニシテ議決權ヲ有スルハ其議ヲ兼ヌル時ニ限ル可シ

市制町村制第三章　市町村行政

代議ト行政トハ各別個ノ機關ヲ設ケサル可カラサルハ已ニ之ヲ記述シタルカ如シ而シテ町村ノ行政ハ之ヲ町村長一人ニ任シ補助員即助役一名若クハ數名

ヲ置キ以テ之ヲ補助セシム市ニ於テハ之ヲ市參事會ニ任セリ市長ハ其會員ノ一人ニシテ其會ノ事務ヲ統理シ外部ニ對シテ參事會ヲ代表スルノ權ヲ有ス即町村ハ特任制ヲ取リ市ハ集議制ニ依ルモノナリ抑地方ノ自治行政ニハ集議制ヲ以テスルニ若クモノアラス然ルニ獨リ市ニ施シテ之ヲ町村ニ適用セサル所以ノモノハ集議制ハ特任制ニ比シ頗ル錯綜ニ渉ルノ弊アリ而シテ小町村ノ行政ハ力メテ簡易ノ編制ニ依ルヲ要スルヲ以テナリ且集議制ヲ行ハントト欲スレハ名譽職ヲ以テ行政ニ參與ス可キ適任者ヲ多ク求メサルヲ得ス而シテ此事タル今日ノ情況ニテハ都會ノ地ニ非サレハ望ム可カラサレハナリ大町村ニ於テモ亦此集議制ヲ施行ス可キ必要アリヤ否又之ヲ施行シ得可キヤ否ハ姑ク將來ノ變遷ヲ俟テ知ル可キナリ

本制市町村行政ノ條規ハ力メテ活用ノ區域ヲ廣クシ以テ各地方ノ情況ヲ斟酌スルノ餘地アラシメンコトヲ務メタリ

町村長助役市參事會及市長ハ皆是市町村ノ機關ニシテ國ニ直隷スル機關ニアラス是ヲ以テ此機關ニ屬スル吏員ハ總テ市町村自ラ之ヲ選任スルヲ當然トス是各國ノ通則ニシテ其効益亦實際ノ經驗ニ著ハル丶所ナレハ本制モ亦之ニ倣

へり(市制第五十一條、第五十八條、第五十九條、第六十條、第六十一條、町村制第五十三條、第六十二條、第六十三條、第六十四條、第六十五條)然レトモ市町村ハ又國ノ一部分ニシテ市町村ノ行政ハ一般ノ施政ニ關係ヲ及ホシ從テ國家ノ利害ニ關セサルコトナシ且市町村及其吏員ニ委任スル國政ニ屬スル事務ヲ以テスルコトアリ市制第七十四條、町村制第六十九條ノ如キ是ナリ市長ノ選任ハ市會ヨリ候補者ヲ推薦シ裁可ヲ求ムルノ例アルカ如キモ亦此理由アルニ依ル(市制第五十條)但其選任ノ例ヲ異ニスト雖モ市長ハ均シク市ノ機關ニシテ一ノ市吏員ナリ法律上ヨリ其地位ヲ論スルトキハ一面ハ市ニ屬シ一面ハ國ニ隷ス猶町村長ノ町村ト國トニ兩屬スルトコトシ此資格ハ選任ノ例ヲ異ニスルカ為メニ變更スルコトナシ其他樞要ノ市町村吏員即町村長、市町村助役收入役ハ監督官廳ノ認可ヲ受ケシメ其認可ヲ得サルトキハ其選擧ハ無效ニ屬スルカ故ニ(市制第五十二條、第五十八條、町村制自第五十九條、至第六十一條)國ノ治安ヲ保持スル上ニ就テハ十分ノ權力ヲ有スルヲ得可シ又之ヲ認可スルニ方テ徒ニ其活動ヲ牽制セサランコトヲ欲シ認可ヲ拒ムニ一定ノ理由ヲ示サス其地ノ事情ト人物トヲ參酌シテ其認可不認可ヲ決スルヲ得セシメントス其裁決ノ權ハ專ラ地方分權ノ原則ニ準シ之ヲ郡長又ハ府縣知事ニ委任セリ然レトモ其公平ヲ失スルノ弊ヲ防カンカ爲メ若クハ偏私ノ誹ヲ免レンカ爲メニ其認可ヲ拒マントスルトキハ郡參事會又ハ府縣參事會ノ同意ヲ得ルヲ必要ト爲セリ又已ニ官廳ノ認可ヲ受ケシムルノ法ヲ設クルトキハ其結局ノ處分法ナカル可カラス即其撰擧遂ニ適人ノ任ヲ得スシテ已ムヲ得サルトキハ官廳ヨリ其代理者ヲ特選シ若クハ官吏ヲ派遣シテ市町村ノ事務ヲ執ラシムルコトヲ得可シ以上ノ例規ニ依リ市町村吏員ノ選擧ヲ以テ之ヲ市町村ニ委任スルモ國ノ治安統一ヲ保ツコトニ於テ要フ可キノ弊ナキヲ信ス

町村ニ於テ吏員ヲ選任スルノ權ハ之ヲ町村會若クハ總會ニ委任シ唯使丁ニ限リ之ヲ町村長ニ委任シ（町村制第五十三條、第六十二條、第六十三條、第六十四條、第六十五條）市ニ於テハ之ヲ市參事會ニ委任シ參事會員委員及收入役ノ選定ニ限リ之ヲ市會ニ委任セリ（市制第五十一條、第五十八條、第五十九條、第六十條、第六十一條）

市町村ノ吏員ヲ選任スルニ付テハ固ヨリ法律上ノ要件ヲ恪守セサル可カラス其要件ハ市制第五十五條、第五十八條、第六十條、第六十一條、町村制第五十三條、第五十六條、第六十四條、第六十五條ニ在リ其他ノ制限ハ刑法等他ノ法律ニ存ス其他市町村吏員組織ノ大要ハ法律中ニ定ムルモノアリト雖モ各地方情況ヲ異ニスルヲ以テ市町村ノ自主權ニ廣濶ナル餘地ヲ與フルコトヲ得可ク又之ヲ與フルヲ要スルナリ

本制ニ定ムル市町村吏員ハ左ノ如シ

一　町村長

町村長ハ町村ノ統轄者ナリ即町村ノ名ヲ以テ委任ノ强制權ヲ執行スル者トス其强制權ノ幾部分ハ既ニ町村制中ニ制定セリト雖モ（例ヘハ町村制第百二條ノ類）多クハ別法ヲ以テ之ヲ設ケサル可カラス其他町村長ハ町村ノ事務ヲ管理スルノ任アリ故ニ一方ニ在テハ町村ニ對シテ其執行ノ責任ヲ帶ヒ一方ニ在テハ法律ノ範圍内並官廳ヨリ其權限内ニテ發シタル命令ノ範圍内ニ於テ百般ノ事項ニ涉リ町村ノ幸福ヲ增進シ安寧ヲ保護スルヲ務メトス而シテ町村長ニ於テ町村會ノ議決ニ遵依ス可キ程度ハ町村制第三十三條以下ニ詳ナリ同條記載ノ事件ニ就テハ町村長ハ議會ノ議決ニ依ラスシテ之ヲ施行スルコト能ハサル而已ナラス猶其議事ヲ準備シ議決ヲ執行スルノ義務アリ故ニ町村會ニ於テ法律

ニ背戻スルコトナク其權限內ニテ議決シタル事項ハ假令町村ノ爲メニ不便アリト認ムルモ町村長ハ之ヲ執行セサルヲ得ス唯町村長其議決ニ對シテ大ニ意見ヲ異ニシ公衆ノ利益ヲ害スト認ムルトキハ町村制第六十八條第二項第一ニ從テ議決ノ執行ヲ停止スルノ權ヲ有ス即之ヲ停止シテ郡參事會ノ裁決ヲ請フコトヲ得可シ其法律命令ニ背キ又ハ權限ヲ越ユルモノモ亦之ニ同シ尤僅ニ利害ノ見込ヲ異ニシタルノミニテハ未タ以テ之ヲ停止スルノ理由ト爲スニ足ラス必ス公益ヲ損スト認ムル時ニ限ル可シ蓋公益ノ爲メニ町村長ヲシテ此停止權ヲ有セシムルハ或ハ之ヲ濫用スルノ恐ナキニ非スト雖モ今日町村治ノ未タ整備セサルヨリ考フルトキハ姑ク此例ヲ存スルノ已ムヲ得サルモノアリ又監督官廳ヨリ町村長ニ停止ヲ命スルハ國ノ利害ニ關シ已ムヲ得サルモノニシテ監督官廳モ亦常ニ町村會議決ノ報告ヲ徵シテ其注意ヲ怠ラサル可シ其停止權ヲ濫用スルノ弊ハ參事會ノ參與アルヲ以テ自ラ之ヲ防制スルコトヲ得可シ其行政裁判所ヘ出訴スルノ權ヲ法律勅令ニ背戻シ及權限ヲ踰越スルノ塲合ニ限リタルハ行政裁判所ハ專ラ法律上ノ爭論ヲ判決ス可キモノニシテ公益ニ關スル事ハ一ニ利害ノ爭ニ過キサレハナリ郡參事會ノ裁決ニ不服アル者ハ府縣參

事會ニ訴願シ其府縣事參會ノ裁決ニ不服アル者ハ行政裁判所ニ出訴シ若クハ內務大臣ニ訴願スルヲ得可キコト町村制第百十九條及第百二十條ノ規定ニ依テ明ナリ

其他町村長ノ町村事務ハ町村制第六十八條第二項第二ヨリ第九ニ列載シタル條件ニ依テ明ナリ其各條件ニ關シテハ玆ニ說明ヲ要セサル可シ町村會ノ定額豫算ニ關スル職權ニ依テ町村長ノ權利ニ制限ヲ加フル所以ハ第四章ニ於テ之ヲ說明ス可シ又町村會ノ議決町村制第百二十五條以下ニ從ヒ官ノ許可ヲ受ク可キモノハ之ヲ受クルノ前ニ施行スルヲ得サル、コト固ヨリ言ヲ俟タス且時宜ニ依リテハ監督官廳ノ懲戒權ヲ以テ之ヲ强制スルヲ得可シ

町村制第六十九條ニ列記シタル事務ニ關シテハ町村長ハ全ク前述ノ場合ト異ナリタル地位ヲ有スルモノトス已ニ前章ニ記述シタル如ク國ハ町村ヲシテ國政ニ關スル事務ニ參與セシムルコトアル可シ之ヲ參與セシムルノ法二アリ國政ニ屬スル事務ヲ以テ町村ニ委任シ其自治權ヲ以テ之ヲ處辨セシムルモノアリ又其事務ヲ町村ニ委任セスシテ直接ニ町村長其他町村ノ吏員ヲ指定シテ之ヲ委任スルモノアリ此區別ノ緊要ナル點ハ第一ノ例ニ據レハ斯ル事件ノ議決

モ亦町村會ノ職權ニ歸シ町村長若クハ當該吏員ハ此事件ニ關シ町村會ニ對シテ責任ヲ帶ヒ且常ニ其監視ヲ受クルモノトシ第二ノ例ニ據レハ町村長ハ直接ニ官命ニ依テ事務ニ從事シ町村會ト相關セス此事務ニ關スル指揮命令ハ直ニ所屬官廳ヨリ之ヲ受ケ特ニ其官廳ニ對シテ責任ヲ帶フルモノトス元來甲乙二例ヲ比較スルトキハ互ニ得失アリト雖モ今日ノ情況ニ照シ事務ノ擧行ヲ期スルニ付テハ乙法ヲ行フニ如カス故ニ本制ハ乙法ヲ採リテ之ヲ第六十九條ニ明言セリ但細則ニ渉ルモノハ別法ニ讓ラントス且此乙法ヲ行フニ至テハ其委任ノ職務ニ付キ生スル所ノ費用ハ何レノ負擔ナルカヲ明言セサルヲ得ス依テ同條末項ニ之ヲ揭ク其他町村固有ノ事務ニ要スル費用ハ町村ノ自ラ負擔ス可キコト言ヲ俟タスシテ明カリ

二　町村助役

助役ハ各町村ニ一名ヲ置クヲ通例トス然レトモ各地方ノ需要ニ應シテ或ハ之ヲ增加ス可キコトアリ之ヲ町村條例ノ定ムル所ニ任セリ（町村制第五十二條）助役ノ町村長ニ屬スルハ共ニ集議體ヲ爲スニアラス町村役場ノ事務ハ皆町村長ノ專決ニ在リ其責任モ亦町村長一人ニ屬ス故ニ助役ハ其補助員ニシテ一ニ町

村長ノ指揮ニ從ヒ之ヲ輔佐スルモノトス唯町村長故障アリテ之ヲ代理スル場合及委任ヲ受ケテ事務ヲ專任スル場合ニ限リ自ラ其責任ヲ負フモノトス但事務ヲ委任スルニハ町村會ノ同意ヲ得ルヲ要シ（町村制第七十條）其町村長ニ委任ノ事務ニ係ルトキハ監督官廳ノ許可ヲ受クルヲ要ス（町村制第六十九條）

三　市參事會

市ニ於テハ市長及助役ヲ置クコト町村ノ制ニ同クシテ別ニ名譽職參事會員若干名ヲ置キ合セテ集議體ヲ組織シ之ヲ市參事會トス是町村ノ制ト異ナル所ナリ助役及名譽職參事會員ノ定員ハ市制第四十九條ニ之ヲ定ムト雖モ市ノ情況ニ依リ增減ヲ要スルトキハ市條例ヲ以テ之ヲ增減スルコトヲ得可シ（市制第四十九條）市長ハ一箇ノ決議權ヲ有シ員數相半スル時ハ專決スルコトヲ得此集議會ノ職務ハ全ク町村長ノ職務ト其例ヲ同クス（市制第六十四條）其詳細ノ說明ハ茲ニ要セサル可シ其處務規程ハ本制ニ於テ多ク設クルヲ要セス（市制自第六十五條至第六十八條）其細目ニ至テハ內務省令ヲ以テ之ヲ定ムルコトアル可シ

市長ハ市ノ固有ノ事務ヲ處理スルト委任ノ事務ヲ處理スルト各別段ノ地位ヲ占ムルモノトス即チ市ノ固有ノ事務ニ就テハ參事會ノ議事ヲ統理シ之ヲ準備

シ議決ヲ執行シ時ニ臨テハ議決ノ執行ヲ停止シ(市制第六十五條)外部ニ對シテ市ヲ代表スルモノニシテ唯急施ヲ要スル場合ニ限リ議決ヲ俟タスシテ專行スルコトヲ得可シ(市制第六十八條)然レモ市制第七十四條ニ列載スル委任ノ事務ニ就テハ參事會ノ參與ヲ受ケスシテ專行スルモノトス此區別アルハ即前述ノ乙法ヲ取リ之ヲ市ニ委任セスシテ特ニ市長ニ委任シタルニ依ル

市助役及其他ノ參事會員ハ會中ニ在テハ市長ト同一ノ議權ヲ有スト雖モ議事外ニ在テハ町村助役ノ町村長ニ於ケルト同ク市長ニ對シテ補助員ノ地位ニ在ルモノトス(市制第六十九條、第七十四條第二項)殊ニ都府ノ地ニ於テハ分業ノ必要ナル可キヲ以テ事務ヲ分テ參事會員ニ專任セシムルコト最緊要ナリトス此需要ニ應センカ為メ本制ハ之ヲ市條例ノ適宜定ムル所ニ讓リ(市制第六十九條第三項)以テ各地方ノ便ニ從ハントス

四　委員

委員ヲ設クルハ市町村人民ヲシテ自治ノ制ニ習熟セシメンカ為メニ最效益アリ委員アルトキハ多數ノ公民ヲシテ市町村ノ公益ノ為メニ力ヲ竭スコトヲ得セシメ自治ノ效用ヲ擧クルコトヲ得可シ何トナレハ市町村公民ハ特リ會議又

ハ參事會ニ加ハルノミナラス委員ノ列ニ入リテ市町村ノ行政ニ參與シ之ニ依テ自ラ實務ノ經驗ヲ積ミ能ク施政ノ難易ヲ了知スルコトヲ得可シ又地方ノ事情ヲ表白スルノ機會ヲ得テ大ニ專務吏員ノ短處ヲ補フコトヲ得可シ蓋シ委員ハ自治ノ制ニ於テ緊要ナル地位ヲ占ムルモノニシテ本制施行ノ際委員ノ設ケヲ促シテ市町村公民ヲシテ之ニ參與セシメンコトヲ務ム可シ委員ノ廢置ハ固ヨリ市會町村會ノ決議ニ在リ其組織及職務ハ市町村條例ノ定ムル所ニ在リト雖モ町村長及市參事會ハ正系ノ行政機關ニシテ委員ハ其一部分ニ參與スルニ過キサレハ委員ハ町村長若クハ市參事會ニ從屬シ概ヲ市長若クハ町村長ヲ以テ委員長ト爲シ參事會員ヲ以テ多ク之ニ加ヘ市會町村會議員モ亦成ル可ク此委員ニ列セシメンコトヲ要ス市會町村會ノ議員ニシテ行政ノ事務ニ加ハルトキハ能ク施政ノ緩急利害ヲ辨識シ行政吏員ト互ニ協同シテ事務ヲ擔任スルノ慣習ヲ生シ自ラ代議機關ト行政機關トノ軋轢ヲ防制スルコトヲ得可シ

五　區長

區域廣濶又ハ人口稠密ノ地ハ施政ノ便ヲ計ランカ爲メ之ヲ數區ニ分ツノ必要アル可シ故ニ本制ハ市町村ニ區ヲ劃設スルコトヲ許シ之ニ區長及代理者ナル

行政ノ機關ヲ設置セリ此機關ハ其市町村ノ行政廳ニ隷屬スルモノニシテ其指揮命令ヲ奉シテ事務ヲ區內ニ執行スルモノトス其委任事務ノ範圍ハ土地ノ情況ト市町村行政廳ノ酌量ニ在ルモノニシテ豫メ之ヲ定メスト雖モ區長ハ名譽職ニシテ別ニ區ノ附屬員ナル者アルニアラサレハ（三府ヲ除クノ外）實際此事情ヲ斟酌セサル可カラス要スルニ區ハ市町村內別ニ特立シタル一ノ自治体タルニ非ス區長モ亦其固有ノ職權アルニ非スシテ單ニ町村長市參事會ノ事務ヲ補助執行スルノ便ニ供フルニ過キス故ニ區長ハ市町村ノ機關ニシテ區ノ機關ニ非ス區ハ法人ノ權利ヲ有セス、財產ヲ所有セス歲計豫算ヲ設ケス又議會若クハ其他ノ機關ヲ存スルコトナシ蓋區ヲ設クルトキハ施政ノ周到ナルヲ得可ク、一市町村內ノ各部ニ於テ利害ノ軋轢スルヲ調和シ市町村費賦課ノ不平衡ヲ矯メ又能ク行政ノ勞費ヲ節略スルヲ得可シ要スルニ區長ヲ設クルハ更ニ自治ノ良元素ヲ市町村制中ニ加フルモノニシテ舊制ノ伍長組長等ノ例ヲ襲用セルナリ但從前ノ區內ニ存スル戶長ノ類ト混ス可カラス又區ニシテ從來固有ノ財產アル時ノ例ハ第五章ノ說明ニ詳述ス可シ

六　其他ノ市町村吏員

以上市町村吏員ノ外收入役アリ(市制第五十八條、町村制第六十二條)其職掌ハ市町村有財產ト連帶シテ說明ス可シ又書記其他技術上ニ要スル吏員アリ又使丁ナル者アリ機械的ニ使用スル者トス此等ノ吏員ヲ置キ相當ノ給料ヲ與フルハ市町村ノ義務トス(市制第五十六條、町村制第六十三條)

町村ニ於テハ書記其他ノ吏員ヲ置キ俸給ヲ支出スルノ義務アリト雖モ本制ハ小町村ノ爲メ一ノ便法ヲ設ケ町村長ニ一定ノ書記料ヲ給シテ其便宜ニ從ヒ書記ノ事務ヲ保擔スルヲ許サントス此便法ヲ設ケ及其書記料ノ額ヲ定ムルハ町村會ノ職權ニ在ル可キモノトス(町村制第六十三條第一項)若シ町村長ニ於テ其金額ニ不足アリト爲ストキハ町村制第七十八條ニ依リ之ヲ郡參事會ニ申立ツルコトヲ得可シ其他ノ細口ハ今之ヲ制定セス蓋書記料ヲ設與スルトキハ町村長ニ於テハ自ラ其事務費ヲ節約スルヲ得可シ監督官廳モ亦能ク是ニ注意シ公務上支障ナキ限リハ町村ニ說示シテ繁雜ヲ省キ冗費ヲ減センコトヲ務メサル可カラス要スルニ本制ハ分權ノ主義ニ依リ名譽職ヲ設ケ從テ從來ノ町村費ヲ節減センコトヲ期スト雖モ若シ市町村ニ於テ度外ノ節約ヲ行ヒ依テ公益ヲ害スルニ至ラントスルトキハ監督官廳ニ於テハ則チ之ニ干涉スルノ道アリ

市ハ勿論其他大ナル町村ニ於テハ文化ノ進ムニ從ヒ高等ノ技術員(法律顧問土木工師、建築技師、衛生技師等ノ類)ヲ使用スル可キ必要ヲ生スルニ至ル可シ之ヲ使用スルニハ或ハ通常雇入ノ契約ヲ以テシ或ハ市町村吏員ト爲スコトアル可シ又時宜ニ依リ之ヲ有給ノ助役トシテ任用スルノ便アリ本制ハ此件ニ關シテハ全ク市町村ノ自由ニ任セントス尤警察、學事等ノ爲メニ特別ノ人員ヲ置クコ付テハ別段ノ法規ヲ要ス可シト雖モ皆是別法ヲ以テ定ム可キモノナリ

市町村ノ公務ニ任スル者ハ名譽職ト專務職トノ二種ニ分ツト雖モ本制ニ於テハ主トシテ名譽職ヲ擴張シタル理由ハ上ニ之ヲ論述シタルカ如シ又本制ニ於テ名譽職ト爲ス可キコトヲ規定シタル場合ニ於テハ市町村ハ必之ニ遵依ス可シ決シテ有給職ト爲スヲ得ス然レトモ小町村ニ於テ名譽職ニ屬スルモノト雖モ大市町村ニ在テハ專務吏員ヲ置クヲ要スルコトアリ專務職トハ特別ノ技術若クハ學問上ノ養成ヲ要スル職務並事務繁多ニシテ本業ノ餘暇ヲ以テ無給ニテ負擔セシムルコト能ハサル職務ナリ此ノ如キ職務ハ有給吏員ト爲スヲ常例ト爲セリ此條理ノ範圍内ニ於テ市町村ハ自己ノ便宜ニ依リ有給吏員若クハ無給吏員ヲ置クク可キモノトス

今本制ニ於テハ市長市助役市町村收入役及市町村附屬員使丁ハ皆專務吏員ト爲ス可キ者トス町村長町村助役ハ名譽職ト爲スヲ原則トスト雖モ町村ノ情況ニ依テ之ヲ有給ノ專務職ト爲スヲ得セシム(町村制第五十五條第五十六條)市參事會員(市長助役ヲ除ク)委員區長ハ名譽職トス但三府ノ區長ハ有給吏員ト爲スコトアルヘシ

專務吏員及名譽職吏員ハ共ニ市町村吏員ナリ本制ニ於テ其區別ヲ爲サヽルモノハ總テ此兩種ニ適用スルモノトス又市町村吏員タル者ハ其何レノ種類ニ屬スルニ拘ラス法律ニ準據シテ所屬ノ官廳及市町村廳ニ對シテ從順ナル可ク均シク懲戒法ニ服從ス可シ其懲戒ヲ行フハ町村長及市參事會(町村制第六十八條第二項第五市制第六十四條第二項第五)及監督官廳(郡長府縣知事)ノ任トス(町村制第百二十八條、市制第百二十四條)懲戒ノ罰トシテ本制ハ左ノ三種ヲ設ク

一　譴責

二　過怠金

三　解職

譴責又ハ過怠金ニ處スルハ當該吏員ノ專決ニ屬シ其處分ニ對スル訴願モ均ク

當該吏員ノ裁決ニ任シ其裁決ニ不服アル者ハ行政裁判所ニ出訴スルコトヲ得セシム是專ラ懲戒權ノ執行ヲ嚴肅ナラシムル所以ナリ獨リ解職ノ處分ニ對シテハ大ニ保護ヲ加ヘサル可カラス(但隨時解職シ得ヘキ吏員ハ懲戒裁判ノ法ニ依ラス解職スルヲ得セシム)故ニ本制ハ解職ノ理由ヲ指定セルノミナラス(但行狀ヲ紊乱シ廉耻ヲ失フトハ公務上ニ止マラス私行ニ關スルモノモ含蓄スルモノナリ)郡參事會府縣參事會ナル集議体ノ裁決ニ任セリ(市制第百二十四條、町村制第百二十八條)

專務吏員及名譽職吏員トモ職務上大率ヲ同一ノ權利義務ヲ有スト雖モ深ク其性質ニ就テ考フルトキハ互ニ相異ナル所アリ專務職ヲ辭スルハ吏員ノ隨意ニ在リト雖モ名譽職ハ公民ノ義務トシテ之レニ應セサルヲ得ス其已ニ擔當シタル職務ヲ繼續スルノ職務アルト否トニ付テモ亦此差別アリ(市制第八條、第五十五條第三項、町村制第八條、第五十七條)又市制第五十六條、第五十八條及町村制第五十八條、第六十二條ノ制限ノ如キハ專務吏員ニ非サレハ負擔セシムルコトヲ得ス市制第五十九條町村制第六十三條ニ記載シタル吏員ハ其任用ノ時此等ノ關係ヲ約定スルヲ可トス有給職ニ任用スルニ其市町村ノ公民タル者ニ限ラサルハ徒ニ撰擇ノ區域ヲ減縮セサランカ爲メナリト雖モ高等ノ有給吏員ニハ其職ニ就クト同時ニ其市町村ノ公民權ヲ付與スルコト當然ナリ(市制第五十三條第五十八條、町村制第五十六條第二項)事務吏員ハ一身ノ全力ヲ擧ケテ市町村ノ爲メニ盡ス可キヲ以テ相當ノ給料ヲ受クルハ元ヨリ至當ナリト雖モ名譽ノ爲メニ就職スル公民ニハ給料ヲ給セス(市制町村制第七十五條)尤市町村ノ公務ノ爲メニ要スル實費ハ之ヲ辨償セサルヲ得ス唯其名譽職ノ事務頗ル繁忙ニシテ本業ヲ妨ケラルヽトキハ多少ノ報酬ヲ與フルハ當然ナリ其額ハ固ヨリ勤勞ニ相當セサル可カラス此規則ハ町村長(町村制第五十五條第二項)ハ勿論町村助役及名譽職市參事會員ニシテ市町村事務ヲ分任スル者(市制第六十八條第二項、町村制第五十五條第二項)ノ爲メニ之ヲ設ク其報酬額ハ市町村會之ヲ議定シ(市制町村制第七十五條)其額ニ關スル爭論ハ市制町村制第七十八條ニ依テ處分シ司法裁判ヲ求ムルヲ許サス

有給市町村吏員ノ財産上ノ要求ハ上ニ記載シタル理由アルニ依リ其職重ケレハ從テ其給料ニ關シテ官廳ノ干渉ヲ要スルコト多シトス尤給料額ハ元來市町村ノ自ラ定ムル所ニ任シ條例ヲ設ケテ之ヲ一定シ又ハ選任ノ前ニ方テ議會ノ

議決ヲ以テ之テ定ム可シ然レトモ監督官廳ハ斯ク市町村ノ定ムル給料ヲ以テ多キニ過キ又ハ不足アリト爲ストキハ認可ヲ拒ミ所屬ノ參事會ヲシテ之ヲ斷定セシムルノ權利アリ

有給市町村吏員ニハ退隱料ヲ給スルヲ當然トス然レ圧市村町吏員ニ對シテ官吏ノ恩給令ヲ適用スルコトヲ得ス是其地位ノ異ナルノミナラス市町村吏員ハ定期ヲ以テ選任セラレ任期滿限ノ後ハ再選若クハ再任ヲ受クルニ非レハ其職ニ在ラサルヲ以テナリ若シ其吏員任期滿限後再選若クハ再任セラレサルトキハ遽ニ糊口ノ道ヲ失フニ至ル可シ故ニ此結果ヲ防クニ非サレハ一方ニ在テハ有力ノ人進テ市町村ノ職ニ就クコトヲ屑シトセサル可ク一方ニ在テハ再選ニ依テ生計ヲ求ムルカ如キ輩ヲシテ常ニ市町村會ノ鼻息ヲ窺ヒ以テ公益ヲ忘レシムルコトナシトセス加フルニ市町村ノ職務ハ昇等增給ノ途少キヲ以テ其退隱料ヲ給スルハ官吏ヨリ厚クスルヲ至當トス然レ圧目下一定ノ法律ヲ以テ之ヲ定メシヨリハ寧ロ市町村ノ條例ヲ以テ之ヲ設定セシムルノ便ナルニ若カサルナリ

有給ト無給トヲ論セス凡市町村吏員ノ職務上ノ收入ハ市町村ノ負擔タルコト

疑ヲ容レスト雖モ之カ明文ヲ掲クルモ亦無用ニアラサル可シ(市制町村制第八十條)
市町村ト吏員トノ間ニ起ル給料又タ退隱料ノ爭論ハ司法裁判ニ付セス市制町村制第七十八條ニ依ツテ處分ス可キナリ其ノ保護ハ此ノ方法ヲ以テ足レリトス
結局ニ至テ猶注意ス可キコトアリ抑退隱料ノ規則ヲ設クルトキハ市町村ノ負擔ヲ加重スルノ恐アリト雖トモ他國ノ實驗ニ據レハ決シテ多額ノ負擔ヲ爲スモノニアラス市町村ニ於テハ多クハ適任ノ吏員ヲ再撰シ吏員モ亦再選ヲ受ケサルトキハ必他ノ地位ヲ求メサル者アラサル可シ故ニ實際退隱料ヲ支出スルノ場合ハ甚少カル可キナリ又一方ヨリ論スルトキハ市町村ノ盛衰ハ有爲ノ人材ヲ得ルノ多少ニ關シ有爲ノ人材ヲ得ルト得サルトハ其生計ヲ全安ナラシムルト否トニ關スルモノニシテ市町村自治ノ權ヲ得ルニ於テハ退隱料負擔ノ如キハ之ヲ重シト謂フ可カラス況ヤ有給ノ町村長助役ヲ設ケサル町村ニ於テハ此負擔ヲ受クルノ場合少キニ於テヲヤ又況ヤ名譽職ヲ設クルニ於テハ行政ノ費用大ニ減少ス可キニ於テヲヤ蓋市町村ノ繁榮ハ斯ノ如キ法アリテ始メテ將來

ニ期望スヘキナリ

市制町村制第四章　市町村有財産ノ管理

市町村ニ於テ自ラ其事業ヲ執行スルニ付テハ必之ニ要スル所ノ資金ナカル可カラス故ニ各市町村固有ノ經濟ヲ立テ以テ必要ノ費用ヲ支辨スルノ道ヲ設ク可シ即市町村ハ財産權ヲ有スルコト概ヲ一個人ト同一ナリ然レトモ細ニ觀察スルトキハ其一個人又ハ私立組合ノ類ト相異ナルモノハ市町村ノ事業及支出ノ大半ハ法律規則ニ依テ定マリ市町村民ニ對シテ其義務トシテ負擔セシムルコトヲ得ルノ一點ニ在リ蓋市町村ノ經濟ハ之ヲ汎論スルトキハ一個人ト同一ノ權利ヲ有スルモノニシテ市町村ハ自カラ其ノ經濟ヲ管理スルノ專權アリト謂フ可シ而シテ之レニ二權ノ制限アリ第一市町村ノ資力ハ大ニ國家ノ消長ニ關係アルヲ以テ政府ハ須ラク此點ニ注意セサル可カラス第二政府ハ市町村ノ經濟ヲ以テ國ノ財政ニ抵觸セサラシメ之レカ爲メニ國ノ財源ヲ涸渇セサランコトヲ務メサル可カラス故ニ市町村ノ財政ヲ以テ立法ノ範圍ニ入レ立法權ヲ以テ市町村ノ財政ニ關スル法規ヲ設ケテ之レヲ恪遵セシム可キ而已ナラス其ノ經濟上ノ處分苟クモ國ノ利害ニ關渉スルモノハ皆ナ政府ノ許可ヲ得セシメ

シトス

以上ノ論點ニ關スル規定ハ市制第四章及第六章幷町村制第四章及第七章ニ載ス抑市町村ノ經濟ニ對シ政府ノ干渉スル所ノ程度ハ自治制度ヲ論スル者ノ視ル所ニ依テ各異ナル所アル可シト雖𪜈要スルニ市町村ノ行政ニ對シ官廳ノ監視ヲ設シテ之ヲ拘束スルニ過クルトキハ其弊ヤ遂ニ市町村ノ便宜ヲ妨ケ其自ラ進テ幸福ヲ求ムルノ道ヲ阻碍スルヲ免レサラントス然レトモ一方ヨリ見ルトキハ自ラ從來ノ慣行アリテ遽ニ之ヲ變シ難キモノアリ故ニ漸ヲ以テ市町村ノ自主ヲ擴張スルヲ是ナリトス此點ニ於テハ本制ハ最愼重ヲ加ヘ今日ノ情勢ニ照シテ適度ヲ得タリトスル所ヲ以テ制定セリ

市町村ノ法人タルハ已ニ法律ノ認ムル所ナレハ市町村ノ財産ヲ所有スルノ權利ヲ有ス可キコト固ヨリ疑ヲ容レス而シテ市町村財産ニ二種ノ別アリ(甲)市町村ノ費用ヲ支辨スルカ爲メニ消費スルモノアリ例ヘハ土地家屋等ノ貸渡料營業ノ所得市町村稅及手數料等ノ如キ是ナリ又基本財産ト稱スルモノアリ基本財産ハ其入額ヲ使用スルニ止マリ其原物ヲ消耗セサルモノトス蓋此區別ヲ立ツルハ市町村ノ資力ヲ維持スルカ爲メニ極メテ緊要ナルモノニシテ國家ハ特

ニ市町村ノ基本財産ヲ保護シテ其濫費ヲ防カサル可カラス且經常歳入ノ外ニ臨時ノ收入例ヘハ寄附金穀ノ如キハ成ル可ク經常歳費ニ充テシメサルヲ要ス唯寄附者ニ於テ寄附金支出ノ目的ヲ定メタルカ或ハ非常ノ水害若クハ凶荒等ノ爲メ經常ノ收入ヲ以テ其費途ニ充ツルニ足ラサルカ如キノ場合ハ固ヨリ別段ナリト雖モ是亦上司ノ許可ヲ受クルヲ要スト爲スハ其經濟上ノ處分ヲ重スル所以ナリ（市制第八十一條、第百二十三條第二、町村制第八十一條、第百二十七條第二）（乙）凡市町村ノ財産ハ市町村一般ノ爲メニ使用スルコト固ヨリ言ヲ俟タス故ニ特ニ之ヲ法律ニ掲載スルヲ要セスト雖モ若シ住民中其財産ニ對シテ特別ノ權利ヲ有スル者アルトキハ自ラ其證明ヲ立ツルノ義務アリ即民法上其證明ヲ認ムルニ於テハ特別ノ權利ヲ有スルモノトシ其證明ナキモノハ即一般ノ使用權アルモノトス（市制町村制第八十二條）

市町村ノ所有ニ屬スル不動産ノ使用ヲ直接ニ住民ニ許スハ從來ノ實例少シトセス故ニ其舊慣アルモノハ特ニ之ヲ存シ今ヨリ後ハ概シテ新ニ使用ヲナスヲ禁セリ（市制町村制第八十三條、第八十四條）又一方ニ於テハ使用權ニ相當スル納稅義務ヲ定メ（市制町村制第八十五條）且條例ニ依リ使用者ヨリ金圓ヲ徵收スルコトヲ許セリ(市制町村制第八十四條)然レトモ其使用ヲ許シタル物件ハ元來市町村ノ所有物ニシテ使用ノ權利ハ市町村住民タル資格ニ隨伴スルモノナレハ市町村ハ固ヨリ使用權ヲ制限シ若クハ取上クルノ權利ナカル可カラス(市制町村制第八十六條)但其議決ハ上司ノ許可ヲ受クルヲ要スト爲スハ(市制第百二十三條第四、町村制第百二十七條第四)細民無産ノ徒ノ不利トナル可キモノヲ防カンカ爲メナリ之ヲ要スルニ以上ノ規定ハ市町村住民タル資格ニ附隨スル使用權ニノミ用フルモノニシテ民法上ノ使用權ニハ關係ナキモノトス蓋此使用權ハ民法ニ據テ論定ス可キモノニシテ其爭論モ亦司法裁判所ノ判決ニ屬ス可キモノトス而シテ前段ノ使用權ニ關スル爭論ハ市制町村制第百五條ニ依テ處分ス可キナリ

市町村財產ノ管理ハ町村長及市參事會ノ擔任トス(町村制第六十八條、市制第六十四條)其管理上市町村會ノ議決ニ依ル可キハ町村制第三十三條、市制第三十一條及市制町村制第八十七條等ニ於テシ又上司ノ許可ヲ受ク可キ條件ハ載セテ市制第百二十三條、町村制第百二十七條等ニ在リ

市町村ハ其住民ヲシテ市町村ノ爲メニ義務ヲ盡サシムルノ權利ナカル可カラ

スシテ此權利ナキトキハ共同ノ目的ヲ達スルコト能ハサルハ上既ニ之ヲ論述セリ其義務ノ廣狹ハ市町村事業ノ範圍ニ從ハサル可カラス其事業ハ全國ノ公益ノ爲メニスルモノアリ或ハ一市町村局部ノ公益ヨリ生スルモノアリ其全國ノ公益ニ出ツルモノハ軍事、警察、敎育等ノ類ニシテ是皆別ニ規定ス可キモノトス其局部ノ公益ヨリ生スルモノ即共同事務ハ各地方ノ情況ニ從テ異同アレハ玆ニ枚擧スルニ暇アラスト雖モ農業經濟、交通事務、衛生事務等ノ如キハ其最重要ナルモノトス之ヲ要スルニ一市町村ノ公益上ニ於テ必要ナル事項ハ悉ク共同事務ニ屬ス可キナリ本制ニ於テ設ケタル委任ノ國政事務ト固有ノ事務即共同事務トノ區別ハ專ラ市町村長ノ地位ノ兩岐ニ分ル丶所ニシテ且市町村ノ必要事務ト隨意事務トノ區別ヲ立ツルノ根據トナルモノナリ即此區別ハ官權ノ及フ可キ限界ヲ立ツルニ在リテ必要事務ハ監督官廳ニ於テ強制豫算ノ權利（市制第百十八條、町村制第百二十二條）アルモノトス而シテ必要事務トハ委任ノ國政事務ハ勿論共同事務中市町村ノ需要ニ於テ闕ク可カラサルモノニ限リ必要事務ト謂フヲ得可シ市制町村制第八十八條ノ規定ハ實ニ此精神ニ出テタルモノニシテ市制第百十八條、町村制第百二十二條ニ云フ所ノモノモ亦同シ此ノ如キ規定アルトキハ共同行政上ノ事件ニ至ルマテ市町村ノ意向ヲ顧ミスシテ負擔ヲ受ケシムルコトヲ得從テ官ノ監督權ハ重キニ過クルノ恐アリト雖モ一方ヨリ考フルトキハ全ク檢束ヲ解キテ市町村ノ自由ニ任スルハ却テ將來ノ爲メ顧慮スル所アリ故ニ市町村ノ公益上已ムヲ得サルモノハ姑ク市町村會ノ意見ニ拘ラス監督官廳ノ命令ヲ以テ之ヲ施行スルノ權利ヲ存セサルヲ得ス但其處分ニ對シテハ上訴ヲ許シタルヲ以テ專制ノ弊ヲ免ルヽヲ得可シ其他必要ノ支出ハ本制市町村ノ組織ニ關スル條件中ニ含有セリ隨意事務ニ就テハ市町村ニ十分ノ自由ヲ與フト雖モ若シ過度ノ負擔ヲ爲スニ至テハ之ヲ制スルニハ市制第百二十三條第六町村制第百二十七條第六ノ規定ヲ適用スルヲ得可シ市町村ニ於テ其費途ヲ支辨スルカ爲メニ左ノ歲入アリ

一　不動產、資金、營業(瓦斯局、水道等ノ類)ノ所得

二　市町村ノ金庫ニ收入スル過怠金科料市制第四十八條第六十四條第二項第五、第九十一條、第百二十四條、町村制第五十條、第六十八條第二項第五、第九十一條、第百二十八條)

三　手數料、使用料

四　市稅、町村稅

手數料トハ市町村吏員ノ職務上ニ於テ一箇人ノ爲メ特ニ手數ヲ要スルカ爲メ市町村ニ收入スルモノヲ謂ヒ使用料トハ一箇人ニ於テ市町村ノ營造物等ヲ使用スルカ爲メ其料金ヲ市町村ニ收入スルモノヲ謂フ例ヘハ手數料トハ帳簿記入又ハ警察事務上ニ於テ特ニ調査ヲ爲ストキノ收入ヲ謂ヒ使用料トハ道路錢橋錢等ノ類ヲ謂フ手數料、使用料ノ額ハ法律勅令ニ定ムルモノヽ外市町村會ノ議決ヲ以テ定ムヘキモノナリ(市制第三十一條第五、町村制第三十三條第五)尤市町村條例ヲ以テ一般ノ規定ヲ設ケ(市制町村制第九十一條)其地ノ慣行ニ依リ相當ノ手續ヲ以テ公告スヘキモノトス

且若シ手數料使用料ヲ新設シ又ハ舊來ノ額ヲ增加シ又ハ其徵收ノ法ヲ變更スルトキハ內務大藏兩大臣ノ許可ヲ受クルヲ要ス(市制第百二十二條第二、町村制第百二十六條第二)但徵收ノ法ヲ改ムルコトナクシテ唯其額ヲ減スルニ過キサルトキハ其許可ヲ受クルヲ要セス

手數料ヲ納ムルノ義務アルハ行政上ノ手數ヲ要スル者ニシテ使用料ヲ納ムルノ義務アルハ營造物等ヲ使用スル者トス之ヲ免除スルハ市制町村制第九十七

條、第九十八條ノ塲合ニ限ル可シ第九十六條ノ塲合ハ町村ノ課税ヲ免除スルニ止リテ手數料、使用料等ノ事ニ及ハサルナリ
町村税ニ關シテハ本制ハ成ルヘク現行法ヲ存スルノ精神ナリ町村税ヲ十分ニ改正セントスレハ先ツ國税徴收法ヲ改正セサル可カラス故ニ本制ニ於テハ現行ノ原則ニ依リ多少ノ修補ヲ加ヘタルニ過キス現今町村費ノ賦課目即地價割戸別割營業割等ノ如キ皆國税府縣税ニ附加シテ徴收スル者ニ外ナラス又或ハ特別ノ町村税アリ故ニ本制ニ定ムル所ノ課目ハ現行ノ課目ヲ存スルニ於テ妨ケナキモノナリ
附加税トハ定率ヲ以テ國税府縣税ニ附加スルモノニシテ納税ノ負擔ニ偏輕偏重ノ患ナカラシメンカ爲メニ其準率ヲ均一ニスルヲ例則トセリ(市制町村制第九十條)其賦課法ヲ定ムルハ市町村會ノ職權ニ屬ス故ニ市町村會ハ臨時ノ議決又ハ豫算議定ノ際ニ之ヲ議決スヘキナリ若シ此例則ノ外ニ於テ課法ヲ設ケントス欲スルトキハ郡參事會(町村制第百二十七條第七)若クハ府縣參事會(市制第百二十三條第七)ノ許可ヲ受クルヲ要ス
税率ノ定限ハ豫メ之ヲ設ケストモ雖モ獨リ地租及直接國税ニ於テハ市制第百二

十二條第三、町村制第百二十六條第三ニ定メタル制限ヲ越エントスルトキハ内務大藏兩大臣ノ許可ヲ受クルヲ要ス是レ國庫ノ財源ニ關係スル所アルヲ以テナリ就中地租ノ如キハ從前此定限ヲ超過スルヲ得ルハ非常特別ノ場合ニ限レリ而シテ特別許可ノ道ヲ存セサルカ如キハ地方ニ依テハ却テ課税ノ平均ヲ得サルノ弊アリ是レ本制現行ノ例ヲ移シテ多少ノ便法ヲ開キタル所以ナリ間接税ハ概シテ市町村ノ附加税ヲ課スルニ便ナラス故ニ市制第百二十二條第四及ヒ町村制第百二十六條第四ニ從ヒ渾テ官ノ許可ヲ要ストセリ各種國税府縣税ノ内何レヲ直税トシ又何レヲ間税トス可キカハ往々疑點ヲ生スルコトアリ此區別ニ就テハ今内務大藏兩省ノ告示ヲ以テ之ヲ定ムルコトヽセリ(市制第百三十一條、町村制第百三十六條)

附加税ノ特別税ニ優ル所以ノモノハ附加税ニ在テハ納税者既ニ國税又ハ府縣税ノ賦課ヲ受クルヲ以テ別ニ其收益等ノ調査ヲ爲スヲ要セサルニ在リ唯其町村税ハ免除セサルモ國税府縣税ノ賦課ヲ受ケサル者(一箇人又ハ法人)ニ限リ更ニ其調査ヲ要ス可キニ付此場合ニ於テハ町村長若クハ市參事會ニ於テ其國税府縣税徴收ノ規則ニ據リ其調査ヲ爲サヽル可カラス

特別税ハ市制町村制第九十一條ニ從ヒ條例ヲ以テ之ヲ規定セサル可カラス此點ニ於テハ既ニ手數料ニ就テ説明シタル所ニ同シ但特別税ハ市町村必要ノ費用ヲ支辨スルニ附加税ヲ以テシ猶足ラサルトキニ限リ始メテ之ヲ徴收スルモノトス(市制町村制第九十條)

市町村税ヲ納ムルノ義務ヲ負擔スル者ニ就テハ一個人ト法人トヲ區別セサル可カラス即チ左ノ如シ

甲　一個人

凡ソ納税義務ハ市町村ノ住民籍ニ原クモノトス(市制町村制第六條第二項)故ニ此義務ハ市町村内ニ住居ヲ定ムルト同時ニ起ルモノナリ故ニ一旦住居ヲ定メタル者ハ時々他ノ市町村ニ滯在スルコトアリト雖𪜈納税義務ヲ免ルヘキニ非ス若シ之ニ反シテ住居ヲ定メスシテ一時滯在スルニ止マルモノハ未タ此義務ヲ帶ヒス唯三ケ月以上滯在スルトキハ住居ヲ占ムルト同ク納税ノ義務ヲ生スルモノトス(市制町村制第九十二條)又假令ヒ市町村内ニ住居若クハ滯在セスト雖モ其市町村内ニ土地家屋ヲ所有シ又ハ店舗ヲ定メテ營業ヲ爲ス者ハ均ク其市町村ノ利益ヲ蒙ルニヨリ共ニ納税ノ義務アリトス但此義務ハ一般ノ負擔ニ

滯ラスシテ唯其土地家屋營業若クハ是ヨリ生スル所得ニ賦課ス可キ市町村税ニ限リテ負擔ノ義務アルモノトス（市制町村制第九十三條）住居ト滯在トハ常ニ必ス同一ニ歸セサルヲ以テ或ハ重複ノ課税ヲ受クルノ患ナシトセス此弊害ヲ防クカ爲ニハ即チ市制町村制第九十四條第九十五條ノ規定アリ他國ニ於テハ往々住居ヲ定ムル市町村ニ特權ヲ與フルノ例アリト雖モ本制ハ特ニ此例ニ傚ハス要スルニ此ノ如キハ皆施行規則中ニ適宜ノ便法ヲ定ム可キコトヽス市町村税ノ免除ヲ受クルハ市制町村制第九十六條、及第九十八條ニ揭載シタル人員ニ限レリ

乙 法人

法人ハ市制町村制第九十三條ニ從ヒ唯其所有ノ土地家屋若クハ之ニ依テ生スル所得ニ賦課スル市町村税ニ限リ納税ス可キモノトス抑法人トハ政府、府縣（郡モ亦郡制制定ノ上ハ法人ト爲スノ見込ナリ）市町村、公共組合（例ヘハ水利土功ノ組合、社寺宗教ノ組合ノ類）慈善協會、其他民法及商法ニ從ヒ法人タル權利ヲ有ス可キ私法上ノ結社ヲ謂フ其私法上ノ結社ハ市制町村制第九十七條ノ免税ノ部ニ入レス又官設ノ鐵道電信ノ如キハ官ノ營業ニ屬スト雖モ是等ハ特ニ國家ノ

公益ノ為ニ免税トス(市制町村制第九十三條)私設鐵道ニ至テハ各市町村ニ於テ其收益ヲ調査スル頗ル難キヲ以テ施行規則中ニ於テ詳ニ之ヲ規定スルヲ要ス

凡ソ納税義務者ニ課税スルハ總テ平等ナル可キナリ唯市制町村制第八十五條ハ此例外トシテ使用ノ土地物件ニ係ル費用ヲ其使用者ニ課セリ又一市町村ノ數部若クハ數區ニ分レタルトキ其一部一區ノ專用ニ屬スル營造物ノ費用ハ其一部一區ノ負擔トセリ(市制町村制第九十九條第二項)尤其一部一區ニ特別ノ財産アルトキハ先ツ其收入ヲ以テ其費用ニ充テ猶足ラサル時特別ニ其一部一區ノ人民ニ課税シ又ハ一般全市町村税中ニ區別ヲ立テ其準率ヲ高クス可シ之ニ反シテ第九十九條第一項ノ場合ニ於テ數個人ノ專用ニ屬スル營造物ノ費用ハ必其數個人ノ負擔トシテ之ヲ他人ニ賦課スルコトヲ得サルモノトス但市町村税ハ總テノ納税義務者ト平等ニ賦課スルヲ以テ例則ト為スカ故ニ若シ此例則ニ違ハントスルトキハ官ノ許可ヲ受クルヲ要ス(市制第百二十三條第八、町村制第百二十七條第八)

各納税者ノ税額ヲ査定スルハ法律規則ニ依リ市制町村制第百條ノ規定ニ從ヒ町村長(町村制第六十八條第八)及市參事會(市制第六十四條第八)ノ擔任トス大ナ

ル町村及市ニ於テハ之カ爲メ專務ノ委員ヲ設クルヲ便宜トス社會經濟法ノ稍進歩シタル今日ニ在テハ舊時ノ夫役現品ニ代ヘテ金納法ヲ行フニ至レリ然レトモ町村費ノ課出ニ於テハ夫役現品ノ法ヲ存スルハ特ニ必要ナルノミナラス往々便利ナルモノアリ且古來ノ慣行今日ニ傳フル者其例少カラス夫役賦課ハ專ラ道路、河溝、堤防ノ修築、防火水又ハ學校、病院ノ修繕等ノ爲メニ行フモノナリ殊ニ村落ニ在テハ農隙ノ時ヲ以テ夫役ヲ課スルトキハ租税ノ負荷ヲ輕減セシカ爲メニ大ニ便益トスル所アリ農民ノ如キハ季節ニ依リ夫役ニ應スルヲ得ルノ間隙アルコト市民ト其趣ヲ異ニス且地方道路ノ開通ヲ要スルモノ將來必少カラサル可キヲ以テ夫役賦課ノ法ヲ存スルトキハ幾許カ市町村ノ負擔ヲ輕減スルノ效アルコト必セリ依テ市制町村制第百一條ニ於テ市町村ニ許スニ夫役賦課ノ法ヲ以テセリ但此點ニ於テハ今日ノ經濟ニ適應セシメンカ爲メ本制ハ本人自ラ其役ニ從事スルト適當ノ代理者ヲ出シ又ハ金額ヲ納ムルトヲ以テ義務者ノ選擇ニ任セリ其金額ニ算出スルハ其地ノ日雇賃ニ準シ日數ヲ以テ等差ヲ立ツルヲ通例トス唯火災水害等ノ如キ急迫ノ場合ニ於テハ金納ヲ禁スルコトヲ得可シト雖モ代人ヲ出スハ本人ノ隨意ニ在ルモノトス夫役ハ總テ市町村税ヲ納ム可キ者ニ賦課シ其多寡ハ直接市町村税ノ納額ニ準スルモノトス若シ此準率ニ依ラサルトキハ郡參事會(町村制第百二十七條第九)及府縣參事會(市制第百　十三條第九)ノ許可ヲ受クルコトヲ要ス此場合ノ外ハ總テ市町村限リ許可ヲ受ケスシテ之ヲ賦課スルコトヲ得可シ

一般ニ夫役ヲ賦課スルト賦課セサルト及夫役ノ種類幷範圍ヲ定ムルハ市町村會ノ職權(市制第三十一條第五、町村制第三十三條第五)ニ屬シ之ヲ各個人ニ割賦スルコトハ町村長(町村制第六十八條第八)及市參事會(市制第六十四條第八)ノ擔任トス

以上市町村ノ收入ハ皆公法上ノ收入ニ屬スルモノニシテ其徵收ハ市制町村制第百二條ヨリ第百五條ニ準據ス可キモノトス而シテ其賦課徵收上ノ不服ハ司法裁判所ニ提出スルヲ許サス郡參事會府縣參事會ノ裁決ヲ經テ結局ノ裁決ハ行政裁判所ニ屬ス此公法上ノ收入ハ私法上ノ收入ト相混同ス可カラス例ヘハ市町村有ノ地所ヲ一個人ニ貸渡シタルトキ其借地料ハ民法及訴訟法ニ準據シテ徵收ス可キナリ

將來市町村ノ事業漸ク發達スルニ從ヒ經常ノ歲入ヲ以テ支辨スルコト能ハサ

ル所ノ大事業ノ起ル可キハ勢ノ免レサル所ナリ然レトモ豫メ其費用ニ備ヘンカ為メ資本ヲ蓄積セントスルコトモ亦極メテ難カル可シ故ニ經常歳入ヲ以テ支ヘ能ハサル所ノ需要ニ應セント欲スレハ市町村ヲシテ豫メ將來ノ歳入ヲ使用スルコトヲ得セシムルノ道ヲ開クノ外ナカル可シ即公債募集ノ方法是ナリ抑公債募集ノ利益ハ收入時期ノ未タ到來セサルニ先テ豫メ歳入ヲ使用シテ以テ町村住民ノ為メニ大事業ヲ起シ其經濟及納税力ヲ奬誘シ且以テ納税者ノ負担ヲ輕減スルニ在ルナリ公債ノ事タル利益ノ在ル所斯ノ如シト雖モ之ニ伴フ所ノ弊害モ亦自ラ免レサルモノアリ若シ市町村ニ於テ此方法ニ依リ豫メ將來ノ歳入ヲ使用スルトキハ則其元利償却ニ充ツル所ノ金額ハ將來ノ歳入中ヨリ減却スルモノナレハ負債額ノ多寡ト償還期限ノ長短トニ從ヒ市町村ノ財政ニ影響スル所少カラス又市町村會ニ於テハ資本ノ得易キカ為メニ輕忽ニ其市町村ノ實力ニ相當セサル事業ヲ起スノ傾向ヲ為シ又ハ今日ニ負擔ス可キノ義務ヲ漫リニ後年ニ傳ヘントスルノ弊害ナキコト能ハス是最モ行政官ノ注意ス可キ所ニシテ市制第百六條、第百二十二條第一及町村制第百六條第百二十六條第一ノ規定アルハ以上ノ論旨ニ起因スルモノトス本制ハ公債募集ノ事項ヲ逐一列擧セス唯已ムヲ得サルノ必要若クハ永久ノ利益ト云フヲ以テ之レカ制限ヲ立テタリ若シ此制限ニ適合スルノ證明ナキモノハ許可ヲ與フ可カラス若シ又償還期限三年以内ニシテ許可ヲ要セサルモノハ町村制第六十八條第一及市制第六十四條第一ニ依テ相當ノ處分ヲ爲ス可キナリ其必要已ムヲ得サルノ支出トハ舊債ヲ償還シ又ハ傳染病流行若クハ水害等不慮ノ災厄ニ遭遇シテ一時ノ窮ヲ救ハントスルトキ又ハ學校ヲ開設シ道路ヲ修築スル等法律上ノ義務ヲ盡サントスルカ如キ場合ヲ謂ヒ永久ノ利益トナル可キ支出トハ市町村ノ力ニ堪フ可キ事業ヲ起シ以テ市町村有財産ノ生産力若クハ住民ノ經濟力ヲ增進シ假令一時ノ負擔ヲ增スモ永遠ノ利益ヲ生ス可キ場合ヲ謂フナリ尤何レノ場合ニ於テモ一時ノ歳入ヲ以テ支辨シ能ハサル時ニ限ルモノトス但年々要スル所ノ常費ハ必經常ノ歳入ヲ以テ支辨ス可キモノニシテ公債ヲ募ルヲ得ス公債募集ニ當テハ深ク注意ヲ加ヘ成ルヘク住民ノ負擔ヲ輕クシ利息ハ時ノ相場ニ準シ隨時償還ノ約ヲ立テヽ市町村ニ便利ヲ與ヘサルニシ可カラス到底償還方法ノ確定スルニ非サレハ募集ヲ許サス又公債ハ成ル可ク市町村ノ財政ニ適準シ償還期限ハ長キニ過ク可カラス故ニ本制ニ於テハ償還

ハ三年以內ニ始マルモノトシ年々ノ償還步合ヲ定メ且募集ノ時ヨリ三十年以內ニ還了スルヲ以テ例規ト爲セリ若シ此例規ニ違ハントスルトキハ必ズ官ノ許可ヲ要ス(市制第百二十二條第一、町村制第百二十六條第一)元來許可ヲ要セサル公債ノ種類ト雖モ右ノ例規ニ違フトキハ亦官ノ許可ヲ請フ可シ

公債ヲ起スト起サヽルト及其方法ノ如何ハ市町村會ノ議決ニ屬ス(市制第三十一條第八、町村制第三十三條第八)唯定額豫算內ノ支出ヲ爲スカ爲メニシテ一會計年度內ニ償還ス可キ公債ハ市ニ於テハ市會ノ議決ヲ要セス市參事會ノ意見ヲ以テ募集スルヲ得ト雖モ(市制第百六條第三項)町村ニ於テハ町村會ノ同意ヲ要スルコト勿論ナリ蓋斯ノ如キ公債ハ收入支出ノ多キ市ノ如キニ在テハ自然已ムヲ得サルモノニシテ其支出ノ時期ト收入期限ト常ニ相合一セサルカ故ナリ

凡公債ヲ募集スルニ付許可ヲ受ク可キハ右ニ陳述シタル場合及曾テ負債ナキニ新ニ公債ヲ起シ又ハ舊債ヲ增額スルトキニ在リ故ニ前記ノ如キ一時ノ借入金ヲ爲シ又ハ舊債償還ノ爲メニスル公債ニシテ其規約舊債ヨリ負擔ヲ輕クスルトキノ如キハ渾テ許可ヲ要セス其他ハ償還期限三年以內ノモノヲ除クノ外

内務大藏兩大臣ノ許可ヲ受ク可シ
既ニ募集シタル公債ヲ豫定ノ目的外ニ使用セントスルトキハ市町村會ノ議決ヲ要シ且若シ其公債ニシテ官許ヲ要スルトキハ許可ヲ受ク可キコト言ヲ俟タス
市町村ノ財政ハ政府ノ財政ニ於ケルト均ク三個ノ要件アリ即チ
甲　定額豫算表ヲ調製スル事
乙　收支ヲ爲ス事
丙　決算報告ヲ爲ス事
以上ノ三要件ニシテ法律中ニ細目ヲ設ク可キ必要アルモノハ本制第四章第二款ニ於テ之ヲ規定セリ
甲
財政ヲ整理シ收支ノ平衡ヲ保ツニハ定額豫算表ヲ設ケサル可カラス本制ハ(市制町村制第百七條)市町村ヲシテ豫算表調製ノ義務ヲ負ハシム故ニ若シ市町村ニ於テ此義務ヲ盡サヽルトキハ法律上ノ權力ヲ以テ之ヲ强制スルヲ得可ク若シ之ヲ議決セサルトキハ府縣參事會郡參事會ノ議決ヲ以テ之ヲ補フコトヲ得可シ(市制第百十九條、町村制第百二十三條)此義務ハ決シテ免ル可カラサルモノナレハ狹小ノ町村ト雖モ猶之ヲ負擔セサルヲ得ス其豫算表ハ一年ノ見積ヲ以テ之ヲ設ケ其會計年度ハ政府ノ會計年度ニ同クセリ其他本制ハ豫算表調製ノ細目ヲ定メス要スルニ一切ノ收支及收入不足ノ塲合ニ方リ支辨方法ヲ定ムルヲ以テ足レリトス但財政整理上ニ於テ其市町村ノ資力ヲ酌量ス可キ必要ノ細目ハ省令ヲ以テ之ヲ定ムルコトアル可シ

定額豫算ノ案ヲ調製スルコトハ町村長及市參事會ノ擔任ニシテ之ヲ議決スルハ市町村會ノ職權ニ屬ス收支ヲ許可スルコトハ市町村會ノ全權ニ任セスシテ法律上ノ撿束ヲ設クルモノナリ即當然支出ス可キモノヲ否決シタルトキハ監督官廳ニ於テ强制豫算ヲ命スルノ權(市制第百十八條、町村制第百二十二條)アリ又其議決ノ越權ニ渉リ又ハ公益ヲ害スルモノハ其議決ヲ停止スルノ權(市制第六十四條第一、町村制第六十八條第一)アリ事項ニ依リテハ官ノ許可ヲ要スルカ故ニ(市制第百二十二條第百二十三條第五第六、町村制第百二十六條第百二十七條第五第六)市町村住民ノ爲メニ過度ノ負擔ヲ制止スルノ方法ハ十分備ハレリト謂フ可シ故ニ豫算表ハ市町村會ノ議決スル所ニ依リ其全体ニ於テ許可ヲ受クルヲ要セス唯右ニ記載シタル塲合ニ限リテ許可ヲ受クルヲ要スルノミ凡定額豫算表ハ二樣ノ効力アリ即一方ニ於テハ理事者ヲシテ豫定ノ收支ヲ爲スノ權利ヲ得セシメ一方ニ於テハ踰越ス可カラサルノ制限ヲ負ハシムルモノナリ殊ニ豫算外ノ支出豫算超過ノ支出若クハ費目ノ流用ヲ爲スニ當テハ更ニ市町村會ノ議決ヲ經可キモノトス此場合ニ於テ市町村會ハ當初豫算ヲ議定スルト同一ノ規定ニ從テ之ヲ議決ス可キナリ其追加豫算若クハ豫算ノ變更ヲ議決スルニ當リ其事項タル官ノ許可ヲ要スルトキハ均ク其許可ヲ受ク可キコトトス豫備費ヲ設ク可キト否ト及其額ノ如何ハ市町村會ノ議定ニ在リト雖モ已ニ之ヲ設ケタルトキハ市制町村制第百九條ノ制限ヲ除クノ外町村長及市參事會ノ之ヲ使用スルニ任ス但其決算報告ヲ爲ス可キハ固ヨリナリトス

乙

市町村收支ノ事務ハ之ヲ官吏ニ委任セスシテ之ヲ市町村ノ吏員即收入役ヲ置テ之ニ委任ス是多ク各國ニ行ハルヽ所ノ實例ニシテ其吏員ハ市町村ニ於テ之ヲ選任シ有給吏員ト爲セリ要スルニ本制ノ旨趣ハ收支命令者ト實地ノ出納者トヲ分離獨立セシメント欲スルニ在リ故ニ收入役ノ事務ヲ町村長ニ委任スルハ本制ノ敢テ希望スル所ニ非スシテ此ノ如キ場合ハ極メテ罕ナル可シ若シ町

村ノ情況ニ依リ別ニ有給ノ收入役ヲ置クヲ要セサルトキハ寧ロ之ヲ助役ニ委任スルヲ可トス又比隣ノ小町村ハ町村制第百十六條ニ從ヒ共同シテ收入役一名ヲ置クモ亦便宜ニ任ス

收支命令權ハ町村長若クハ市參事會及監督官廳ニ屬ス收支命令ハ書面ヲ以テセサル可カラス收支命令ヲ受ケスシテ爲シタル支拂ハ市町村ニ於テ之ヲ認定スルヲ要セス抑收支命令ト實地ノ出納トヲ分離スルハ支拂前ニ於テ其豫算ニ違フ所ナキヤヲ監査スルニ便ナルカ爲メナリ元來決算報告ヲ爲スハ即此目的ニ外ナラスト雖モ既ニ支拂後ニ係ルヲ以テ其監査ハ往々時機ニ後ルヽノ憾アリ故ニ本制ハ（市制町村制第百十條）收入役ニ負ハシムルニ其命令ノ正否ヲ査スルノ義務ヲ以テシ其命令若シ定額豫算又ハ追加豫算若クハ豫算變更ノ決議ニ適合セス又豫備費ヨリ支拂フ可キトキ該費目ノ支出ニ關スル規定ヲ遵守セサルニ於テハ之ヲ支出スルヲ得サルモノトス此義務ハ收入役ノ賠償責任ト懲戒處分ノ制裁ヲ以テ十分ニ之ヲ盡サシムルヲ得可シ

若シ町村長ニ收入役ノ事務ヲ擔任セシムルトキハ收支命令ト支拂トノ別ハ自ラ消滅シ隨テ上ニ記載シタル監査ノ法モ亦之レナキニ至ル可シ

收入役ヲシテ右ノ義務ヲ行ヒ易カラシメンカ爲メ定額豫算表ハ勿論追加豫算若クハ豫算變更ノ議決ハ必之ヲ收入役ニ通報セサル可カラス其豫算表及臨時ノ議決ハ併セテ簿記ノ標準ト爲ルモノナリ本制ハ簿記ノ事ニ就テハ規定ヲ立ツルコトナシト雖𪜈簿記及一般出納事務ニ就テハ追テ訓令ヲ以テ原則ヲ示スコトアル可シ又本制ハ出納ヲ檢査スルヲ以テ市町村ノ義務ト爲セリ(市制町村制第百十一條)若シ理事者ニ於テ此義務ヲ行ハス又ハ檢査ヲ行フテ盡サヽル所アルカ爲メ市町村ニ損害ヲ釀シタルトキハ市町村ニ對シテ賠償義務ヲ負ハシム可キナリ此賠償義務ノ外懲戒ヲ加ヘ得可キハ言ヲ俟タス

丙

決算報告ノ目的ハ二アリ左ノ如シ

一計算ノ當否及計算ト收支命令ト適合スルヤ否ヲ審査スル事(會計審査)

二出納ト定額豫算表又ハ追加豫算若クハ豫算變更ノ議決又ハ法律命令ト適合スルヤ否ヲ査定スル事(行政審査)

會計審査ハ會計主任者(即收入役又ハ收入役ノ事務ヲ擔任スル助役若クハ町村長)ニ對シ行フモノニシテ行政審査ハ市町村ノ理事者即町村長若クハ市參事會

ニ對シテ行フモノナリ其會計審査ハ先ツ町村長(但町村長ニ於テ會計ヲ兼掌スルトキハ此限ニ在ラス)及市參事會ニ於テ之ヲ行ヒ次テ市町村會ニ於テ右二樣ノ目的ヲ以テ會計ヲ審査ス(市制町村制第百十二條)是故ニ收支命令者(町村長、助役、市參事會員)ニシテ市町村會ノ議員ヲ兼ヌルトキハ其議決ニ加ハルコトヲ得ス(市制第四十三條、町村制第四十五條)若シ又議長タルトキハ其議事中議長席ニ居ルコトヲ得サルモノトス(市制第百十二條町村制第百十三條)是利害ノ互ニ抵觸スルヲ以テナリ

決算報告ノ時會計ニ不足アルトキハ市制第百二十五條若クハ町村制第百二十九條ヲ適用ス可シ

市制町村制第五章　市町村內特別ノ財産ヲ有スル市區又ハ各部ノ行政

行政ノ便利ノ爲メニ畫シタル區ト一市町村內ニ於テ獨立ノ法人タル權利ヲ有スル各部トノ區別アルハ固ヨリ言ヲ待タス本制ハ一市町村ノ統一ヲ倘フモノニシテ一市町村內ニ獨立スル小組織ヲ存續シ又ハ造成スルコトヲ欲スルニアラス然レトモ强テ此原則ヲ斷行セントスルトキハ一地方ニ於テ正當ニ享有スル利益ヲ傷害スルノ恐レアリ故ニ概シテ此旨趣ニ依テ論ス可カラサルモノア

リ大市町村ニ於テハ現今既ニ特別ノ財産ヲ有スル部落アリ現今ノ市町村ヲ合併スルトキハ更ニ又此ノ如キ部落ヲ現出ス可シ其部落ハ即獨立ノ權利ヲ存スルモノト謂フ可シ又他ノ一方ヨリ論スルトキハ市制町村制第九十九條ノ原則ニ依リ其部落ハ義務ヲ負擔スルコトアリト雖モ之レカ爲メ直ニ別段ノ組織ヲ要スルコトナカル可シ其特別財產又ハ營造物ノ管理ハ之ヲ其全市町村ノ理事者タル町村長又ハ市參事會ニ委任スルモ妨ケナシ(市制第百十四條町村制第百十五條)若シ區長ヲ置クトキハ町村長又ハ市參事會ニ於テ區長ニ指揮シテ其管理ノ事務ヲ取扱ハシムルコトヲ得可シ尤其一部ノ權利ヲ傷害ス可カラサルハ言ヲ俟タス本制ニ於テ其一部ノ出納及會計ノ事務ヲ分別ス可キモノトスルハ即是カ爲メナリ議會ノ職掌ヲ論スレハ(市制自第三十條至第三十五條、町村制自第三十二條至第三十七條)特別事務ト雖モ總テ之ヲ市町村會ニ委任スルモ妨ケナキ而已ナラス却テ希望ス可キ所ナリ然レトモ地方ニ依リテハ全市町村ト其各部落トノ利害ハ互ニ相抵觸スルコト往々之レアリ其甚キニ至テハ多數ノ爲メニ壓抑ヲ蒙ムルコトアリ依テ其一部限リノ選擧ヲ以テ特別ノ議會ヲ起シ以ノ其議事ヲ委任スルコトヲ得可シ其之ヲ起スノ利害ニ就テハ一般ノ原則ヲ設タ難キカ故ニ姑ク條例ノ規定ニ任セサル可カラス但此條例ハ固ヨリ普通ノ規定ニ依ル可クシテ特別ノモノニ非スト雖モ其之ヲ設ケ並其事項ヲ定ムルハ市町村會ノ議決ニ任セスシテ之ヲ郡若クハ府縣參事會ニ委任セリ何トナレハ利害ノ相抵觸スルカ爲メ頗偏ノ處置アランコトヲ恐ルレハナリ唯市町村會ノ意見ヲ徵ス可キハ勿論ナリ要スルニ區會ハ市町村會又ハ區內人民ノ情願ニ依リ之ヲ設クルヲ當然トス

區會ノ構成ハ本制ニ規定シタル市町村會ノ組織ニ依準シ條例中ニ之ヲ定ム可キモノトス區會ノ職掌ハ市町村會ノ職掌ニ同シ唯其特別事件ニ限ルノミ

町村制第六章　町村組合

本制ノ希望スル如ク有力ノ町村ヲ造成シ又郡ヲ以テ自治体ト爲ストキハ其他別ニ區畫ヲ設クルノ必要ナカル可キナリ殊ニ一事件アル每ニ特別ノ聯合ヲ設クルヲ要セサル可シ若シ漫ニ聯合ヲ設クルトキハ行政事務簡明ナラス其組織錯綜ヲ極メ費用モ亦隨テ增加スルヲ免レサルハ英國ノ實例ヲ以テ證スルニ足ル可シ獨リ水利土功ノ聯合又ハ小町村ニ於テ學校ノ聯合ヲ設クルカ如キハ萬已ムヲ得サルモノニシテ皆別法ヲ以テ規定セサル可カラス然レトモ其別法ノ

發布セサル間ハ本制ニ於テ豫メ之カ方法ヲ設ケサル可カラス又此必要アルノ外往々町村組合ヲ設クルノ活路ヲ示ス可キモノアリ即本制ニ於テハ關係町村ノ協議ヲ以テ其組合ヲ爲スノ目的組合會議ノ組織事務管理ノ方法及費用ノ支辨方法等ヲ定ムルトキハ(町村制第百十六條第一項、第百十七條第一項)監督官廳即郡長ノ許可ヲ得テ組合ヲ成スコトヲ許セリ町村ニ於テ相當ノ資力ヲ有セサルトキ組合ヲ爲サシムルヲ必要ト爲スカ如キ是ナリ此ノ如キ場合アルトキハ町村制第四條ニ於テ合併ス可キコトヲ規定スト雖モ事情ニ依リテハ合併ヲ施ス可カラス又ハ之ヲ不便ト爲スコトナシトセス例ヘハ該町村ノ互ニ相遠隔スルカ如キ又ハ古來ノ慣習ニ於テ調和ヲ得サルカ如キノ類アリ此ノ如キニ至テハ其町村ノ異議アルニモ拘ラス事務共同ノ爲メ組合ヲ成サシムルノ權力ナカル可カラス其組合ヲ成ストキハ第四條ノ場合ニ異ニシテ其各町村ノ獨立ヲ存シ又別ニ町村長及町村會若クハ町村總會ヲ有ス可キ理ナリ然レトモ其組合ヲ成ス所ノ共同事務ノ多寡及種類ハ其組合ニ依テ互ニ異ナルモノトス

抑協議ニ依ラスシテ組合ヲ設クルハ町村ノ獨立權ヲ傷クルノ恐レアルニ依リ郡參事會ノ議決ニ任スルヲ妥當ナリトス(町村制第百十六條第二項)果シテ其共

同事務ノ區域ヲ定メ強制ヲ以テ組合ヲ成サシメタルトキハ議會ノ組織、事務管理ノ方法、費用支辨ノ方法就中分擔ノ方法ニ至テハ先ツ關係町村ニ於テ之ヲ協議スルヲ要ス若シ其協議調ハサルニ及テハ郡參事會ニ於テ之ヲ議決スルノ外ナシ

組合議會ノ組織、事務管理ノ方法、費用支辨ノ方法殊ニ分擔ノ割合ハ本制ニ於テ豫メ之ヲ規定セス實際ノ場合ニ於テ便宜其方法ヲ制ス可シ故ニ組合ハ特別ノ議會ヲ設ケ或ハ各町村會ヲ合シテ會議ヲ開キ或ハ互撰ノ委員ヲ以テ議會ヲ組織シ或ハ各町村會別個ニ會議ヲ爲シ其各議會ノ一致ヲ以テ全組合ノ議決ト爲スノ類各其宜キニ從フ可シ又町村長ノ如キモ組合ニ一ノ町村長ヲ置キ且之ヲ永久獨立トシ或ハ各町村長ノ交番ト爲スヲ得可シ又組合ノ費用ハ或ハ特別ノ組合費トシテ之ヲ各個人ニ賦課シ或ハ之ヲ各町村ニ賦課シ以テ其賦課徵收ノ法ヲ各町村ノ便宜ニ任スルヲ得可シ各町村分擔ノ割合ハ利害ノ輕重、土地ノ廣狹、人口ノ多寡及納稅力ノ厚薄ヲ以テ標準ト爲ス可シ但其納稅力ノ詮定方ニ至テモ亦之ヲ一定スルコト能ハサル可シ以上ノ各事項ニ關シ本制ハ全ク實地宜キニ從フヲ許セリ故ニ各地方ニ於テ其便ト爲ス所ヲ採擇ス可シ

組合町村ハ之ヲ解クノ議決ヲ爲スヲ得ト雖モ郡長ノ許可ヲ得ルヲ要ス(町村制第百十八條)

市制第六章町村制第七章　市町村行政ノ監督

監督ノ目的及方法ハ本説明中各處ニ之ヲ論セリ故ニ復タ之ヲ贅セス唯玆ニ其要點ヲ概括セントス

(第一)監督ノ目的ハ左ノ如シ

一法律、有效ノ命令及官廳ヨリ其權限內ニテ爲シタル處分ヲ遵守スルヤ否ヲ監視スル事

二事務ノ錯亂澁滯セサルヤ否ヲ監視シ時宜ニ依テハ强制ヲ施ス事(市制第百十七條、町村制第百二十一條)

三公益ノ妨害ヲ防キ殊ニ市町村ノ資力ヲ保持スル事

以上ノ目的ヲ達スルカ爲メニハ左ノ方法アリ

一市町村ノ重役ヲ認可シ又ハ臨時町村長助役ヲ選任スル事(市制第五十條、第五十二條、町村制第五十九條、第六十條、第六十一條、第六十二條)

二議決ヲ許可スル事(市制第百二十二條、第百二十三條、町村制第百二十六條、第

百二十七條)

三行政事務ノ報告ヲ爲サシメ書類帳簿ヲ査閲シ事務ノ現況ヲ視察シ、並出納ヲ撿閲スル事(市制第百十七條、町村制第百二十一條)

四強制豫算ヲ命スル事(市制第百十八條、町村制第百二十二條

五上班ノ參事會ニ於テ代テ議決ヲ爲ス事(市制第百十九條町村制第百二十三條)

六市町村會及市參事會ノ議決ヲ停止スル事(市制第六十四條、第一、第六十五條町村制第六十八條、第一)

七懲戒處分ヲ行フ事(市制第百二十四條、第百二十五條、町村制第百二十八條、第百二十九條)

八市町村會ヲ解散スル事(市制第百二十條、町村制第百二十四條)

(第二)監督官廳ハ左ノ如シ

町村ニ對シテハ

一　郡長　二　知事　三　內務大臣

市ニ對シテハ

一　知事　　二　內務大臣

法律ニ明文アル場合ニ於テハ郡長若クハ知事ハ郡參事會若クハ府縣參事會ノ同意ヲ求ムルヲ要ス但參事會ヲ開設スルマテハ郡長知事ノ專決ニ任ス(市制第百廿七條、町村制第百三十條)

市町村吏員ノ處分若クハ議決ニ對スル訴願ニ就テハ先ツ市町村ノ事務ト市制第七十四條、町村制第六十九條ニ記載シタル事務トノ間ニ區別ヲ立テサル可カラス市制第七十四條、町村制第六十九條ニ記載シタル事務ニ關シテ訴願ヲ許スト否トハ一般ノ法律規則ニ從フモノトス之ニ反シテ市町村ノ事務ニ關シテハ此法律ニ明文アル場合ニ限レリ(市制第八條第四項、第二十九條、第三十五條、第六十四條第二項、第七十八條、第百五條、第百二十四條、町村制第八條第四項、第二十九條第三十七條、第六十八條第二項、第七十八條、第百五條、第百二十八條)

本制ハ訴願ノ必要ナル場合ヲ列載シ悉シタルモノトス又監督官廳ハ自己ノ發意ニ依リ其職權ヲ以テ監督權ヲ行フヲ得ルノミナラス人ノ告知ニ依テ亦之ヲ行フコトヲ得可シ而シテ其告知ハ本制ニ所謂訴願ノ種類ニアラサレハ期限ヲ定メス又前キノ處分若クハ議決ノ執行ヲ停止スルコトヲ得サルナリ(市制第百

十六條第二項、第五項、町村制第百二十條第二項、第五項)

市町村ノ行政事務ニ關シ郡長若クハ府縣知事ノ第一次又ハ第二次ニ於テ爲シタル處分若クハ裁決ニ對シテハ其參事會ノ同意ヲ得ルト否トニ拘ハラス一般ニ訴願ヲ爲スヲ許セリ特ニ法律ニ明文アル場合ニ限リテ之ヲ許サヽルモノトス(市制第百十六條第一項、町村制項百二十條第一項)若シ其處分又ハ裁決郡長ヨリ發シタルモノナルトキハ之ニ對スル訴願ハ知事之ヲ裁決シ郡參事會ヨリ發シタルモノナルトキハ府縣參事會之ヲ裁決ス知事及府縣參事會ノ裁決ニ不服アル者ハ共ニ內務大臣ニ訴願スルモノトス而シテ權利ノ消長ニ關スル結局ノ裁決ハ之ヲ行政裁判所ニ委任スルヲ妥當ト爲スハ上來屢々之ヲ說明セリ但權利ノ爭論ハ一般ニ行政訴訟ヲ許スニアラスシテ之ヲ許ス可キノ必要アル場合ニ限リ特ニ之レカ明文ヲ揭ク故ニ其明文ナキ場合ニ於テハ結局ノ裁決ハ常ニ內務大臣ニ屬スルモノトス而シテ行政訴訟ヲ許シタル場合ニ於テハ內務大臣ニ訴願スルヲ許サス最上官衙ノ裁決ヲ以テ司法ノ審判ニ付スルヲ欲セサルカ故ナリ但本制ニ於テ行政裁判所ノ權限ヲ規定シタルハ市町村ノ行政事務ニ關スル事ニ止マリ其他ノ事務ニ涉ル權限ハ他日別法ヲ以テ定ム可キコトヽス又目下行政裁判所ノ設ケナキヲ以テ之ヲ開設スルマデノ間ハ内閣ニ於テ其職務ヲ擔任ス可キコト止ムヲ得サルナリ(市制第百二十七條、町村制第百三十條)

以上記述スル所ノ要旨ハ則左ノ如シ

(第一)市町村ノ行政事務ニ屬セサル事件ニ對スル訴願及其順序ハ一般ノ法律規則ニ從フモノトス

(第二)市町村ノ行政事務ニ關スト雖モ市町村吏員ノ處分若クハ裁決ニ對シテハ本制ニ明文ヲ掲ケタル場合ニ限リ訴願ヲ許シ之ニ反シテ監督官廳又ハ郡府縣參事會ノ處分若クハ裁決ニ對シテハ一般ニ訴願ヲ許ス其訴願ノ順序ハ左圖ノ如シ

町村

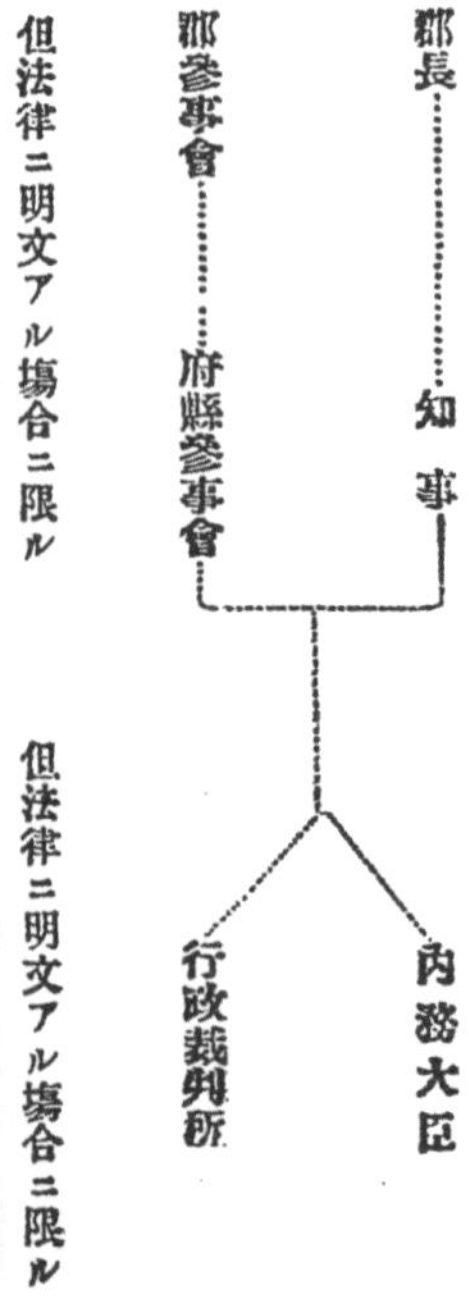

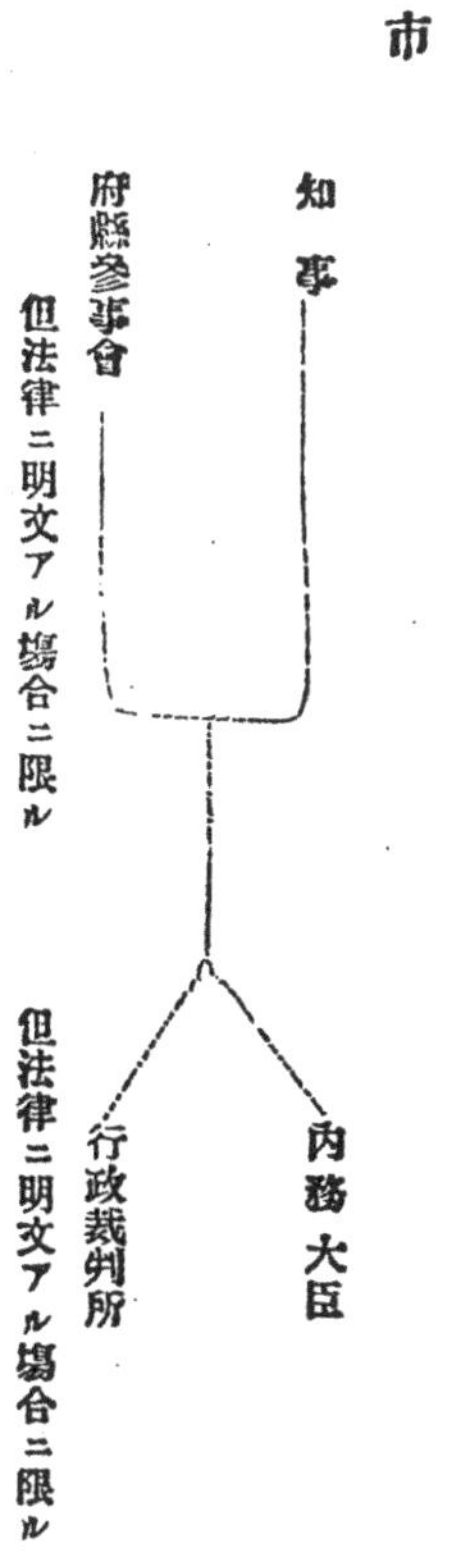

前圖ノ順序ハ必ズ履行セサル可カラサルモノニシテ內務大臣ニ訴願シ又ハ行政裁判所ニ出訴セントスルニハ必ズ其前段ノ順序ヲ經由シタル後ニ在ル可キモノトス

（完）

市制及町村制實施手續

第一條 市制町村制實施ニ際シ新任市町村長ニ事務引繼結了ノ日ニ至ル迄ハ區長戸長區書記役場筆生等ニ於テ從前ノ通事務取扱ヲ爲スヘシ

第二條 前條事務取扱中地方税支辨ニ係ル吏員ノ給料旅費並ニ區役所戸長役場ノ經費ハ總テ該年度ノ豫算ニ據リ地方税又ハ町村費ヲ以テ之ヲ支辨スヘシ

第三條 市制及町村制施行ノ期日ヲ定メタルトキ前條ノ地方税又ハ町村費ニ關シ未タ該年度ノ豫算ヲ議定セス又ハ議定シタル豫算ノ不足アルニ於テハ從前ノ通府縣知事區長ニ於テ府縣會區町村會ノ議決ヲ取リ前條費目必要ノ豫算ヲ定ムヘシ

第四條 市制及町村制施行ノ日ヨリ市町村税徵收ニ至ルマテ市町村必要ノ費用ハ第二條ノ費用ヲ除クノ外區長戸長ニ於テ其豫算ヲ設ケ區町村會ノ議決ヲ經テ假徵收ヲナスヘシ但新市町村ト舊區町村會區域ト符合セサル場合ニ於テハ各區町村會ニ於テ區々ノ豫算ヲ設ケサル爲メ府縣知事ニ於テ其標準ヲ示スコトヲ得

前項ノ費用ハ區町村會ノ議決ニ依リ現在セル區町村費又ハ共有金ヲ一時使用シ又ハ一時ノ借入金ヲ以テ其費用ニ充ツルコトヲ得

第五條 區長戸長ニ於テ取扱タル一切ノ金穀並會計帳簿ハ其金穀ノ種類及ヒ所屬年度ヲ區別シタル明細書ヲ製シ之ヲ市町村長ニ引繼クヘシ但一ノ區町村ニシテ二箇以上ノ市町村ニ分屬シタルトキハ第四條ノ金額ハ事務引繼前ニ支拂タルモノヲ除クノ外人口段別ヲ標準トシテ適宜各部ニ分配付シ其他ハ段別ノ最多キ部分ノ分屬シタル市町村長ヲ以テ主擔トシ其市町村長ニ引繼キ主擔市村長ハ第七條但書ノ精算ヲ了シタル上其所屬外ノ部分ノ分屬シタル各市町村ニ屬スヘキモノハ更ニ之ヲ其市町村長ニ引繼クヘシ

前項但書ノ場合ニ於テ帳簿ノ類ニシテ分割スヘカラサルモノアルトキハ更ニ引繼クコトヲ要セス但閲覽ノ便ヲ妨クヘカラス

第六條 第四條第一項ニ依リ假徵收ヲナシタルモノハ追テ市町村會ニ於テ該年度ノ收支豫算ヲ議決シタル上市町村税各納人ニ對シ差引徵收ヲ爲ス可シ

同條第二項ニ依リタルトキハ新ニ徵收シタル市町村税ヲ以テ返償ヲ爲スヘシ但一ノ區町村ニシテ二箇以上ノ市町村ニ分屬シタルトキハ最初配付ヲ受ケタル割合ニ應シ各市町村ニ於テ之ヲ徵收シ主擔市町村長ニ於テ全額ヲ取纏メテ其返償處分ヲ爲スヘシ

第七條 區長戸長ニ於テ未タ精算ヲ了セサル區町村費ハ其引繼ヲ受タル市町村長ニ於テ之カ精算ヲ作リ市町村會ニ報告スヘシ但一ノ區町村ニシテ二箇以上ノ市町村ニ分屬シタルトキハ

主擔市町村長ニ於テ精算ヲ作リ主擔市町村長ハ其市町村會ニ報告シ其所屬外ノ部分ノ分屬シタル市町村ニ於テハ主擔市町村長ヨリ之ヲ其各市町村ニ送付シテ其市長村會ニ報告セシムヘシ

第八條　前條精算ノ場合ニ於テ殘餘金アルトキハ市町村長ニ於テ舊區町村ニ割戻ヲナス可シ但一ノ區町村ニシテ二箇以上ノ市町村ニ分屬シタルトキハ該年度區町村費實收入ノ割合ニ依リ主擔市町村長ニ於テ割戻ノ高ヲ定メ其所屬外ノ部分ノ分屬シタル市町村ノ分ハ其市町村長ニ配付シ各其割戻ヲナスヘシ

第九條　第七條精算ノ場合ニ於テ不足金ヲ生シタルトキハ市町村會ノ決議ヲ經テ舊區町村ヨリ追徵補充スヘシ但一ノ區町村ニシテ二箇以上ノ市町村ニ分屬シタルトキハ主擔市町村長ニ於テ該年度區町村費實收入ノ割合ニ依リ其補充豫算ヲ作リ其所屬外ノ部分ノ分屬シタル市町村ノ分ハ其市町村長ニ送付シ各市町村會ノ決議ヲ經テ其舊區町村ノ部分ヨリ追徵補充スヘシ

第十條　不納ニ屬シタル區町村費ニシテ精算報告後ニ於テ追徵シタルモノハ各市町村ノ臨時收入トナスヘシ

第十一條　從前郡部ト經濟ヲ異ニセサル區若クハ郡部內ノ市街地ニ市制ヲ施行スルトキハ該市ハ地方稅費目中郡區廳舍建築修繕費並郡吏員給料旅費及廳中諸費ノ負擔ニ任スヘカラサルヲ以テ該費ハ市制施行ノ後ハ市ニ賦課セサルモノトス但第二條ノ諸費ニ係ル者ハ此限ニアラス

明治廿一年八月十八日

内務大臣　伯爵　山縣有朋

明治二十一年六月三日刷成
同二十一年六月卅日初版
同二十一年七月卅一日再版
同二十一年八月三十日三版
同二十一年九月廿五日四版

定價金六拾錢

著者　坪谷善四郎
東京牛込區早稲田村廿七番地

發行者　大橋佐平
東京日本橋區本町壹丁目十二番地

印刷者　野口竹次郎
東京日本橋區本石町三丁目十六番地

發賣所　博文館
東京日本橋區本石町三丁目

大賣捌所

東京	覺張榮三郎
仝	明法堂
仝	鶴喜書店
仝	丸善書店
仝	小林新兵衛
仝	内田彌兵衛
仝	内田芳兵衛
仝	辻岡文助
仝	眞明堂
仝	東海堂
仝	嚴々堂
仝	信文堂
京都	東枝律書房
仝	大黑屋書舖
仝	内山改進堂
仝	飯田信文堂
大坂	柳原喜兵衛
仝	梅原龜七
仝	吉岡平助
仝	岡島支店
仝	三木佐助
仝	松村九兵衛
仝	前川善兵衛
仝	日本新聞會社
名古屋	諸新聞販賣舍
仝	川瀬代助
仝	三輪文次郎
甲府	柳正堂
仝	五明堂
仝	芳文堂
高知	澤本駒吉
神戸	船井新聞舖
仝	熊谷幸助
和歌山	平井文助
仝	普及舍
大津	澤一二郎
仙臺	共盛堂
仝	高藤書店
仝	佐勘書店
靜岡	上野嘉平
秋田	本間金之助
弘前	宮本甚兵衛
仝	野崎九兵衛
八戸	浦山政吉
山形	五十嵐書店
四日市	伊藤善太郎
津	川島九右衛門
鹿兒島	富山仲吉
仝	吉田幸兵衛
熊本	長崎次郎
仝	文明堂
佐賀	河内莊助
山口	清水一二三堂
中津	野依歷三
松江	盛進堂
仝	川岡清助
金澤	雲根堂
仝	近田書店
仝	池善平
福井	品川太右衛門
武生	安立庄三郎
富山	眞田善次郎
仝	大橋甚吾
仝	中田書店
高岡	水野儀三郎
長岡	大橋書房
仝	覺張治平
仝	目黑十郎
水原	西村六平
仝	西村鐵次郎
新潟	林富吉
高田	室直書店
長野	西澤喜太郎
仝	協和堂
松本	高美書店
仝	水琴堂
大垣	開思堂
岐阜	三浦原助
横濱	魁進堂
千葉	立眞會社
小諸	相塲書店
飯田	精華堂
上田	伊藤甲藏
函館	愛新軒
福島	博向堂

地方自治法研究復刊大系〔第216巻〕

四版増訂 市制町村制註釈 附 市制町村制理由〔明治21年 第4版〕

日本立法資料全集 別巻 1026

2017(平成29)年2月25日　復刻版第1刷発行　6992-5:012-010-005

著　者　坪　谷　善　四　郎
発行者　今　井　貴
　　　　稲　葉　文　子
発行所　株式会社信山社

〒113-0033 東京都文京区本郷6-2-9-102東大正門前
Ⓣ03(3818)1019　Ⓕ03(3818)0344
来栖支店〒309-1625 茨城県笠間市来栖2345-1
Ⓣ0296-71-0215　Ⓕ0296-72-5410
笠間才木支店〒309-1611 笠間市笠間515-3
Ⓣ0296-71-9081　Ⓕ0296-71-9082

印刷所　ワイズ書籍
製本所　カナメブックス
用　紙　七洋紙業

printed in Japan　分類 323.934 g 1026

ISBN978-4-7972-6992-5 C3332 ¥42000E

日本立法資料全集 別巻
地方自治法研究復刊大系

市制町村制講義〔大正8年1月発行〕／樋山廣業 著
改正 町村制詳解 第13版〔大正8年6月発行〕／長峰安三郎 三浦通太 野田千太郎 著
改正 市町村制註釈〔大正10年6月発行〕／田村浩 編集
市制町村制 並 附属法 訂正再版〔大正10年8月発行〕／自治館編集局 編纂
改正 市町村制詳解〔大正10年11月発行〕／相馬昌三 菊池武夫 著
増補訂正 町村制詳解 第15版〔大正10年11月発行〕／長峰安三郎 三浦通太 野田千太郎 著
地方施設改良 訓諭演説集 第6版〔大正10年11月発行〕／鹽川玉江 編輯
東京市会先例彙輯〔大正11年6月発行〕／八田五三 編纂
市町村国税事務取扱手続〔大正11年8月発行〕／広島財務研究会 編纂
自治行政資料 斗米遺粒〔大正12年6月発行〕／樫田三郎 著
市町村大字読方名彙 大正12年度版〔大正12年6月発行〕／小川琢治 著
地方自治制要義 全〔大正12年7月発行〕／末松偕一郎 著
帝国地方自治団体発達史 第3版〔大正13年3月発行〕／佐藤亀齢 編輯
自治制の活用と人 第3版〔大正13年4月発行〕／水野錬太郎 述
改正 市制町村制逐條示解〔改訂54版〕第一分冊〔大正13年5月発行〕／五十嵐鑛三郎 他 著
改正 市制町村制逐條示解〔改訂54版〕第二分冊〔大正13年5月発行〕／五十嵐鑛三郎 他 著
台湾 朝鮮 関東州 全国市町村便覧 各学校所在地 第一分冊〔大正13年5月発行〕／長谷川好太郎 編纂
台湾 朝鮮 関東州 全国市町村便覧 各学校所在地 第二分冊〔大正13年5月発行〕／長谷川好太郎 編纂
市町村特別税之栞〔大正13年6月発行〕／三邊長治 序文 水谷平吉 著
市制町村制実務要覧〔大正13年7月発行〕／梶康郎 著
正文 市制町村制 並 附属法規〔大正13年10月発行〕／法曹閣 編輯
地方事務叢書 第三編 市町村公債 第3版〔大正13年10発行〕／水谷平吉 著
市町村大字読方名彙 大正14年度版〔大正14年1月発行〕／小川琢治 著
通俗財政経済体系 第五編 地方予算と地方税の見方〔大正14年1月発行〕／森田久 編輯
町村会議員選挙要覧〔大正14年3月発行〕／津田東璋 著
実例判例文例 市制町村制総覧〔第10版〕第一分冊〔大正14年5月発行〕／法令研究会 編纂
実例判例文例 市制町村制総覧〔第10版〕第二分冊〔大正14年5月発行〕／法令研究会 編纂
町村制要義〔大正14年7月発行〕／若槻禮次郎 題字 尾崎行雄 序文 河野正義 述
市制町村制 及 府県制〔大正15年1月発行〕／法律研究会 著
農村自治〔大正15年2月発行〕／小橋一太 著
改正 市制町村制示解 全 附録〔大正15年5月発行〕／法曹研究会 著
市町村民自治読本〔大正15年6月発行〕／武藤榮治郎 著
市制町村制 及 関係法令〔大正15年8月発行〕市町村雑誌社 編輯
改正 市町村制義解〔大正15年9月発行〕／内務省地方局 安井行政課長 校閲 内務省地方局 川村芳次 著
改正 地方制度解説 第6版〔大正15年9月発行〕／挟間茂 著
地方制度之栞 第83版〔大正15年9月発行〕／湯澤睦雄 著
改訂増補 市制町村制逐條示解〔改訂57版〕第一分冊〔大正15年10月発行〕／五十嵐鑛三郎 他 著
実例判例 市制町村制釈義 大正15年再版〔大正15年9月発行〕／梶康郎 著
改訂増補 市制町村制逐條示解〔改訂57版〕第二分冊〔大正15年10月発行〕／五十嵐鑛三郎 他 著
註釈の市制と町村制 附 普通選挙法 大正15年初版〔対照5年11月発行〕／法律研究会 著
実例町村制 及 関係法規〔大正15年12月発行〕自治研究会 編纂
改正 地方制度通義〔昭和2年6月発行〕／荒川五郎 著
註釈の市制と町村制 附 普通選挙法〔昭和3年1月発行〕／法律研究会 著
註釈の市制と町村制 施行令他関連法収録〔昭和4年4月発行〕／法律研究会 著
実例判例 市制町村制釈義 第4版〔昭和4年5月発行〕／梶康郎 著
新旧対照 市制町村制 並 附属法規〔昭和4年7月発行〕／良書普及会 著
改正 市制町村制解説〔昭和5年11月発行〕／挟間茂 校 土谷覺太郎 著
加除自在 参照條文附 市制町村制 附 関係法規〔昭和6年5月発行〕／矢島和三郎 編纂
改正版 市制町村制 並ニ 府県制 及ビ重要関係法令〔昭和8年1月発行〕／法制堂出版 著
改正版 註釈の市制と町村制 最近の改正を含む〔昭和8年1月発行〕／法制堂出版 著
市制町村制 及 関係法令 第3版〔昭和9年5月発行〕／野田千太郎 編輯
実例判例 市制町村制釈義 昭和10年改正版〔昭和10年9月発行〕／梶康郎 著
改訂増補 市制町村制実例総覧 第一分冊〔昭和10年10月発行〕／良書普及会 編纂
改訂増補 市制町村制実例総覧 第二分冊〔昭和10年10月発行〕／良書普及会 編

以下続刊
信山社

日本立法資料全集 別巻

地方自治法研究復刊大系

仏蘭西邑法 和蘭邑法 皇国郡区町村編制法 合巻〔明治11年8月発行〕／箕作麟祥 閲 大井憲太郎 譯／神田孝平 譯
郡区町村編制法 府県会規則 地方税規則 三法綱論〔明治11年9月発行〕／小笠原美治 編輯
郡吏議員必携三新法便覧〔明治12年2月発行〕／太田啓太郎 編輯
郡区町村編制 府県会規則 地方税規則 新法例纂〔明治12年3月発行〕／柳澤武運三 編輯
府県会規則大全 附 裁定録〔明治16年6月発行〕／朝倉達三 閲 若林友之 編輯
区町村会議要覧 全〔明治20年4月発行〕／阪田辨之助 編纂
英国地方制度 及 税法〔明治20年7月発行〕／良保両氏 合著 水野遵 翻訳
英国地方政治論〔明治21年2月発行〕／久米金彌 翻譯
傍訓 市町村制及説明〔明治21年5月発行〕／高木周次 編纂
鼇頭註釈 市町村制俗解 附 理由書 第2版〔明治21年5月発行〕／清水亮三 註解
市制町村制註釈 完 附 市制町村制理由 明治21年初版〔明治21年5月発行〕／山田正賢 著述
市町村制詳解 全 附 市町村制理由〔明治21年5月発行〕／日鼻豊作 著
市制町村制釈義〔明治21年5月発行〕／壁谷可六 上野太一郎 合著
市制町村制詳解 全 附 理由書〔明治21年5月発行〕／杉谷庸 訓點
町村制詳解 附 市制及町村制理由〔明治21年5月発行〕／磯部四郎 校閲 相澤富蔵 編述
市制町村制正解 附 理由〔明治21年6月発行〕／芳川顯正 序文 片貝正晉 註解
市制町村制釈義 附 理由書〔明治21年6月発行〕／清岡公張 題字 樋山廣業 著述
市制町村制釈義 附 理由 第5版〔明治21年6月発行〕／建野郷三 題字 櫻井一久 著
市町村制註解 完〔明治21年6月発行〕／若林市太郎 編輯
市町村制釈義 全 附 市町村制理由〔明治21年7月発行〕／水越成章 著述
傍訓 市制町村制註解 附 理由書〔明治21年8月発行〕／鯰江貞雄 註解
市制町村制註釈 附 市制町村制理由 3版増訂〔明治21年8月発行〕／坪谷善四郎 著
市制町村制註釈 完 附 市制町村制理由 第2版〔明治21年9月発行〕／山田正賢 著述
傍訓註釈 日本市制町村制 及 理由書 第4版〔明治21年9月発行〕／柳澤武運三 註解
鼇頭参照 市町村制註解 完 附 理由書及参考諸令〔明治21年9月発行〕／別所富貴 著述
市町村制問答詳解 附 理由書〔明治21年 9 月発行〕／福井淳 著
市制町村制註釈 附 市制町村制理由 4版増訂〔明治21年9月発行〕／坪谷善四郎 著
市制町村制 並 理由書 附 直接間接税類別 及 実施手続〔明治21年10月発行〕／高崎修助 著述
市町村制釈義 附 理由書 訂正再版〔明治21年10月発行〕／松木堅葉 訂正 福井淳 釈義
増訂 市制町村制註解 全 附 市制町村制理由挿入 第3版〔明治21年10月発行〕／吉井太 註解
鼇頭註釈 市町村制俗解 附 理由書 増補第5版〔明治21年10月発行〕／清水亮三 註解
市町村制施行取扱心得 上巻・下巻 合冊〔明治21年10月・22年2月発行〕／市岡正一 編纂
市制町村制傍訓 完 附 市制町村制理由 第4版〔明治21年10月発行〕／内山正如 著
鼇頭対照 市町村制解釈 附理由書及参考諸布達〔明治21年10月発行〕／伊藤寿 註釈
市制町村制詳解 附 理由 第3版〔明治21年11月発行〕／今村長善 著
町村制実用 完〔明治21年11月発行〕／新田貞橘 鶴田嘉内 合著
町村制精解 完 附 理由書 及 問答録〔明治21年11月発行〕／中目孝太郎 磯谷群爾 註釈
市町村制問答詳解 附 理由 全〔明治22年1月発行〕／福井淳 著述
訂正増補 市町村制問答詳解 附 理由 及 追輯〔明治22年1月発行〕／福井淳 著
市町村制質問録〔明治22年1月発行〕／片貝正晉 編述
鼇頭傍訓 市制町村制註釈 及 理由書〔明治21年1月発行〕／山内正利 註釈
傍訓 市町村制 及 説明 第7版〔明治21年11月発行〕／高木周次 編纂
町村制要覧 全〔明治22年1月発行〕／浅井元 校閲 古谷省三郎 編纂
鼇頭註釈 町村制 附 理由 全〔明治22年2月発行〕／八乙女盛次 校閲 片野続 編釈
市町村制実解〔明治22年2月発行〕／山田顕義 題字 石黒磐 著
町村制実用 全〔明治22年3月発行〕／小島鋼次郎 岸野武司 河毛三郎 合述
実用詳解 町村制 全〔明治22年3月発行〕／夏目洗蔵 編集
理由挿入 市町村制俗解 第3版増補訂正〔明治22年4月発行〕／上村秀昇 著
町村制市制全書 完〔明治22年4月発行〕／中嶋廣蔵 著
英国市制実見録 全〔明治22年5月発行〕／高橋達 著
実地応用 町村制質疑録〔明治22年5月発行〕／野田籐吉郎 校閲 國吉拓郎 著
実用 町村制市制事務提要〔明治22年5月発行〕／島村文耕 輯解
市町村条例指鍼 完〔明治22年5月発行〕／坪谷善四郎 著
参照比較 市町村制註釈 完 附 問答理由〔明治22年6月発行〕／山中兵吉 著述